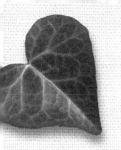

藤森和美・野坂祐子 編

子どもへの性暴力 第2版

·················· その理解と支援 ··················

誠信書房

はじめに

　2013年に「子どもへの性暴力──その理解と支援」を出版しました。それからもう10年が経過して，今回2023年に大幅に改訂した本書を出版することになりました。その背景には，子どもの性暴力被害に関する社会状況が大きく変化し，より複雑になり，子どもへの危険が周囲の大人の想像以上に時間的に早く，強く迫ってきている実情があります。確実に加害者の犯罪手法が多様になり，被害も若年化，深刻化している現状があります。この時代変化を加味したうえで，子どもの性暴力被害を最小限に留め，心理的支援をどう行うかを再考した改訂版が必要となりました。

　本書の校正が最終段階に入った2023年5月30日には，「強制性交等罪」と「準強制性交等罪」を統合して罪名を「不同意性交等罪」に変更し，被害者が「同意しない意思」を表わすことが難しい場合の構成案件を具体的に示した刑法の改正案が，衆議院本会議において全会一致で可決され，参議院においても2023年6月16日に全会一致で可決され，法律が成立しました。この不同意性交は「暴行・脅迫」「恐怖・驚愕（きょうがく）」「地位利用」など八つの行為や原因により，被害者が「同意しない意思を形成・表明・全う」することを困難な状態にさせたり，そうした状態にあることに乗じたりして性交した場合を成立要件としています（図）。

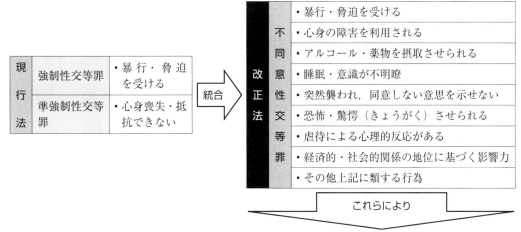

図　刑法改正で見直された強制性交等罪・準強制性交等罪の処罰要件

　また，現行の「強制わいせつ罪」と「準強制わいせつ罪」も同様に統合して，「不同意わいせつ罪」に変更となります。また時効は，10年から15年に延長されました。

　さらに，長年問題となっていた自ら判断できる性的同意年齢が，13歳から16歳に引き上げられました。この変更が，子どもの性暴力被害の抑止力になることを期待したいところです。この法律の成立が，すべての性暴力被害を撲滅させるわけではありませんが，やっと一歩進んだといえるでしょう。

　毎日のネットニュースなどでは，子どもたちが性暴力被害を受けたという記事がこれでもかというくらいあふれています。加害者は，学校教員，学校の生徒，また身近な家族や親せきなど，親の同棲中の相手や再婚相手，見知らぬ人など多様です。ここ最近では，小学生でも夢中になるYouTube，インターネットの対戦ゲームや友だちサロンや趣味のサイトで知りあった見知らぬ人にSNSでダイレクトに連絡をとりあった結果，被害にあうことも増えてきました。加害者は，手慣れた感じで子どもたちの悩みに聞きいり，共感している様子をみせることで子どもの信頼を得て，容姿や性格などをほめて気分をもちあげ，ときには子どもを叱ったりしていかにも親身な態度で心配する言葉をかけて安心を感じさせます。またプレゼントを送ったり，直接会ってごちそうしたりして，入念なグルーミングを重ねます。この罠に子どもたちは容易にはまり，性的搾取にもち込まれる犯罪が増えています。

　米国では2006年に若年黒人女性を支援する非営利団体が，性的虐待を受けた少女の相談にのったことから「Me Too：私も被害者である」というスローガンができ，草の根運動が始まりました。2017年にハリウッドの映画プロデューサーであるハーヴェイ・ワインスタインが数十年わたり性的ハラスメントを行っていたことが告発され，Twitterで＃MeTooという運動があっという間に世界中に広まりました。

　このことがきっかけで，日本でも大人が性的ハラスメントや性暴力被害に声を上げる動きが，確実に大きくなったと感じています。そして，そのなかには大人になってからの被害体験だけでなく，子ども時代に受けた性暴力被害，性虐待の経験を数十年も経過してから，やっと言葉にしてあのつらく苦しい体験を語る人々もおります。また，性別に関係なく被害があることも声に出せるようになりました。

　性暴力被害を受けた子どもは，その後の人生の過程で，もう自分には絶対に戻ってこない無垢な子ども時代，過去をなかったことにできない悔しさ，安心・安全のない日常，汚れてしまったかのような自分をどう支えていくのかという絶望感などに苦しみます。被害者は，今を精一杯生きていても，あの被害がなければもっと強く豊かで晴れやかな人生が送れたに違いないと考えるのです。

　本書の執筆者の皆さんは，日々の業務のなかで性暴力被害のある子どもやその保護者や家族，生徒をかかえる学校の教員などに対して実際に支援を行っている方々です。被害を受けた子どものトラウマを理解し，いかに支え，ときには治療的に関わるかを考えない日はないといっても過言ではないでしょう。その情熱や知識をていねいに集め，新たに編集をして第

2版といたしました。ぜひ手に取って読んでいただきたいと願っています。

　最後に，本書の編集に誠実に根気強く携わっていただいた誠信書房編集部の楠本龍一さんにこころからお礼を申し上げます。

2023 年 6 月

編者　藤森和美

目　次

子どもに対する性暴力——概論

第1章 子どもへの性暴力の特徴

野坂祐子

子どもに対する性暴力は，けっしてまれなものではありません。実際には，身近な場所や関係性のなかで起こっていますが，被害を受けた子どもはなかなかそれを打ち明けられません。本章では，子どもの性被害の特徴について，いくつかのパターンを概観しながら，性暴力に対する理解を深めていきます。大人が性暴力の実態や影響を知っておくことで，子どもの性被害に気づきやすくなります。性被害を受けた子どもの心情や状態を理解し，適切な支援と問題解決に取り組むことが大切です。

第1節
子どもの性被害をとりまく現状

1 社会の変化と大人に求められる役割

　子どもにとって，性暴力や性犯罪は身近に起こりうる危機の一つです。さまざまな調査から子どもの性被害の深刻さが明らかになるとともに，支援機関や学校現場においてもその問題の大きさが認識されるようになってきました。これまで社会に対して語られることが少なかった性暴力について，子どものころに受けた性被害の体験集（森田，1992）や実名による被害者の手記（大藪，2007；小林，2008；山本，2017）が出版されたことも，社会の認識の変化をあと押ししたと思われます。

　2017年に性犯罪に関する刑法が改正されたことで，これまで女性だけを対象としていた強姦罪が廃止され，強制性交等罪となり，男性も被害者に含まれるようになりました。性犯罪の被害者による告訴を必要としない**非親告罪**となり，加害者への罰則も重くなるなど，司法制度も変わりつつあります。とはいえ，深刻な性犯罪が無罪となる判決が相次ぎ，2019年にはそれに抗議する**フラワーデモ**が始まりました。この30年の性暴力をめぐる社会の動

＊**非親告罪**　従来の刑法では，性犯罪は被害者による告訴を必要とする親告罪であった。被害者にとって心身ともに負担の大きい選択を迫るものだったが，改正によって告訴を不要とする非親告罪となった。
＊**フラワーデモ**　性犯罪の無罪判決をきっかけに，性暴力への抗議と被害者に寄り添う #WithYou の声を上げるための社会運動。花をもち寄り集まろうという呼びかけから始められた。

向は大きく変わったといえるでしょう。

　近年は，子どもの性暴力への社会的関心も高まり，メディアでの特集や報道も増えています。2020年には，文部科学省と内閣府の連携により，全国の学校で子どもが性暴力の加害者，被害者，傍観者にならないことをめざした「生命（いのち）の安全教育」が推進されています。2021年に成立した「教育職員等による児童生徒性暴力等の防止等に関する法律」では，教育職員等による児童生徒性暴力等の防止等に関する施策を推進することが定められました（第6章，第11章参照）。

　こうした動きは，性暴力が被害者に及ぼす影響の大きさをふまえたものにほかなりませんが，その一方で，いまだに子どもへの性暴力について「聞いたことがない」「おおげさに言っているだけではないか」という声も聞かれます。「子どもは傷つかない」「すぐに忘れるはず」といった誤解もあります。実際には，性被害を受けた子どもの多くは，自分の身に起きたことをだれにも話せず，秘密をかかえる苦しみや自責感にさいなまれています。幼いときには身に起きたことの意味がわからず，思春期を迎えてから症状に悩まされる子どもも少なくありません。性暴力は，長年にわたって被害者に影響をもたらし，子どもの健やかな成長や発達をさまたげます。

　子どもがようやく大人に打ち明けたとしても，聞き流されてしまったらどうでしょう。子どもは信じてもらえなかったことでさらに傷つき，相談することをあきらめてしまうかもしれません。大人もまた，子どもの性被害にショックを受け，落ち着いて対応するのは難しいものです。子どもの話を落ち着いて聞くためには，性暴力の特徴や実態を知り，子どもの心情や状態を理解する必要があります。大人も社会的な支援を受けながら，子どもの回復を支える体制をつくっていきましょう。性被害を受けた子どものために，親や教職員など身近な大人ができることはたくさんあります。

2　性暴力とは何か

　性暴力とは，性を手段とした暴力のことであり，「本人の意に反した性的な言動」と定義されます。「意に反する」というのは，被害者が「いやだ」と言ったときだけではなく，いやだけれど断れない，逃げられない，応じざるをえないといった状況も含みます。のぞきや盗撮のように，本人が気づかないうちに受ける性被害もあります。睡眠中や，薬物，アルコールなどの影響によって，本人の意思が示せず，判断力が低下している状況での性的言動も性暴力です。つまり，本人の意思が尊重され，お互いの同意に基づいているかどうかが，性的行為と性暴力を区別する基準になります。相手の意思を無視することは，人の尊厳を深く傷つける暴力なのです（表1-1）。

表 1-1　性暴力となる行為

・からだへのからかい，性的な中傷を言ったり，書いたりする
・着替えやトイレ，入浴をのぞく
・下着を盗る，衣服に精液をかける
・強引にキスをしたり，からだに触る
・抱きついたり，性器を見たり触ったりする
・性器を見せたり，性器に触らせる
・無理やり膣や肛門に性器や物を挿入したり，性器をなめさせたり口腔に挿入する
・ポルノや性行為を見せる
・性的な被写体として撮影する　など

　しかし，子どもの性被害については，子どもの意思だけを判断基準にして考えることができません。子どもは自分の意思を決めたり，行動を選択したりするうえでの基本的な知識や情報，能力，スキルなどを身につけていく発達の途上にあります。そのため，相手が要求する行為の意味がわからないまま「いいよ」と言ったり，それに伴うさまざまなリスクを知らずに応じたりしてしまうことがあります。判断力や抵抗力のない子どもがたとえ「いいよ」と応じたとしても，それは真の同意であるとはいえません。子どもの未熟さや無知を悪用することは，性的な搾取といえます（表 1-2）。

表 1-2　真の同意がなく性暴力とみなされる主な状況

・無理強いをしたり，暴力や脅迫を伴う
・だましたり，うそをついたりする
・一方的で，被害者は気づいていなかったり，許可していない
・被害者が逃げられない，逃げにくい状況である
・被害者が断りにくい状況や立場におかれている
・被害者の判断力が不足していたり，一時的に低下している
・被害者が事態をわかっておらず，この先に起こりうるリスクについて知らない　など

●子どもへの性犯罪

　2017 年の**刑法**の改正により，従来の強制性交等罪には男性も被害者に含まれました。膣への性器挿入だけでなく，肛門や口への挿入も強制性交等になったのです。本来，個人のプライベートな体の部位に侵襲的な行為をすることはきわめて暴力的であり，性器の挿入に限定されるべきではないでしょう。これまでは被害者が 13 歳以上の場合，被害者が著しい恐怖により抵抗できない抗拒不能という状態であったかどうかが問われていました。しかし，加害者の行為ではなく，被害者の抵抗が問われる点は，重要な課題として残され，以下に述べる 2023 年の改正につながりました。

＊**刑法**　犯罪とそれに対する刑罰の関係を規律する法。

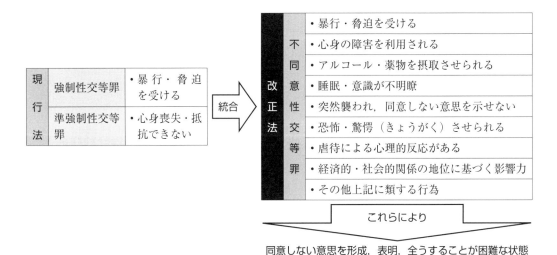

図 1-1　刑法改正で見直された強制性交等罪・準強制性交等罪の処罰要件（再掲）

　さらに，18 歳未満の子どもの世話を行う立場の人がその影響力を用いてふるう性暴力は，監護者わいせつ罪もしくは監護者性交等罪という犯罪となります。家庭や施設で性被害を受けても，生活の場を失いかねない子どもは逃げることができません。**児童虐待防止法**では，18 歳未満の子どもに対し，保護者がわいせつ行為をしたり，させたりすることを性的虐待と定めています。ほかにも，さまざまな法律や条例によって児童ポルノや出会い系サイトを介した子どもとの性交渉などが規制されています。

　そして，刑法の犯罪見直しを検討する法制審議会の部会は，2023 年 2 月，強制性交等罪などの処罰要件の改正要綱案として，従来の「暴行・脅迫」といった要件を，同意しない意思の表明などが難しい状態にし性的な行為をしたことと改め（図 1-1），「性的同意年齢」を 13 歳から 16 歳に引き上げ（被害者が 13 歳から 15 歳のケースでは 5 歳以上の年齢差がある場合に適用），わいせつな画像の撮影や提供に関する罪を新設することなどを取りまとめました。同年 3 月には，強制性交等罪を「不同意性交等罪」に変更するという刑法改正案が閣議決定され，6 月に「不同意性交等罪」に罪名が改称され，公訴時効も原則 5 年延長されました。また，「性的姿態撮影罪」を盛りこんだ新法も可決されました。

●認知件数は氷山の一角

　性犯罪を受けた人の多くは，被害届を出したり訴えたりすることができずにいます。被害を受けたことを知られたくないという恥の気持ちをいだいていたり，事件について思い出したくなかったり，恐怖から口にすることもできないこともあるからです。加害者が身内や知

＊児童虐待防止法（児童虐待の防止等に関する法律）　18 歳未満の子どもに対する虐待を禁止する法律。児童虐待の定義や，その発見や通告に関する公的機関の責務，措置等が規定されている。

り合いならば，訴えることで現在の生活が一変することの不安や相手からの報復への恐れもあります。子どもの場合，加害者が家族や親族，教員や指導者といった関係性が深い人であることが多いため，子どもだけでなく，親も事件化することを躊躇します。子どもが事情聴取を受けることや，捜査や裁判に関わる精神的負担も懸念されます。実際，裁判となれば，それに費やされる時間や労力，金銭面などの物理的負担も少なくありません。

　性犯罪として警察が認知した件数（認知件数）は，実際に起きている性暴力のうち氷山の一角に過ぎません。令和 4 年警察白書（警察庁，2022）によると，2021 年の 13 歳未満の子どもへの性犯罪の認知件数は，強制性交等が 171 件，強制わいせつが 748 件です（表 1-3）。全体の被害件数のうち，13 歳未満の子どもの被害者の割合は，それぞれ全体の 1 ～ 2 割を占めています。このほかにも，暗数といわれる潜在化しているケースがあると考えられます。

表 1-3　13 歳未満の子どもへの性犯罪の認知件数（13 歳未満の子どもの被害の認知件数 / 全体の認知件数）

	令和 4 年 警察白書 （警察庁，2022）
強制性交等	171　/　1388 （12.3％）
強制わいせつ	748　/　4283 （17.5％）

●さまざまな性暴力

　性暴力には，性犯罪として認知されたものに限らず，子どもの成長や発達を阻害しうる不適切な性的言動としてさまざまなものがあります。

　性暴力は必ずしも，直接からだや性器に触る行為とは限りません。着替えや入浴をのぞく，下着を盗む，盗撮，ポルノや性行為を見せる，子どもを性的な被写体として撮影するなどの**非接触型の性暴力**もあります。露出した性器を見せられる公然わいせつの被害も，被害者にショックや嫌悪感，外出恐怖といった深刻な影響をもたらします。

　性器への接触を伴う性暴力は，発達が未熟な子どもにとって，強い痛みや外傷をもたらすことがあります。膣や肛門などの裂傷のほか，性感染症や妊娠の可能性も生じます。性器を触られたことで，苦痛や恐怖を感じると同時に心地よさや快感も伴った場合，子どもはより混乱したり，自分自身を恥じたりします。もちろん，身体的な快感を伴ったとしても，子どもの理解や同意のない行為は性暴力です。

　性暴力の被害者は女子だと思われがちですが，実際には男子も被害にあいます（ガートナー，2005；野坂，2011）。加害者の性別も，被害者の異性とは限りません。性的ないじめを考えればわかりやすいように，性暴力は性を手段にした支配や攻撃ととらえられます。

＊**非接触型の性暴力**　からだや性器に直接触れない方法でふるわれる性暴力。

　子どもに性暴力をふるう加害者は成人とは限りません。被害者と年齢の近い子どもである場合も多くあります。性暴力とみなされる主な状況（表 1-2）にあるように，「被害者が逃げられない」とか「被害者が断りにくい状況や立場におかれている」状況であれば，子ども間であっても，それは性的遊びではなく性暴力となります。**子ども間の性暴力**は，年齢差や体格の違いなど，加害者と被害者の間に発達や力の差があることがほとんどです。きょうだいの場合，年齢差があるうえに，保護者がふだんから「兄（姉）の言うことを聞きなさい」などとしつけているために，妹や弟が言いなりにならざるをえないことがあります。同じ年齢であっても，性差や学級内での地位の差など，子どもなりの力の差が存在します。

③　子どもへの性暴力被害の実態

　2017 年に高校生を対象に行われた全国調査（日本性教育協会，2019）では，加害者が恋人かどうかを分けて性被害の体験を把握しています（表 1-4）。全体的に男子より女子の被害率が高いものの，「言葉などで性的なからかいを受けた」は，男子の 4.1％が経験していました。女子は，「望まない性的な行為をさせられた」という性的行為の強要を除くと，「恋人以外から」の性被害をそれぞれ 1 割以上が経験していました。また，男女とも「恋人から」性的行為を強要された経験は「恋人以外から」より高く，女子では 4.9％，つまり 20 人に 1 人の割合にのぼります。

表 1-4　高校生の性被害（日本性教育協会，2019）

（%）	男子 （1,977 人）	女子 （2,009 人）
恋人以外から		
言葉による性的からかい	4.1	14.1
露出行為被害	1.9	11.8
痴漢被害	1.4	10.6
性的行為の強要	0.9	3.4
恋人から		
性的行為の強要	1.1[※1]	4.9[※2]

※1　1,958 人対象　　※2　1,984 人対象

　年齢による性被害率の推移をみると，高校生を対象とした調査（野坂ら，2005；野坂，2005）から，就学前を含む小学生までになんらかの性被害を受けた女子は 31.0％，男子は 13.1％であり，中学生までに女子の 51.8％，男子の 24.0％，高校生までででは女子の 63.0％，男子の 29.2％の割合にのぼります（図 1-2）。男女ともに，年齢が高まるにつれ被害率が上昇し，とりわけ女子の場合，小学生までででおよそ 3 人に 1 人が被害を受け，中学生の時点で

＊**子ども間の性暴力**　加害者と被害者がともに未成年である場合の性暴力。

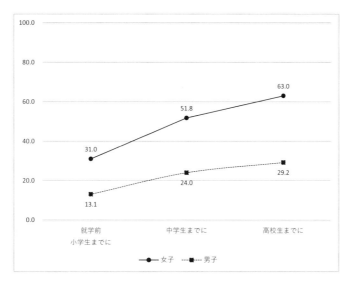

図 1-2　年齢別の性被害体験率（%）（野坂，2005）

は被害を受けたことのある子どもは過半数を超えています。

　ほかに，高校生とほぼ同年齢（平均年齢 16 歳）で少年院か児童自立支援施設に入所している女子を対象にした調査（藤岡・寺村，2006）では，レイプ（強制性交等）被害が 6 割以上という高い性被害率が示されています。彼女たちの 16%が「無理やり」という合意に基づかない初交体験をもっていることから，調査者は性被害体験がその後の対人関係に影響を及ぼしたり，非行につながったりする可能性を示唆しています。薬物使用などの問題によって，性被害のリスクが高まることも指摘されています。

●真の実態は不明

　このような調査は，子ども自身が過去の体験をふり返って回答するものであるため，思い出したくない被害や回答したくない内容は含まれません。ケアがなされていなければ，被害体験を思い出すことには大きな苦痛が伴います。つらい現実と向きあうのを避けるために，被害について「たいしたことではない」と思い込もうとすることもあるでしょう。とくに男子の場合，「男である自分が性被害など受けるわけがない」と思ったり，被害を受けた自分を恥じたり責めたりして，だれにも言えずにいることがあります。また，長いあいだ，一人で苦しさをかかえてきた子どもは，「調査に回答したところで，助けてもらえるわけではない」と抵抗感をもつこともあるはずです。実態を把握することは，事実に即した支援や教育を考えるために欠かせませんが，子どもが安心して調査に参加できるようなサポート体制を整えることが課題になります。

　調査の特徴や限界により，子どもへの性暴力の実態を明らかにするのは難しいことです。まだ明らかにされていない被害があることを認識しつつ，第 2 節では，子どもの性被害につ

いて例を挙げながら，なぜ子どもが周囲に被害を打ち明けられないのか，被害によって子どももはどんな影響を受けるのかを述べていきます。大人が性暴力を見過ごすことなく，子どもの訴えをていねいに聞くことによってはじめて，性暴力の真の実態がみえてくるでしょう。

第2節
子どもが受ける性暴力の状況

① 幼児の性暴力

　子どもへの性暴力は，乳幼児から思春期まで幅広い年代にわたり，性別に関わらず起きています。それぞれの年代において典型的な状況を例に挙げながら，子どもの性被害の特徴をみていきましょう。本書の事例はすべて，複数の事例を組み合わせて加工したものです。

事例 1-1

「子どものほうから膝の上にのぼってきたんです」
幼児のニーズを悪用する性暴力

　5歳の女児アイちゃんが通う保育園で，男性保育士が園児のからだを触ったり，園児とキスする動画を撮影していたことが発覚し，逮捕されました。報せを聞いた保護者はもちろん，園長や同僚である職員も驚き，保育園は大混乱になりました。撮影データが証拠になり，すぐに事件化されたものの，加害者は子どもにも人気の評判のよい保育士で，だれもが一様に「信じられない」というとまどいを口にしました。それだけに，加害者に裏切られたという気持ちも大きく，保護者から保育園の管理責任を問う声があがりました。しばらく保育園を休ませる家庭もあり，事件について知らされていない子どももなんらかの異変を感じとったようです。親にまとわりつくなど，赤ちゃん返りがみられる子どもたちも出てきました。

　証拠となった動画データから，アイちゃんを含む数名の女児が被害にあっていたことが確認されました。加害者は子どもたちに「順番だよ」と言い含めて空き部屋に呼び出し，自分の膝の上に座らせたり，「先生と結婚しよう」と結婚式ごっこのふりをしてキスを求めたりしていました。そして，「先生との秘密だからね」と，指切りをしてから子どもを保育室に戻しました。なかには，呼び出しに応じなくなった子どももいましたが，多くは保育士との遊びだと思い，無邪気に従っていました。

　警察で動画の一部を確認させられたアイちゃんの両親は，保育士と娘の映像を見て，大きなショックを受けました。加害者を許せないという怒りで，身が震えるほどでした。

- 成長したアイちゃんにどんな影響が生じるかと考えると心配で，思春期を迎えても恋愛
- を恐れたり，男性に不信感をいだいたりするようになるのではないかと考えると，娘の
- 明るい未来も奪われたような気がしました。同時に，アイちゃんが加害者に言われるま
- まに，膝の上に乗ったり，キスをせがむようなポーズをとったりするのを見て，「娘も
- 望んでいたのだろうか……」とモヤモヤしました。加害者が「子どものほうから膝の上
- にのぼってきたんです」と供述していたと聞いたのを思い出し，何を言っているのかと
- 腹立たしく思っていたのがゆるがされるような気持ちになりました。
-   今のところ，アイちゃんにはとくに変わった様子はみられず，保育園に通うのを楽し
- みに過ごしています。急にいなくなった加害者のことには一切触れないので，何か気に
- しているのかもしれません。むしろ，両親のほうが過敏になっていて，娘を保育所に預
- けることへの不安が拭えません。アイちゃんのちょっとしたふるまいにも「あの影響だ
- ろうか」と考えて，「何してるの！」と声を荒げてしまうことも増えました。

●グルーミング──子どものニーズの悪用

　幼い子どもにとって，身近な大人は自分を守ってくれる存在です。知らない人であっても，一緒に遊んでくれたり，関わってくれたりすれば，子どもは相手を頼り，なつくものです。加害者は，こうした子どもの特徴を熟知しており，子どもの純粋さや無邪気さを悪用します。子どもへの性暴力は，子どもが大人や関わりを求めるニーズを悪用するものといえます。

　アイちゃんが保育士である加害者の言うことを聞いたのは，当たり前のことです。子どもはふだんから「先生の言うことを聞くように」と教えられています。着替えにも大人の手を必要とする年齢です。この時期の子どもは，大人の手を握ったり，抱きついたり，膝の上に座りたがったりします。触れあうことで安心し，さまざまな探索行動をとります。好奇心も強く，なんでもやってみようとします。性的な意味をわかっていないので，加害者の誘いを遊びや保育の活動だと思うのは，まったくおかしなことではありません。

　加害者は，子どもたちの信用を得るために，さまざまな**グルーミング**を用いています（表1-5）。脅したり，怖がらせたりするのではなく，優しく声をかけたり，遊びのふりをしたりします。「順番だよ」とゲームのようなルールを示したことで，子どもたちはそれを守り，「次は，わたしの番」と競って部屋に行きたがりました。先生と特別な秘密をもつことも，子どもにはワクワクする体験として感じられたかもしれません。こうした脅しや操作を巧みに用いる加害者に対して，子どもがおかしいと気づくのは容易ではありません。

＊グルーミング　被害者の警戒心を解き，自分を信用させることで性暴力をふるいやすくするための加害者の行動。手なずけ行動。被害者の心情や行動を操作することで，被害者の抵抗を抑えるだけでなく，被害者に自責感をいだかせる。

表1-5　子どもへのグルーミングの例

・子どもの世話をするふりをする：お風呂に入れる，寝かしつける，着替えを手伝う
・子どもと遊ぶふりをする：「高い高い」やプロレスごっこ，お医者さんごっこ，野球拳
・子どもへの教育や指導を利用する：指導や治療をしながらからだに触れる
・子どもが求めることをする：関心を向ける，ほめる，金銭や宿泊先などを提供する
・恩を着せる：特別な指導をする見返りを求める，子どもや家族の困りごとの援助をする
・愛情や恋愛と思わせる：「愛してる」「二人だけの秘密」と特別な関係だと強調する

●**性被害による幼児への影響と親の反応**

　まだ自他の**境界線**が明確でない子どもは，からだを触られたり見られたりしても，それが性的なものだという認識はありません。また，痛みや苦痛がなければ，すぐには心身への影響が表れないことも少なくありません。しかし，「何かおかしい」「恥ずかしい」といった違和感や恥の気持ちがわき，「何か悪いことをしてしまった」という自責感にさいなまれることがあります。親に言えない秘密をもっていることの罪悪感から，落ち着かなくなったり，ハイテンション（過覚醒）になったりする子どももいます。

　他者との関わり方を学ぶ幼少期に，境界線を侵害される体験をすると，対人距離が混乱しやすくなります。親しみの表現として，相手にベタベタと抱きついたり，性的なふるまいをするようになることがあります。キスやセックスといった性的な言葉に反応したり，遊びや会話のなかで性的な表現が増えたりします。性器に触れられた感覚を思い出して，しきりに性器を触るようになる子どももいます。

　親としては，子どもに表立った影響がみられないことに安堵しつつも，かえって不安を感じたり，性的な表現や行動が増えたことにとまどったりします。長期的な影響についても懸念します。早い時点で「相手の行動がルール違反」と説明し，「あなたは悪くない」と子どもを安心させるとよいでしょう。安全のための性行動のルール（第3章参照）を確認し，親もまたサポートを受けながら，落ち着いて子どもに関わることが望まれます（第7章参照）。

2　子ども間の性暴力

　大人からの性暴力だけでなく，子ども間でも性暴力は起こります。加害者は年長児である場合もあれば，同級生のこともありますが，両者に力関係があることがほとんどです。二人きりの場面に限らず，性的いじめのように集団で性暴力がふるわれることもあります。

＊境界線（バウンダリー）　個人的なもの，つまりその人のこころやからだ，権利を守るもの。身体的（物理的），心理的，社会的境界線などがあり（第3章参照），子どもの年齢や発達に伴い，境界線も変化していく。

事 例
1-2

「ふざけていただけ？」
性暴力被害を受けた男児のとまどい

　小学校 2 年生の男児カズさんがマンションに帰宅すると，顔見知りの男子中学生が同じエレベーターに乗り込んできました。カズさんが中学生が手にしている流行のカードゲームに目をやると，中学生はカズさんにレアなカードを見せながら「屋上に行ったら，もっとすごいのを見せてあげる」と言いました。屋上に上がることは親から禁じられていましたが，家のすぐ近くだし，ちょっと見せてもらうだけだと思い，中学生についていきました。ふだん上がれない屋上にも興味がありました。

　屋上からの眺めはよく，カズさんは大はしゃぎでした。見たこともないカードをもっている中学生に「すごいね！」と言い，すぐになついて一緒にゲームを始めました。

　しばらくすると，カードに夢中になっているカズさんの背中から中学生が抱きついてきました。カズさんはくすぐったくて，「やめてよー」と言いながら身をかわしましたが，中学生は「くすぐりっこだ」と言って離れず，カズさんの股間を触ったり，自分の股間を触らせようとしました。

　最初は笑いながら逃げまわっていたカズさんでしたが，中学生があまりにしつこいので，次第に怖くなってきました。カズさんが泣きそうな顔をすると，中学生は「ふざけていただけだよ」と言い，カズさんの手に 1 枚のカードを握らすと，カズさんの自宅玄関まで送り届けました。そして「屋上で遊んだことは，二人の秘密だよ」と言いました。

　家に帰ったカズさんは，手元に残ったカードを見ながら混乱していました。母親に話そうかと思いましたが，屋上に上がったと言ったら怒られるに違いありません。高価なカードをもらったことにも，後ろめたい気持ちがありました。何より，中学生が言ったように「ふざけていただけ」のことを，なんと説明すればよいのかわかりません。股間を触る遊びは，以前も学校で流行っていました。カズさんは，「なんでもないことだ」と思おうとしました。

　しかし，カズさんはその晩から母親にまとわりついたり，おねしょをしたりするようになりました。母親には「もう小学生なのに，どうしておねしょなんてするの！　寝る前にトイレに行かなきゃだめでしょう」と怒られました。自分でも恥ずかしくて落ち込みました。イライラして，つい親に隠れて妹をいじめてしまいました。

●グルーミングによる子どもの混乱

　カズさんは，性被害を受けたことを親に話すことができませんでした。自分でもなにかおかしい，怖いと感じながらも，自分の身に起きたことがよくわからなかったからです。子ど

もは，加害者の行動の意味がわからず，傷つくというよりも混乱していることがあります。

　被害を受けた子どもが混乱するのは，単に性に関する知識がないためではありません。加害者の多くは，あからさまな脅しや暴力をふるうのではなく，さりげなく子どもに接近し，子どもの関心を引いたり，自分になつかせたりする手段を用います。被害者である子どもは，自分から相手についていったり，物をもらったり，あるいは「かわいいね」などの言葉をかけてもらったりしたことについて負い目を感じ，自分に責任があると感じてしまうのです。

　また，加害者が「ふざけていただけ」とか「ちょっと触っただけ（たいしたことはしていない）」と言い訳をすると，被害を受けた子どもはもとより周囲の大人までもが，性暴力をささいな行動だと過小評価してしまったり，おおごとにするまでもない遊びなのだと勘違いしてしまったりすることがあります。

　さらに，加害者から口止めをされた子どもは，その「約束」を守らなければならないと思いがちです。常日ごろ，約束を守ることの大切さを教えられている子どもは，こうした強制的な命令でさえも守ろうとしてしまうのです。

　加害者の巧妙なグルーミングによって，カズさんは顔見知りの年長児から自分が住んでいるマンション内で被害を受けました。実際の性暴力は，いわゆる不審者による犯行よりも，このような知り合いからのほうが多く，夜道や繁華街などに限らず，通学路や自宅といった身近なところで起こることがほとんどです。

　性暴力について多くの人がいだいている漠然としたイメージと実態が異なるため，保護者の多くは，「うちの子に限って」「男の子なのに？」「こんな場所で！」と驚いたり，とまどったりします。カズさんの母親も，子どもの態度や行動の変化に気づきながらも，背景にある性被害の可能性には思い至りませんでした。

●早期発見のために

　カズさんは混乱しながら，自分の身に起きたできごとの意味を探ろうとしました。そして，「股間を触る遊びは以前も学校で流行っていた」という経験から，「これは遊びなのだ」と考えました。子どもは，ものごとを周囲の反応や過去の体験から理解します。もし，カズさんが家庭や学校で性暴力について教えられ，おかしいと感じたときの対処法を学んでいたならば，被害を受けたあとすぐに大人に相談できたかもしれません。同性間や友だち同士でも，**プライベートパーツ**を触ったり蹴ったりすることは，**身体的境界線**を侵害する暴力です。具体的な教育や指導がされていれば，境界線が侵害されたとき，不快であるという自分の直感を信じて対処することができます。また，一方的に交わされた約束は命令であって守る必

＊プライベートパーツ　からだは身体的境界線で守られているが，なかでも性器やお尻，胸，口は，理由や同意なく他者が触れてはいけない大切なところである。プライベートゾーンともいう。
＊身体的境界線　自分自身のからだや他者との距離間をさす。一方的に他者のからだに触れたり見たりすることや，距離が近すぎることは，身体的境界線を破ることになる。

要がないと知っていれば，子どもは被害体験を自分の胸にしまわずにすむはずです。

　保護者が被害のあとにみられやすい子どもの変化を知っておくことも大切です。ふだんとは異なる様子に気づいたときに「何かあったのかもしれない」と考えることができれば，より早く子どもに関わることができるでしょう。カズさんも，性被害を受けたあとに甘えや夜尿などの退行が起きていました。症状が悪化したり長期化したりすると，年下のきょうだいをいじめるなど，ストレスをより立場の弱い相手に向けてしまうこともあります。

③　交際相手からの性暴力

　思春期を過ぎると，交際相手から性暴力をふるわれるケースも増えていきます。次は，高校1年生の女子の事例です。

事例 1-3

「愛されてる？」
セックスはいやだけれど相手にきらわれたくない女子

　高校1年生のサキさんには同級生の彼氏がいます。いつも彼の部活が終わるのを待って，一緒に下校しています。

　ある日，友だちの誕生会に誘われたサキさんが「今日は一緒に帰れないから，また明日ね」と言った途端，彼は「そんなの聞いてないけど」と不機嫌になりました。サキさんはあわてて「ごめん，急に誘われたの。でも，今日だけだよ？」と言うと，彼は「俺とそいつらとどっちが大事なんだ！」と声を荒げました。緊迫した雰囲気になり，サキさんはがっかりしながら友だちの誘いを断りました。ですが，友だちに「愛されてるね」と冷やかされると，まんざらでもない気分になりました。

　次第に，一緒に帰れない日はもちろん，メールの返事が遅いというだけでも，彼は怒鳴るようになりました。都合を説明しても，「だったら俺のことはいいってことか？俺を不安にさせてうれしいのか」と言い，その後はひどく落ち込んだ様子をみせるのです。そんな彼の姿を見ると，サキさんは自分が彼を傷つけてしまったと思い，必死で彼をなだめます。彼を心配させないために，携帯電話も手放せません。

　二人きりでいるときは，ついさっきまで不機嫌だったことなどどうそのように優しい態度をみせます。お互いが望んでキスもしました。しかし，セックスを求めてきた彼に，サキさんが「まだ早いよ」と答えると，彼は表情を一変させました。「だって，妊娠とか心配だし……」と説明するサキさんの前で，彼は無言のまま手元の携帯電話をいじりました。あからさまにつまらなそうな表情をして，サキさんを無視します。「このまま

ではきらわれちゃう」と不安になったサキさんに，彼は「いいよな？」と一方的に服を
脱がせ，性器を挿入しました。サキさんは痛くて，悲しくて，情けない気持ちになりま
した。こころのなかで「お互い好きなのだから，これでいいんだ」と何度も自分に言い
聞かせました。

　その後，会うたびにセックスをするのはサキさんにはつらいことでしたが，彼の機嫌
をうかがうよりは，がまんしてセックスをしたほうがマシだと思いました。友だちに相
談しても，また「のろけている」と言われそうだし，親には絶対に言えません。妊娠し
ないか心配する日々を過ごすうち，学校の成績も下がっていきました。

●見落とされやすい交際関係のなかでの性暴力

　交際関係のなかでふるわれる性暴力は，**デートDV**や**デートレイプ**と呼ばれます。二人
きりで過ごす機会も多く，何より好きな相手にきらわれたくない，相手の求めに応じたいと
いう気持ちから，性暴力があってもがまんしてしまう子どもがいます。そもそも，束縛や要
求を「愛されている」と感じたり，暴言や暴力を「本音で向き合ってくれる」「本気で関わっ
てくれている」ととらえたりして，両者ともに支配や暴力であると気づかないことも少なく
ありません。子どもにとって身近なモデルである両親にDVが起きていたり，親密な関係性
にはセックスが不可欠であるかのようなメディアのメッセージにさらされていたりすると，
デートDVを自覚しにくくなるでしょう。

　デートDVには，殴る，蹴るといった身体的な暴力が伴うこともあれば，サキさんのよう
に，加害者が不機嫌になったり，暴言を吐いたりして，被害者を精神的に追いつめていくこ
ともあります。傷ついたサキさんは，自分の気持ちを胸に押し込めてやり過ごそうとしてい
ますが，もしかしたら彼のほうも自分が大事にしてもらえていないと被害的にとらえている
かもしれません。自己中心的な認識ですが，お互いに満たされない気持ちをかかえながら，
相手の表情にますます不安をつのらせ，自信のなさからかえって相手に執着するという悪循
環が生じているともいえます。デートDVのような関係性における暴力は，こうした両者の
関係で起きている力動（ダイナミクス）をみていく必要があります。

　サキさんが友だちから「愛されてるね」「のろけている」と言われていたように，交際関
係における性暴力は，一見すると同意のうえでの性行為のようにみえるものです。周囲も問
題を把握しにくく，何より本人も恋愛だと思い込んでいるため，被害者は「いやだと思う自
分のほうがおかしいのかもしれない」と考えてしまいがちです。

　こうしたデートＤＶの特徴について，学校や家庭で子どもたちに教えながら，一人でなん

＊デートＤＶ　交際相手など親しい関係性における暴力や支配のこと。恋愛感情を理由に暴力をふるったり，ほ
　かの関係性を絶たせて孤立させ，逃げられないと思わせたりすることが多い。
＊デートレイプ　デートＤＶのうち，性暴力が伴うもの。交際相手など親しい関係性において，性行為が強要さ
　れること。

とかしようとするのではなく，だれかに相談するよう伝える必要があります。そうしないと被害を受けた子どもは孤立し，事態はどんどん悪化してしまいます。デート DV は異性間のカップルに限らず，同性間の交際でも生じます。さまざまなセクシュアリティの子どもがいることを理解し，暴力を見逃さずに支援する姿勢が求められます（コラム 10 参照）。

●安全・安心な居場所づくり

　交際関係が解消されても，加害者によるストーカー行為やリベンジポルノといった暴力が続くことがあります。むしろ，別れたあとにリスクが高まることもあるので注意が必要です。傷害や殺人に至るケースもあり，被害者の安全を第一に考えることが大切です。

　別れても，また同じように暴力的な交際相手とつきあい，デート DV のパターンが繰り返されることもあります。かつての交際相手から暴力を受けた影響で，無力感や自己否定感が強まり，自分の意見が言えなくなったり，不安や恐怖から相手の顔色をうかがいやすくなったりすることも一因でしょう。あるいは，以前から家庭での虐待や学校でのいじめなどを受けており，暴力的な相手や関係性に居場所を求めてしまう場合もあります。

　自分に関心を向けてもらえない，だれにも愛されていないと感じている子どもは，たとえ暴力をふるわれても交際相手に頼らざるをえなかったり，逆に，交際相手を救おうとしたりして，自分の存在価値を感じようとすることがあります。こうした子どもの状況や心境，ニーズを理解することが，子どもの安全を守ることにつながります。

④　家族や親族からの性的虐待

　家庭で起こる性暴力は性的虐待といわれます。本来，安心して過ごせる場所で，身近な保護者やきょうだいからふるわれる性的虐待は，子どもの発達全般に深刻な影響を及ぼします。

　性的虐待は，性暴力のなかで最も顕在化しにくいものです。長年にわたって性的虐待を受けながらだれにも打ち明けられず，子どもの問題が複雑化してから発覚する場合もあります。

事 例 1-4

「子どもっぽいだけ？」
周囲が不可解に思う性的虐待被害児の行動

　クミさんの行動が教員の間で話題にのぼるようになったのは，小学校高学年のときでした。児童の間で，クミさんが「男子中学生とつきあっている」という噂が流れたからです。学校の周辺で，男子中学生にしなだれかかって歩く姿を目撃した教員もおり，相手はそのつど違うようでした。クミさんは小柄な体型で幼くみえるほうでしたが，肌を

露出した大人びた服をよく着ていました。

　小学校 3 年生くらいから，クミさんが同級生の男児に自分のスカートの中を見せよ
うとしたり，ふざけながら男性教員の股間に触れようとしたりすることがありました。
教員たちは違和感を覚えながらも，幼さの残る子なのだと認識していました。そのため，
最近のクミさんの行動についても「子どもっぽいだけで，本人はそんなつもりはないの
ではないか」という見方が多く，なかには「発達的な遅れがあるのかもしれない」とい
う意見もありました。学力も低かったからです。また，「女性に対しては反抗的で，扱
いにくい」と感じている女性教員もいました。

　クミさんはほかの女子児童とうまくつきあえず，クラスのなかで浮いた存在になって
しまいました。クミさんは自分のセックスの体験を吹聴してまわり，周囲の注目を集め
ようとするかのようでしたが，かえって中傷を浴びることになりました。

　たびたび保健室に来るクミさんを気にかけていた養護教諭が話を聞くと，小学校に上
がったころから叔父によって性的虐待を受け続けていることが明らかになりました。

●性被害による性的な行動化

　性的虐待を受けていたクミさんは，何年ものあいだ，被害について周囲に気づいてもらう
ことができませんでした。事例にあるクミさんの行動は，教員から「幼いだけ」「発達的な
遅れがある」と解釈されていたからです。

　被害後にみられる過度で不適切な性的行動は，**トラウマによる性的言動の変化**といわれ
ます。一般的な反応の一つですが，周囲から「変な子」「いやらしい」など否定的にみられ
がちで，性被害の事実が明らかになっても「あんな子だから，自分から誘ったのだろう」と
誤解されてしまうこともあります。挑発的な態度をとったり，身体的境界線を保てず人に近
づきすぎたりすることで，再被害にあうリスクも高くなりがちです。

　トラウマによる性的言動に限らず，被害後に生じたさまざまな問題行動や非行は，子ども
にとっては周囲に助けを求めるサインととらえることができます。しかし，クミさんのよう
に，被害児童が周囲からの偏見や中傷にさらされ，それによって人間関係上の問題や学力の
低下といった新たな問題が生じることも少なくありません。性的虐待が発見されず，ケアや
サポートが提供されないと，子どものかかえる問題はどんどん大きくなってしまいます。

●トラウマティックな関係性の再演

　性被害に限らず，暴力的な関わりにさらされると，パターン化された「加害 - 被害」の関
係性をもつようになることがあります。トラウマを経験すると，対人場面を「やるか，やら

＊**トラウマによる性的言動の変化**　性被害によるトラウマのあとにみられやすい，不安定で過度な性的言動のこ
　と。誤った性の学習や性情報にさらされた影響，あるいは不安や混乱を解消する手段として，年齢不相応の性
　的言動がみられることが多い。

れるか」という力関係でとらえやすくなります。そのため，やられる前にやるとばかりに攻撃的になったり，やられるのを恐れて相手の言いなりになったりします。さまざまな場面で，こうしたトラウマティックな関係性のパターンが繰り返されることを再演といいます。本人が無自覚なうちに，過去の虐待的な関係性が再現されるのです。

　性的虐待の影響によって不安定な性的行動が生じているクミさんは，学校や地域でも性暴力を受けやすくなってしまいました。クミさん自身が，「わたしのからだは汚れている」「性的な行為でしか人とつながれない」などと考えていると，自傷行為としての性行動はさらに増えていくでしょう。傷つきを重ねることで，ますます自暴自棄な行動が増え，**トラウマティックな関係性が再演**されていきます。

第3節

性被害による子どもへの影響と対応

1　性暴力を受けた子どもの反応

　性暴力が子どもに及ぼす影響は，被害の状況やそれに対する子どもの認識，被害後の周囲の対応などによって異なります。生活状況や過去の被害体験によっても個人差が生じます。

　一般的に，被害を受けた子どもは，自分の身に起きたことをどうとらえればよいのかわからず混乱します。年齢が幼いほど，恐怖よりもとまどいや不安を感じるようです。被害時に，快感や心地よさを得たことで「自分も望んでいたのかも」というとまどいや，「恥ずかしい」という屈辱感をもつこともあります。「相手についていった自分が悪い」という自責感や，「親に言えないようなことをしてしまった」という罪悪感も生じます。「何もできなかった」という強い無力感も伴います。

　被害による混乱やショックは，子どもの場合はとくに身体症状として現れやすいのが特徴です。頭痛や腹痛，倦怠感のほか，食べられない，眠れないといった症状も起こります。いわゆる赤ちゃん返りと呼ばれる退行が生じ，夜尿や指しゃぶり，爪かみなどがみられたり，暗がりを怖がったりするようになります。急に甘えるようになり，わがままにみえる行動が増えたりします（図1-3）。

＊**トラウマティックな関係性の再演**　人は受け入れがたい体験を何度も行動で表す傾向がある。性被害を受けると「今度は大丈夫」と確認したくて同じ行動を試したり，無意識のうちに乗り越えようとして再被害を受けやすい状況に身を置いたりすることがある。幼少期から暴力的な関わりを受けていると，対等でお互いを大切にする関係性をイメージできない場合もある。

子どもの内面で起きていること	外から観察できる子どもの様子
・混乱，とまどい，不安 ・恐怖，パニック ・解離 ・自責感，罪悪感，無力感，他者不信（否定的な認知や感情） ・何度もできごとの記憶が頭に浮かぶ，フラッシュバック（再体験） ・できごとを思い出させる場所や人，話題を避ける（回避） ・過度な警戒心（過剰覚醒） ・性に関する混乱，性感染症，妊娠 ・ストレス	・落ち着かない，表情が暗い ・急に泣く，怯える，親にまとわりつく，暴れる ・夜中に飛び起きて叫ぶ（夜驚），不眠 ・ボーッとしている（解離） ・頭痛，腹痛，倦怠感，めまいなどの不調の訴え ・食欲不振，過食，食べ物以外を口にする（異食） ・無気力な様子，外出を渋る，集中力・学力の低下 ・イライラしやすい，暴言や暴力の増加 ・爪かみ，夜尿，わがままにみえる行動の増加（退行） ・性器いじり，性的な言動の増加 ・性器の痛みやかゆみの訴えや行動，生理不順 ・過呼吸，リストカット　など

図 1-3　性暴力を受けた子どもによくみられる反応

●成長のうえでの悪循環

　被害を受けたときに恐怖を感じた子どもは，その後，急にできごとを思い出し，そのたびに強い不安にみまわれることがあります。これは**再体験（フラッシュバック）**と呼ばれ，加害者に似た人を見たり，被害を受けた場所に行ったりするなど，できごとを思い出させるような**リマインダー**に触れたときに起こりやすい症状です。再体験症状は，まさに今，被害を再度体験しているかのような感覚におそわれるため，動悸で呼吸が苦しくなったり，身動きがとれなくなったりします。できごとを思い出すような場所や話題を避ける**回避症状**もあり，外出できなくなったり，できごとの話には触れないようになります。また，常にビクビク，おどおどして，集中して学習に取り組んだり，熟睡したりすることが難しくなります。これは過剰覚醒の症状によるものですが，被害後にイライラしやすくなり，家族や友だちとうまく関われなくなることがあります。

　こうなると日常生活を送ることが難しくなります。どれも被害による影響ですが，子どもは「自分がおかしくなった」「もともと自分にはできない」と自分を責め，自信を失ってしまいます。自己否定感も強まっていきます。

　こうしたさまざまな反応や症状へのケアがなされないと，子どもの否定的な認知が強まり，自分には価値がないとか，だれも信用できないなどと思うようになります。性についての価値観も混乱し，性的なものをひどく嫌悪したり，逆に自分は性しか価値がないと思ったりします。その結果，自傷行為や自暴自棄な行動が増えるという悪循環が起こりやすくなります。

＊**再体験（フラッシュバック）**　トラウマによる症状の一つで，トラウマとなったできごとの記憶を不意に思い出すこと。動悸や発汗などの生理的変化や心理的苦痛が伴う。
＊**リマインダー**　被害の記憶を思い出させるような状況や情報のこと。それによってフラッシュバックなどの症状が生じることがある。
＊**回避症状**　トラウマによる症状の一つで，トラウマに関連するものや人，状況などを避けること。加害者に似た人を怖がったり，被害現場に行けなくなったり，それについて話すことを避けたりする。

② トラウマの影響を理解した関わり──トラウマインフォームドケア

　性被害を受けたことを大人に打ち明けられず，一人で苦痛をかかえている子どもがたくさんいます。大人が子どもへの性暴力の現状を知り，性被害の影響を理解していると，子どもの不調やサインに気づきやすくなります。性被害による影響は，すぐにそれとわかるものばかりではありません。むしろ，子どもの「わがまま」や「問題行動」にみえるものが多いでしょう。事情がわからないうちに，子どもを叱ったり，非難したりすると，子どもはさらに傷つき，自信を失っていきます。わかってもらえないという怒りから，反抗的な行動が増えたり，無気力になったりすることもあります。

　トラウマについて理解して関わることを**トラウマインフォームドケア**といいます（表1-6）。トラウマ症状の治療やセラピーとは異なり，身近な親や教員，支援に関わる人ができる基本的な対応を意味します。あらゆる子どもの安全や健康を高めるために，ストレスやトラウマなど，こころの健康に関する**心理教育**を行い，性行動のルール（第3章参照）を教えるのも役立ちます。まず，大人がトラウマの知識をもち，子どもに「何が起きているのか？」に関心を向けることで，性被害の影響を正しく認識しやすくなります。

表 1-6　**トラウマインフォームドケアの基本**（SAMHSA, 2014 を修正）

理解する：トラウマのさまざまな影響を理解する
認識する：子どもや家族，支援者にどんなトラウマの影響が生じているか認識する
対応する：トラウマの影響を考慮して，より安全なやり方で対応する
再トラウマ体験を防ぐ：さらに傷つける対応はせずに，再トラウマを与えない

まとめ
子どもたちに伝えたいこと

　性被害を受けた子どもへのケアとして，できるだけ早いうちにこうした変化や症状はだれにでも起こりうることを話し，子どもの気持ちに共感しながらも，「あなたのせいではない」「恥ずかしがる必要はない」と伝えます。図1-4 は，性暴力被害を受けた子どもへの心理教育に用いる資料の一例です（子どもの性の健康研究会，2009 ／ 2010）。被害後の一般的な反

＊**トラウマインフォームドケア**　専門家に限らず，あらゆる人がトラウマの知識をもって，再トラウマを与えないように関わるという公衆衛生的アプローチ。トラウマの心理教育を基本とし，トラウマ反応をやわらげる呼吸法や筋弛緩法などの対処スキルを身につける。被害者だけでなく，支援者へのトラウマの影響も理解する。

＊**心理教育**　トラウマについて説明し，その後に現れやすい反応や症状を伝え，適切な対処法を教えること。早期の適切な心理教育は，被害者の不安を軽減させ，回復を促進させる。

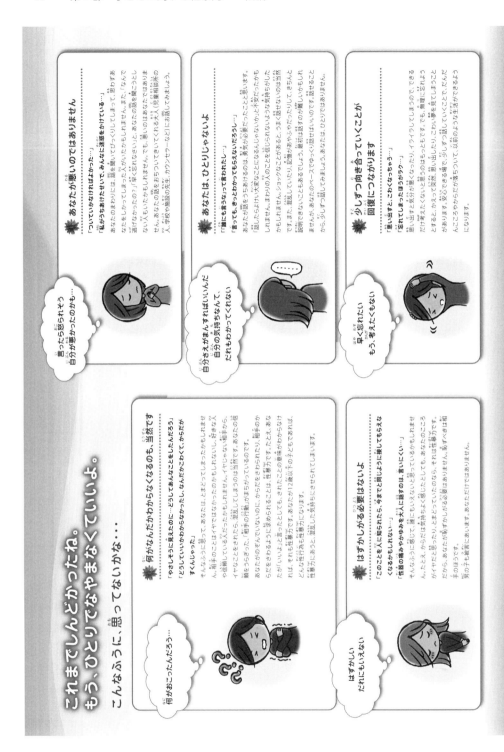

図 1-4　子どもへの心理教育の一例——「はなしてくれてありがとう」より（子どもの性の健康研究会，2009/2010）

応を説明しながら，正しい情報やよりよい対処法を伝えます。資料を一緒に見ながら子ども
と話しあっていくなかで，被害の状況や現在の状態などが明らかになっていくことがあります。子どもの気持ちや考えをよくきいて，安心感が高まるような働きかけをしつつ，その後
のケアやサポートにつなげていきましょう。

子どもと学ぶ「性的同意」

染矢明日香

性暴力への意識の高まりを背景に,「性的同意」という概念が日本においても広がってきています。本コラムでは,性的同意とは何か,性教育とのつながり,どのように子ども・若者たちと学ぶことができるのかを取りあげていきます。

1) 性的同意とは

性的同意とは,性的なふれあい・性行為に関する同意のことを指します。米国で性と生殖に関する健康と権利に関わるサービスを提供している Planned Parenthood のウェブサイトによれば,だれかと性的関係をもつ前に,性的同意を確認することにより,自分やパートナーの境界線（バウンダリー）が明確になり,お互いの尊重につながるとしています。また,性的同意に関する状況を下記のように整理しています。

性的同意がとれている状況
- 性行為をしたときにどんなことが起こるかを知っている
- 強制されず,途中で気持ちが変わることも尊重される
- 自分から進んで決められる
- 一つひとつの行為に対して,具体的に確認される

性的同意がとれていない状況
- 同意を確認したが,断られた
- 同意を確認したが返事がない／曖昧だった（沈黙は同意ではない）
- 同意を確認していない
- 酔っていたり,意識がない状態

※いずれかにあてはまる場合

日本においても 2021 年度より性犯罪・性暴力対策の強化の方針から,政府は性暴力の予防啓発を目的とする「生命（いのち）の安全教育」を推進し,2023 年度より全国の学校で実施されます（文部科学省,2021）。同教材においては「自分のいやだと感じたことはいやと言ってよい」「相手がいやだと言ったら,相手の気持ちを受け入れましょう」「距離感を守ろう」といったメッセージは出てきますが,「性的同意」という言葉は登場しません。

2)『国際セクシュアリティ教育ガイダンス』における性的同意

ユネスコがまとめた国際的な性教育の指針『国際セクシュアリティ教育ガイダンス』では,同意や性的同意についても取りあげられています（UNESCO, 2018）。

5 〜 8 歳の学習では,「自分のからだに,だれが,どこに,どのような方法で触れることができるかを決める権利を,だれもがもっている」,12 〜 15 歳の学習では,「だれもが,性的な行為をするかしないかを自分でコントロールする権利をもっており,パートナーに積極的に自分の意志を伝え,相手の同意を確認すべきである」,15 〜 18 歳以上の学習では,「健康的でよろこびのある,パートナーとの合意のうえでの性的行動には,同意が不可欠である」といった概念や,同意や示したり,拒否したりする能力をはっきりと示すことが,学習者ができるようになるスキルとして挙げられています。

3）子ども・若者たちとどう学ぶ？

　日本においても，海外の教材を翻訳した動画やガイドブック，書籍などが増えてきています。その一例として，米国の性教育NGOであるAMAZEが製作した動画教材をピルコンが翻訳し，教育現場・福祉の場などで活用されています（図C1-1）。

　AMAZEには上記の動画以外にも，「同意とコミュニケーション」「それって愛？」「ファーストキスってどうすれば？」「性行為の準備はできてる？」「もしお断りされたなら？」といったタイトルの動画があり，性的同意に関連する幅広いテーマの動画教材が充実しています。また，ピルコンが運営する会員制教材サイト「ライフデザインオンライン」（https://lifedesign.pilcon.org/）では，性的同意をテーマにした授業の指導案やスライド，動画教材などもダウンロードでき，活用いただけます。

　子ども・若者たちと性的同意の学習を通して，同意の理解はできても，どのように相手に自分の気持ちを伝えたらよいのかとまどう声も多く聞きます。「つきあったら性行為をするもの」「性行為をしているのが愛されている証」「性行為を断ったらきらわれてしまうのでは」「性について率直に話すのはダサい」という価値観をもっている子も少なくないと感じています。お互いを尊重する健康的な関係性の理解や，具体的にどのように性的同意を取ったり話しあうのか，という実践例の紹介や，ロールプレイを行うことも，学びの深まりにつながります。

　また，思春期になって性的同意を学ぶ前に，その前提となる同意や自分や他者の気持ちや感じ方は異なるという「境界線」についても幼少期から学び，ふだんの生活においても実践していくことの積み重ねが，将来の親密なパートナーとの率直で安心できるコミュニケーションにもつながっていくのではと思います。

　これまで日本の刑法では性的同意年齢は13歳と設定されていました。13歳以上の人への性行為が違法であるかどうかは，抵抗したり拒否したりすることができなかったほどの暴行または脅迫を受けたことを被害者側が証明する必要があり，欧米で広がる「同意のない性行為は性暴力である」という性的同意の概念や法整備と異なる社会の状況がありました。そのため刑法改正の議論がなされ，2023年6月に強制性交等罪と強制わいせつ罪はそれぞれ「不同意性交等罪」「不同意わいせつ罪」に改められ，性的同意年齢も，16歳に引き上げられました（第1章，第11章参照）。16歳未満の子どもへのわいせつな行為や性交等は性犯罪になりえます（13～15歳の子どもに対しては，加害者が5歳以上年長の場合に性犯罪になりえます）。引き続き，子ども・若者たちの人権が尊重される社会の実現に向けて，次世代を担う子ども・若者たちと一緒に考えていく必要があるでしょう。

https://youtu.be/JhI6WZtyJFg

図C1-1　イエス・ノーどっち？：同意とは

理解と支援に役立つトラウマインフォームドケア（TIC）

吉村拓美

「こころのケガ」を理解し，「トラウマのメガネ」をかけて手当をしていくトラウマインフォームドケア（TIC）というアプローチについて紹介します。「こころのケガ」とは，過去の苦痛なできごとや手当がされなかった傷つき体験を意味する，広い意味でのトラウマを指します（野坂・菊池，2022）。

こころのケガとその影響を理解したうえでの日常的な関わりのことを，トラウマインフォームドケア（TIC）と呼びます。このアプローチはだれでもできることが重視されており（SAMHSA，2014）専門家によってなされる専門的なトラウマ治療とは異なります。

たとえば，より身近な体調不良への対応にたとえれば，〈喉が痛いと感じて体温計で検温したら，熱が出ていることがわかったので，仕事を休んで家で寝ていようと行動を変える〉ような，多くの一般的な人にもできる公衆衛生上の対応がこころのケガへの対応においてもめざされます。医師が診断して，薬を出すレベルのケアではない点が重要です。

TICではある人の言動が暴力的なのは，こころのケガが隠れているからかもしれないという「ケアの視点＝トラウマのメガネ」（野坂，2019）にもとづいて「理解し」「認識し」「対応し」「再トラウマ体験を防ぐ」ことをめざします。お互いの安全や健康を高める点が，当事者や支援者，組織にとって役に立ちます。

1）こんな子いませんか？──トラウマは見えにくい

「学校に来たり来なかったりと，登校状況は不安定な一方で，教室に来ればとくに問題なく過ごしているのですが，SNSで知り合った成人の異性と性的な接触をもつ子どもがいます。制止しようと関わっていますが，とまりません。どう対応したらよいでしょうか」といった学校の先生からの相談を受けることがあります。

支援者は，まずは目に見える問題事象に対処しようとして，SNSの危険性を教えようとしたり，外出を禁じたりしがちですが，たいていうまくいきません。また，不安定な性行動の背景にトラウマの影響もあると知ると，専門的なトラウマ治療を受けさせなければならないと考えることもあるでしょう。しかし，専門家ではなくてもできる手立てがあるとすれば，どう感じられるでしょう。

トラウマというと，ニュースで報じられるような事故や事件，災害をイメージされるかもしれません。「そんな子どもに出会ったら，どう対応したらよいのかわからない」と思われるかもしれません。最近の研究では，子ども時代に表C2-1の10項目のうちどれか一つでもあてはまると，こころのケガ（逆境的体験）になりうるといわれています。藤原と水木（2012）によると日本でも32％以上の人が，18歳までの子ども時代に一つ以上の逆境的な体験をしていることがわかっています。逆境的小児期体験［ACEs：Adverse childhood experiences］（Felitti et al., 1998）と呼ばれるもので，ACEs累積度が高くなると，成人後の精神疾患リスクや自殺リスクが高まると指摘されているため，早期の手立てが望まれます。

トラウマの渦中に生じる正常な反応として「闘う」「逃げる」「すくむ」「こびる」などがあり，SNSで優しくしてくれる人のもとに逃げ

込む子どもの背景にも，なんらかのこころのケガの存在の可能性が推測されます。

2) 子どもと子どもをとりまくあらゆる大人に TIC が必要である三つの理由

TIC が子どもや周囲の大人に必要な理由として，次の3点が考えられます。

【見えていなかった問題が「見える化」できる】

自分や相手を傷つけるような行動をする人の過去には，こころにケガを負ってきた経験が隠されていることが少なくありません。そのことを恥じて，強くみせないといけないと感じている人もいます。支援者にはそれまで「怖く」みえていた人が，違う姿にみえてくるでしょう。怖がっているのはむしろそのような言動をしている人かもしれないのです。トラウマのメガネをかけることで，これまで支援者だけでなく当事者自身も直視してこなかったこころのケガを「見える化」することができます。

【支援者も当事者も「見える化」により安心できる】

不安定な行動をする人と出会っていると「手に負えないよ」と思うことはないでしょうか。保育士や教員，指導員といった子どもを支援する立場の大人であっても，こころない言葉をぶつけられたり，叩かれたり，逆に無表情や無反応になられたりすることが続くと，暗い気持ちになり落ち込むものです。「怖い」という不安や恐れの気持ちが先に立って，冷静に対応する

ことができなくなってしまうかもしれません。こうした支援者へのネガティブな影響を「二次受傷」と言います。

こころのケガを取り扱うことは支援者をゆさぶるので，トラウマのメガネを準備しておくことで当事者も支援者も互いの心理的安全性やウェルビーイングを守ることができるのです。

【再被害を防ぐアプローチであること】

知識があれば①支援者が落ち着いて対応でき，②対象者の気持ちや状態を理解した声かけができ，③心理教育を行えるでしょう（詳細は第8章参照）。TIC の優れている点は，当事者も支援者もともに繰り返し学びあえることです。このことで，お互いに再トラウマを防ぐことに慣れていきます。

3) 学びあうチームや組織，コミュニティに

トラウマを理解して関わり続けるためには，自分自身をいたわるセルフケアと，苦労を分かちあう仲間の存在が重要です。ともに悩み，その負担と責任を分かちあい，学びあう仲間を増やすネットワークをつくることが，悩みをかかえる子どもを理解し，支援することにつながるのです。新しい知識を学ぼうとしている読者の皆さんは，すでに「トラウマのメガネ」のセンスをもっておられると思います。

巻末の文献リストに，参考文献を紹介しますので，気づいたところから取り組みはじめませんか。

表 C2-1 逆境的小児期体験［ACEs］できごとリスト (Felitti et al., 1998)

□心理的虐待	□情緒的ネグレクト	□家族の精神疾患
□身体的虐待	□家族の離別	□家族の収監
□性的虐待	□家庭内暴力の目撃（DV）	
□身体的ネグレクト	□家族の物質乱用（アルコール・薬物）	

性的虐待の発見と子どもへの影響

島　ゆみ

　児童虐待は，家族という身近な関係のなかで起こり，また子どもの日常生活のなかに入り込んでいるものであって，子どもの心身の成長に非常に大きな影響を与えます。なかでも性的虐待は，性というセンシティブなものを手段にした暴力です。加害親，非加害親との関係性に巻き込まれるなかで，否認や回避なども起こりやすく，発見にも時間がかかり，また，発見後も調査の難しさがつきまとうものでもあります。そして，子どもの感情コントロールや対人関係の育ちにも一際大きく影響を与えます。

　本章では，児童虐待の現状と，そのなかの性的虐待の実態と対応について概観するとともに，子どもが受ける心身への影響を知り，子どもや親への対応を考えていきます。

第 1 節
児童虐待の定義と現状

　児童虐待における全国の相談対応件数は，令和 2 年度は 205,029 件であり，10 年前の平成 22（2010）年度の 56,384 件から比べると 3.6 倍に増加しています（表 2-1）。

表 2-1　令和 2 年　虐待対応件数の内訳（件）（厚生労働省，2021）

身体的虐待	性的虐待	ネグレクト	心理的虐待	総数
50,035	2,245	31,430	121,334	205,004

　児童虐待の防止等に関する法律（以下，「児童虐待防止法」）によると，第 2 条において児童虐待は以下のように定義されています。

　　「児童虐待」とは，保護者（親権を行う者，未成年後見人その他の者で，児童を現に監護するものをいう。以下同じ。）がその監護する児童（十八歳に満たない者をいう。以下同じ。）について行う次に掲げる行為をいう。
　一　児童の身体に外傷が生じ，又は生じるおそれのある暴行を加えること。
　二　児童にわいせつな行為をすること又は児童をしてわいせつな行為をさせること。
　三　児童の心身の正常な発達を妨げるような著しい減食又は長時間の放置，保護者以外

の同居人による前二号又は次号に掲げる行為と同様の行為の放置その他の保護者としての監護を著しく怠ること。

四　児童に対する著しい暴言又は著しく拒絶的な対応，児童が同居する家庭における配偶者に対する暴力（配偶者（婚姻の届出をしていないが，事実上婚姻関係と同様の事情にある者を含む。）の身体に対する不法な攻撃であって生命又は身体に危害を及ぼすもの及びこれに準ずる心身に有害な影響を及ぼす言動をいう。）その他の児童に著しい心理的外傷を与える言動を行うこと。

　令和 2 年度の統計のうち，この 4 種別のなかで件数がもっとも多いのは，四の心理的虐待121,325 件でした。2004 年度の児童虐待防止法改正により，夫から妻，妻から夫などへの暴力（DV）を子どもが目撃することも，心理的虐待として取り扱われることになりました。子どもの面前での DV を見逃さず，警察も児童相談所へ通告するようになり，そうしたケースが顕在化したということになります。こうした心理的虐待の件数は年々増加しています。次いで，身体的虐待が多く，50,033 件となっています。性的虐待は 2,251 件となり，これは全体の件数のうち 1.1％で，割合としては四つの虐待種別のなかではもっとも少なくなっています。しかし，性的虐待のケースのなかには，相談や通告にまだつながっていないケースも多くあると思われ，統計で明確に計上されている以上の被害があると考えてもよいと思われます。以降の章でも述べるように，性的虐待のケースはほかの虐待種別に比べても，潜在化しやすいものだからです。また，保護者以外のきょうだい，保護者のパートナーなどからの性的暴力は，法律の定義上は性的虐待にはあてはまりませんが，性的暴力を放置していたとみて，保護者によるネグレクトとして対応する場合もあります。ネグレクトの件数は31,420 件ですが，このなかには，上記のようなケースも含まれています。

　本章では，保護者からの性的虐待に加え，それ以外の加害者による家庭内での性暴力も含めて，対応や子どもへの影響について考えていきたいと思います。

第 2 節
性的虐待の発覚

1　潜在化しやすい性的虐待

　児童虐待というのは家庭内で起こる子どもへの権利侵害であり，家庭の外からはみえにくいところがありますが，なかでも，ほかの虐待に比べると，性的虐待は発見がとても困難であるという特徴があります。そこには，性的虐待のなかで起こっている家庭内の支配 – 被支配の構造の複雑さや，性的虐待のもたらす子どもの感情，認知，スティグマなどが大きく影響しています。

　一つ目の要因として，性的虐待は始まりがわかりにくく，加害者が自分の立場を利用して少しずつ子どもの抵抗を緩め，性的な行為に移行していくということがあります。たとえば「マッサージをする」という名目などでからだを触るなどし，そこから行為がエスカレートしていき，性的な行為に至っていくというようなことも多く，子どもがその行為の意味をつかめず，混乱が大きく，気づいたときには避けることが難しい状況に追い込まれているということが多くみられます。また，加害者が，子どもの「大人に認められたい」という思いを巧妙に利用して関係を築き，その関係性のなかで子どもをコントロールしていくということも多く，子どもにとっては葛藤や混乱も大きいものです。

　また，二つ目の要因として，性的虐待に及ぶ際に，加害親は，その事実を子どもが話せないように巧妙に企てるということが挙げられます。方法はそれぞれのケースによって異なるとはいえ，以下に例を挙げたように，関係性を利用して，子どもが話すことに抵抗が高まるように仕向けるということが多くの場合に起こっているのです。

> ケース1：子どもに対して，特別な存在と思わせるようにほめたり，プレゼントを渡したりして，子どもに得になることをして"手なずける（グルーミング，第1章参照）"という形での支配関係を築いたうえで，性的虐待に及ぶ。
>
> ケース2：加害親がきょうだい間で関わりに差をつけることで，被害者である子どもとそれ以外のきょうだいの心理的な距離をつくり，孤立させて，加害親との関係を強めたなかで性的虐待に及ぶ。
>
> ケース3：「よその人に言ったら，家族がバラバラになる」とか「お母さんが知ったら，悲しむ」というように巧妙に口止めをして，子ども自身が開示することに罪悪感をいだくように仕向ける。
>
> ケース4：性的虐待やそれ以外の場面で，暴力や暴言などを通じて脅したりすることで，恐怖感をもたせて支配関係を構築し，開示することができないようにする。

　繰り返し被害を受ける経過のなかで，加害親の機嫌を悪くしないように，被害を少しでも「早く終わらせよう」「少しでも最悪の事態を避けられるように」というようなことを考えて，子どもが性的虐待に対して**迎合**とみられるような行動をとることも少なくありません。この迎合するような行動は，子どもがその状況を必死で生き抜くための対処行動でもあります。しかし，その行動は子ども自身にとっては，のちに「性的虐待をとめられなかった」「自分が断らなかったから」「自分から近づいたこともあった」などという誤った認知につながります。そうした認知が被害児の罪悪感，自責感を大きくして，被害にあった子どもをさらに苦しめることも多いのです。

＊**迎合**　恐怖や脅威を感じたときに，とっさに加害者の意に沿おうとするトラウマ反応の一つ。防衛的な反射であり，同意とは異なる。

　三つ目の要因として，加害親と非加害親の関係性のなかに，子どもが巻き込まれるということがあります。DV 関係のように加害親が非加害親を暴力などで支配していたり，経済的な要因などで非加害親が加害親に依存せざるをえない環境であったりするような，パワーバランスがいびつになっている家族関係のなかで，「（母に）言っても変わらない」「言っても，『自分が悪い』と言われるんじゃないか」「自分さえがまんすれば，皆は平穏に暮らせるだろう」などと考え，開示することをためらう子どもが多くいます。なかには，加害親に支配されることで精神的にも不安定になっている非加害親に対して「母がかわいそう」「母に言うと，母を困らせて，余計に具合を悪くさせてしまう」「自分がいなくなったら母はどうなるんだろう」と非加害親のケアの担い手としての責任を感じて，被害を受けている環境から自ら逃れるという選択ができなくなるというケースもあります。そのため，児童相談所が関わるようになるまでに，かなり長期間に及ぶ被害を受けてきた子どもが少なくないのです。

　また，きょうだい間での性暴力というケースでも，家庭内でのパワーバランスが影響していることが多くあります。たとえば，父からの強圧的な養育，暴力などがあり，その被害にあっていた兄がストレスをかかえ，その影響で妹に対して支配的になり，性暴力に至っていたケースもあります。こうした場合も，子どもの気持ちを受けとめてもらえず，安心感の損なわれた家庭のなかで，暴力などの恐怖にも耐えながら，「だれも助けてくれるわけがない」と無力感をかかえて被害に耐えるということが起こっています。

2　性的虐待の開示

　性的虐待は身体的な外傷を伴うことが少ないので，外から発見することは困難ですし，第 1 章にもあるように，子どもから開示するまでには大きな混乱や葛藤があるため，かなり時間がかかることが多いのです。子どもは，だれに，どのような内容を開示するかを，周囲の状況を必死で見極めようと迷いながら考えます。開示の対象は，非加害親，親族，学校教諭，友人などが挙げられます。被害のほんの一部分だけを話してみて，聞いてもらえるかどうかを探り，相手の反応をみて，不安が高まればそれ以上話すのをやめておくということもあります。こういったことを重ねながら，話しても大丈夫という安心感が出てきた時点で，少しずつ核心の被害について話すことにつながっていきます。

　また，児童相談所が性的虐待以外の主訴で関わっていたケースのなかに，性的虐待が潜んでいたということも少なくありません。たとえば，家出などの非行行動を主訴に関わっていたケースが，実は家庭内で性的虐待を受けており，そこから逃げ出すための対処行動であったことが，のちにわかるということも少なくありません。身体的虐待を主訴にして対応していたケースで，のちになってようやく性的虐待についても開示できたというケースもあります。わたしたち支援者はほかの被害経験がないかも視野に入れて関わっていきますが，それでも，子どもの回避が強いと性的虐待の事実を否認することもあります。粘り強く，関わり

続けることが大事だと考えます。

　また，児童相談所が関わり，調査を進める過程で，子どもが「わからない」「忘れた」など否認や回避を強め，なかなか先まで話せなくなるということもよく起こります。幼い子どもだと，加害親がしたことがどういう行為なのかということがよくわからず，問われても説明しがたいということもあります。また，小学生以上になると，性的虐待に関して，自責感や先の見通しのもてない不安などから被害体験のことを「言ってはいけないこと」のように感じていたり，被害体験に対する恥の感情が強く起こったりすることもあり，そのために話すことを拒否するということも多くあります。子どものかかえる加害親への恐怖，家族や慣れた環境から離れてしまうことへの不安や怖れ，自責感や罪悪感などは，子どものこころのなかで大きな動揺を引き起こすため，一度開示をしたとしても，その内容について，しばらく経つと「実はうそだった」などと撤回するという場合も少なくないのです。

　こうした子どものこころのゆれは，加害による影響でもあり，被害を受けた子どもはそういう心理的状況になりやすいということを，支援者は知っておく必要があります。回避したり，発言を撤回したりするなど一貫しない言動をしている子どもに対しても，「いろんな気持ちをかかえてここまできたんだよね。そうやって心がゆれることはよくあるよ」などと子どものゆれそのものをしっかり受けとめ，そうなることは当然だとノーマライズ（一般化）する姿勢を示すことも重要です。そのうえで，「あなたのことばはどれもうそだとは思わない」と伝えつつ，表情や行動なども観察したうえで，子どもが発言したこととその変遷をていねいに汲みとり，理解していく必要があります。

第3節
性的虐待の対応の流れ

1　通告の受理と初期対応

　平成16（2004）年の虐待防止法改正法により，通告の対象は「児童虐待を受けた児童」から「児童虐待を受けたと思われる児童」に拡大されました。そのため，必ずしも虐待の事実が明らかでなくても，子どもに関わる専門家によって子どもの安全・安心が疑われる場合はもちろんのこと，近隣住民など一般の人からみて主観的に子どもの安全・安心が疑われる場合であれば，市区町村，都道府県の設置する福祉事務所若しくは児童相談所に通告義務が生じることになっています。

　性的虐待の場合は，外傷など外からわかるきっかけが少ないため，子ども自身の被害の開示から始まることがほとんどです。だれに開示するのか，どんな場面で開示するのかは，その後の子どもの支援を考えていくにあたって，大事な情報です。まず，開示の対象として多いのは非加害親，親族です。次いで，学校教員，保育所職員などの子どもの生活に関わる機

関の職員です。その他，友人などに開示するケースもあります。子どもの開示を聞いた人が直接児童相談所などに通告をする場合，あるいは，学校などに報告し，学校などから児童相談所などに通告がある場合などがあります。児童の身に危険が及ぶなど緊急性や重篤度が高いときは，警察に通報する場合もあり，警察から児童相談所に通告されることもあります。

市区町村の担当部署や児童相談所がそうした通告を受理することになります。通告を受けた市区町村の担当部署や児童相談所は，虐待の疑いのある子どもの安全を確保することを最優先して対応することが必要です。そのために，まずは情報収集と安全の確認を行います。

学校，保育所，幼稚園などの関係機関からの通告の場合，子どもについての基本情報（氏名，年齢，住所，所属，家族構成など）や虐待の状況，子どもが語っている内容や通告に至った経過，その時点での子どもの様子，保護者の状況などを確認します。周辺情報として，子どもの登園・登校状況や，生活状況，家族関係，きょうだいがいればその様子などを聞いていきます。

保護者からの通告である場合，家庭内での子どもへの性的虐待を発見し，動揺しているであろうことを理解して対応することが重要です。通告した保護者も，できうるなら事実を受け入れたくないという心情にもなるでしょう。それでも，虐待について報告をしてくれたことについて，保護者としての大きな力があることを示していると伝えてエンパワメントすることが，その後の子どもとの家族関係をつなぎ直していくことを考えても，非常に重要です。そのうえで，子どもの状況についての情報を聴取していきます。また，関係機関への情報収集の必要性についても説明し，同意してもらえるかを確認します。

また，子ども本人からの相談である場合，虐待事実を開示することに対して多大な勇気やエネルギーが必要だったであろうことを汲みとり，話せた子どもの勇気を支持し，安心感をもってもらうことが重要です。子どもは「このあと，自分は，家族はどうなるのだろうか」と不安や怖れをかかえていることが多いので，市町村の担当部署や児童相談所がきちんと安全を確保するということを説明し，子どもの訴えを聞くことに徹することから始めます。子どもの様子を観察しながら，今後の対応の判断のための情報収集を行っていきます。

こうして収集した情報を基に市区町村の担当部署や児童相談所は緊急受理会議を行い，初期対応の方針を決定します。市区町村の担当部署が最初に子どもと関わっており，子どもを家庭から離して一時保護をする必要があるのではないかと考えられた場合，一時保護の判断は児童相談所が行うため，市区町村の担当部署から児童相談所に事案送致することになります。児童相談所による一時保護は，児童福祉法第33条に定めがあり，子どもの安全を確保し，児童の心身の状況，その置かれている環境その他の状況を把握するために行う措置です。初期対応においては，子どもの安全の確保が最優先事項であり，この点について対応したあと，被害の実態，家族関係，子どもの心身への影響などの調査を行い，子ども，家族への援助や介入の必要性を判断していきます。

それぞれの子どもへの最善の援助を検討するために，調査を行い，その情報を専門的な見

地から分析し，協議したうえで，総合的見地から児童相談所としての援助方針を立てていくことになります。そのなかには，虐待の内容や子ども，家族が置かれている環境などを調査する社会診断，子どもの心身の状態を把握し，予後の予測などを行う心理診断，一時保護所などでの行動観察を基にした行動診断，心身の状態を医療の面からとらえる医学診断といったものが含まれ，これらを総合して，組織的に援助方針を立てていきます。

２　被害確認面接

　性的虐待の場合，子どもの語ることへの抵抗が大きいことがわかっていますが，先述したようにほかの虐待と比べて客観的な確証に乏しく，対応を検討していくうえでは子どもの証言が非常に重要になります。保護者が虐待を否認しているなど，虐待事実について，児童福祉法上，あるいは刑事訴訟法上の法的立証性が問われる場合，客観的な事実確認を行うため，訓練を受けたスタッフが，**被害確認面接**を行います。いつ，どこで，だれから，どのような被害を受けたか，ということについて誘導的にならずに，構造化した枠組みのなかで，子どもの証言を聞きとります。重要なこととはいえ，子どもの心理的負担も大きい面接ではあります。その負担を軽減しつつ，子どもから聞きとる内容の信用性を確保するため，平成27年10月28日付で「子どもの心理的負担等に配慮した面接の取組に向けた警察，検察とのさらなる強化について」という厚生労働省子ども家庭局総務課長通知が出されています。児童相談所，警察及び検察の3機関が連携を強化し，協同で面接を行い，なるべく少ない回数で対応するようにという趣旨のものです。被害確認面接と治療過程のなかで自身の体験を語ることとは，目的が違うため，聴く側のスタンスも大きく異なります。そのぶん，「被害体験を語る」という点では同じでも，子どもの負担感はかなり違うようです。介入や援助の方向性を定めるために被害事実をおさえることは非常に重要で欠かせないものですが，同時に子どもが語ることについての負担への配慮，アフターフォローも大切になります。

　日本では，これまで「強姦罪」「強制わいせつ罪」は被害届を出さないと事件化されない「親告罪」でありましたが，平成29（2017）年6月16日に刑法の性犯罪規定が改正されました。「監護者わいせつ罪」「監護者性交等罪」が新設され，告訴がなくても，起訴できるように改められました。被害事実が明確になり，立件が必要だと考えられる場合，被害にあった子どもにも情報提供を行い，意向や葛藤する感情を聞きとったうえで，弁護士とも相談しながら，子どものニーズに沿った対応を検討していきます。

＊**被害確認面接**　虐待や事件，事故の被害を受けた疑いのある子ども（および障害者など社会的弱者）から，できるだけ正確な情報を，できるだけ負担なく聴取するための面接法。事実の調査を目的として，録音録画により正確な記録をとる。また，負担軽減のために，初期から多機関チームで行うことを目指している。

③　身体のケア（婦人科診察）

　性的虐待が発覚してから時間を置かずに，性的虐待の事実の確認や立証，身体症状の治療のため，専門医による子どもの診察，性病や妊娠の有無などの身体上の諸検査を行います。診察の主な目的は，①性器の外傷の有無，②性器その他の挿入の有無，③妊娠の可能性，④性感染症の有無であり，必要に応じた診察や検査を行います。こうした診察の所見は，加害の事実を認めていない加害親に事実を直面化させるためにも必要不可欠なものです。

　また，子どもにとっては，単にからだに治療すべき部分があるかどうかを確認するというだけではなく，からだをていねいに診てもらうことが，回復のスタートラインに立つうえで非常に大きな意味をもちます。被害にあった子どもは，自分のからだを「汚い」と感じ，「恥ずかしい」と考えていることも多く，こうした非機能的な認知を，専門医によるていねいな診察を通じて，やわらげていくことも重要だと考えています。医師からの診察や検査の結果の説明を受ける機会を経て，自分のからだのことを正しく知り，「からだには傷はない」あるいは「からだに傷はあったが，治っていくものだし，痕は残らないものだ」ということや，「こうした被害を受けた体験は，将来の妊娠・出産には影響はしない」ということなどの必要な情報を専門医から聞くことで，子ども自身のからだイメージの回復をうながすことができます。また，専門医から子ども自身のからだを肯定的に受けとめられ，安心感をもてるメッセージを受け取ることができる機会は，そのあとの子どものこころの傷つきの回復にもつながるとても大事なものとなっています。

④　調査及び保護者へのアプローチ

　子どもの安全確保を最優先にした初期対応に続いて，その後の子どもや家族をどう支援していくとよいのかの援助方針を立てていくために，家族，子どもの置かれている状況，これまでの虐待の内容やそのメカニズム，家族関係，社会資源の活用の可能性などを調査し，社会福祉学的知見を基に，把握，分析を行います。

　非加害親，加害親との調査面接も重ねていきます。加害親に対しては，虐待事実についての認識を確認し，家族との関係性などをどうとらえているのか，今後の処遇についての意向などを聞いていきます。非加害親は，被害にあった子どもにとってもっとも重要な存在ではありますが，性的虐待の事実によって大きく動揺していることも多く，怒り，とまどい，悔しさなどさまざまな感情をかかえています。その点も想定しながら，非加害親が①虐待事実をどう認識しているのか，どう対応したのか，②虐待の起こった背景である家族関係をどうとらえているのか，③非加害親として今の状況をどう感じているのか，④今後のことをどう考えているのか，などを確認していきます。また，それぞれに児童相談所が確認できた子ど

もが被害から受けた影響（身体所見，トラウマ関連症状，家族への思いなど）も説明しながら，親として子どもに対して必要と考えられるサポートについても説明し，それに対する理解や受けとめについても確認していきます。

　非加害親が子どもを肯定し，支持してくれることは，子どもがかかえるこころの傷つきからの回復にとっては大きな力になります。非加害親がこうした立場をとれるように，非加害親に対しての支援的な関わりを行うことは，長期的な子どもの回復への支援に大きくつながるものでもあります。しかし，非加害親自身が，これまでの人生の歴史のなかでさまざまな被害体験があり，自身の生活で精一杯で子どもを受けとめきれないということも少なくありません。非加害親自身が，現在どういう状態で，子どもを支える力がどれぐらいありそうか，どういうサポートがあればその力が大きくなりそうかなどという点についても検討していく必要があります。

　こうした内容を総合して，家族のなかで起こっていたことを分析し，加害親の今後の動き，非加害親がどれぐらい子どもを支えられるのか，加害親と非加害親との関係はどう変化していくのかなどについて検討し，家族への介入，援助方針を立てていきます。非加害親が子どもの安全を確保する体制をつくるのが難しい状況では子どもを家庭に戻すことは適切ではないので，その場合は，施設入所や里親委託などの判断をすることになります。

第 4 節
性的虐待を受けた子どもの理解と援助

1　子どものアセスメント

　児童相談所では，援助方針を立てるにあたって，社会診断に加え，被害体験が子どもの発達や心理にどのような影響があるのか，子どもはこの状況をどう感じ，どう受けとめているのかを把握して，心理学的見地からも検討していきます。

　心身の健やかな発達には，土台として保護者との安心できる関係が必要ですが，虐待を受けた子どもは育っていく過程のなかで，そうした関係が希薄な場合が多く，そのうえ保護者からの暴力などの虐待も受けているので，この生育歴のなかで，自身の不安や怖れをかかえることが難しく，麻痺させて感じないようにしていたり，適切に表出できずに暴言暴力などの行動化につながりやすかったりします。無力感や自責感，不信感などが強くなっていて，適切に援助希求を出せなかったり，大人との関係を回避したりする場合が多くあります。

　このなかでの児童相談所の対応，介入は，子どもにとってはこれまでの日常が一変するような状況ともいえます。児童相談所は，子どもの安心安全を最優先に対応をしていきますが，最初の時点で，この動きに子どもが大きな不安や緊張を感じることも少なくありません。子どもに少しでも安心して，自分の思いを表出してもらえるように配慮，工夫する必要があり

ます。児童相談所の役割について,「あなたにとって安全ではない環境にあると疑われるので,安全に生活できるようにするにはどうするのがよいのかを,あなたの意向も聞きながら進めていきたいと考えている」「あなたが体験したことは被害であろうと考えられ,被害についてはあなたに責任はない」ということを明確に伝えていき,信頼関係をていねいにつくっていくことがとても重要です。

●アセメントで確認すること

　子どもの心理的状態のアセスメントでは,以下のようなことを確認していきます。

- 知的側面　　：知的発達の段階／知的発達の特徴(アンバランスな発達ではないかなど)
知能検査と学力とのつながり
- 情緒的側面：情緒面の安定度 (気分の変動,不安感,怒りなど)
精神症状 (抑うつ,トラウマ関連症状,解離など)
対人関係のスキル,対人関係についての自己認知,自己イメージ
愛着対象がいるか,愛着対象への関わり方のパターンなど
- 行動面　　　：行動上の問題 (自傷,他者への攻撃,多動など)
性的問題行動 (性的言動,異性への過度な関心・接触・怖れ,過度な自慰など)

　また,子どもが,家族のことをどう認識しているのかを聞いていくことも非常に重要です。父や母,きょうだいなど家族の構成員のそれぞれのことをどう思っているのかを心理検査や聴取によりていねいに確認していきます。生育歴のなかで,保護者の離婚などで家族の構成が変わる経験をしている子どもも多いので,その変動をどう理解しているか,どう感じているかを聞いていくことも重要です。

　葛藤する思いがあることが多いので,たとえば「お母さんは優しいから好き」というような言葉も,どういうところが優しいと感じるのかなど具体的なエピソードを確認しながら聞いていくと,保護者に大事に思われたい,よい関係をもてていると思っていたいというように現実では満たされていない理想にすがっていることもあれば,非加害親は自分ではなく加害親のほうを大事に思っているのではないかという不安や怒りを抑え込むための言葉だということもあります。子どもの言葉の表面的な意味だけでなく,その言葉に込められている思いを深く感じ取って,すくいあげていくことが求められます。

　また,家族のなかでの子どもはどのような立場にいるのか,それを子ども自身はどうとらえているのかを聞いていくことも大事です。長子である子どもが,年下のきょうだいの世話を任され,母の代わりのような立場に立たされていたり,威圧的で母に暴力をふるったりすることもある父をなだめる立場になっていたりと,家族関係のバランスが崩れているなかで,

子どもはその危ういバランスを必死で保つ役割を担わされていることが多くあります。子どもの思いに寄り添いながら，家での具体的なエピソードを聞きとり，どういう立場にいて，どう感じていたのかを，把握していきます。また，育ってきた歴史のなかで，被害体験を子どもがどうとらえているかも重要な情報です。小さいころからの家族や自身の歴史を，子どもから聞きとると，子どもの視点からみえる家族がわかってきます。

② 子どものトラウマ関連症状

　児童虐待はどの種別でも子どもにとって影響の大きいものですが，性的虐待はほかの虐待と比べても，以下のようなトラウマ関連症状により強くつながりやすいといわれています。

●侵入症状

　被害にあったときの恐怖や強い不安を伴うトラウマティックな記憶が，ふとした瞬間に非常に鮮明に想起されるということがあります。安全な場所に来たはずでも，被害のときの場面の視覚的記憶，そのときに言われた言葉などの聴覚的記憶，からだに感じた触覚的記憶などが，何かのきっかけで唐突に想起され，強い不安や恐怖を感じるという侵入症状をかかえる子どもは多くいます。具体的に症状を確認していくと，「夜，ボーッと一人でいると，加害者である父の顔がふっと出てきて，頭から消せなくなる」「部屋にいて，外で足音が聞こえると，からだが固まる感じがする」などと話してくれます。

●回避症状

　被害にまつわる家庭のことに関して思い出したり考えたりすることが苦痛なので，極力避けようとします。本来は危険を感じる必要のない人物，事物，状況や会話なのに，子どもにとっては被害体験を思い出させるので，強く回避するということがあります。

●覚醒度と反応性の著しい変化

　被害のあった家庭では，子どもはいつ何が起こるか常にアンテナを張っていないといけない緊張状態にいたため，交感神経が優位な状態が続き，安全なはずの状況でも，ちょっとしたことで過度に苛立ったり，怖れを感じたりすることがあります。

●認知と気分の陰性の変化

　被害の影響から「自分が悪かった」「自分には価値がない」「自分は無力だ」「だれも自分を大事にしてくれない」などといった自責感，罪悪感や無力感などの非機能的認知をかかえている場合もよくあります。こうした認知をかかえながら生活していることで，家庭を離れて安全なはずの場所に来ても，対人関係でつまずいてしまうこともあります。

●解離

　不快な状況になると意識が遠のき，「ボーッとしてしまう」などの解離症状がある子ども
も少なくありません。

　子どもがどんなトラウマ関連症状をかかえているかをきちんとアセスメントしておくこと
は大切です。大阪府の児童相談所では，主に「DSM-5 版 UCLA 心的外傷後ストレス障害イ
ンデックス」（以下，UPID-5）を使用して，子どもの症状を聞きとっています。ただ，アセ
スメントでは子どもの被害体験にも直接触れるので，子どもへのていねいなインフォメー
ションや動機づけなどの準備が必要です。子どもの回避の仕方をみながら，侵襲的になりす
ぎないように調整していきます。トラウマ体験と症状のつながりについての一般的な情報を
伝え，「こうした体験をしたのは，あなただけじゃない」「多くの子どもが，性的虐待を体験
すると，こころにもケガをする。あなたにもこころのケガがあって当然だ」というようなノー
マライズをしたうえで，回復のためには子ども自身のこころのケガの状態をきちんとみたい
ので，話を聞かせてほしいという説明を行います（亀岡，2022）。
　UPID-5 は，子どもがどんな被害体験をしたかをチェックリストで確認したあと，ここ 1
カ月のトラウマ関連症状がどれぐらいの頻度であるのかを確認していくものになっており，
この聴取を通じて，その子どもが日々どんな症状をかかえながら生活しているのかを確認し
ていくことができます。また，トラウマ体験の確認に次いで症状の聴取を行うという質問紙
の構造から，子どもにとっても体験と症状との結びつきに気づきやすくなるようです。行動
に現れる外在化症状は支援者にも気づかれやすいのですが，侵入症状や非機能的な認知など
の内在化症状などは子どもから聞きとらないとわかりません。子どもがかかえている症状に
ついて，どんなきっかけで，どんなふうになるのかというように具体的に確認し，共有して
いきます。支援者がトラウマ症状についての知識をもち，トラウマ症状にきちんと焦点をあ
てて聞くことをしないと，子どもから自発的に表出されることは少ないので，こうしたフォー
マル（形式的）なトラウマ症状のアセスメントは非常に重要です。
　ただ，支援の初期には，虐待の影響により自責感や罪悪感，恥の感情などをかかえていた
りして，症状自体に向きあいづらく，回避することも多くあります。そうした場合，自分が
体験したことを「たいしたことではなかった」かのようにふるまうことも少なくありません
し，症状があっても「ない」と否定することもよくあります。症状が起こる自分を「こんな
自分はおかしい」「恥ずかしい」と感じて，症状が起こってもなかったかのように必死で取
りつくろうということを繰り返してきた子どもも少なくないのです。また，大変な体験をし
ながら生き抜いてきたせいで，感情を麻痺させざるをえないとか，解離症状があり症状にあ
まり気づけていないということもあります。そのために症状が自覚されず，焦点をあてて聞
いても，子どもからあまり報告されないということもあります。しかし，そうした回避，麻

痺といった対処は，一時的にはトラウマ関連症状を意識せずにすみますが，症状自体は軽減せず，むしろ，慢性化する危険性が高くなります。子どもの表面上の言葉だけでなく，行動，表情などをよく汲みとり，症状が本当に「ない」のか，回避，麻痺が強い状態なのかどうかについてのアセスメントを慎重にする必要があります。

③ アセスメントを基にした支援

●回復のイメージをはぐくむ働きかけ

　被害にあった子どもは，その影響の大きさから自分の体験についての回避，麻痺が大きいものですが，子どもの回避が強いからといって，支援者側が積極的にその話題を避けることも望ましくありません。子どもが自分の体験やその影響からくる症状に向きあう安心感や主体的に回復に向かう意欲を育てていくには，性的虐待とはどういうものなのかというような正しい情報を伝え，回復のイメージを共有するような心理教育の実施が効果的です。伝えるべき内容としては，①どういうことが性的虐待にあてはまるのか，②性的虐待の被害を受けた子どもはどれぐらいいるのか，③性的虐待の被害にあった子どもはどんな気持ちになるのか，というようなことを説明し，④どんな場合も，被害にあった子どもには責任はない，加害者の行動が正しくなかったのだ，ということが挙げられます。

　そして，「そうした体験をしながらここまで生き抜いてきたきたあなたはすごい」というような子どもへの敬意をきちんと伝えることで，子どもをエンパワーしていくことも，回復への後押しになります。上記の内容は，子どもの発達段階，理解度，個々の体験の内容などに応じて，具体例を示し，子どもとの対話をしながら伝えていきます。子どもに合わせたシートを作成し，それに沿って，まずは，①について説明し，子どもが体験したことの定義を共有します。「わけのわからない体験」ではなく，「性的虐待」というものであり，被害にあった子どもには責任はないことを伝えます。その時点で，子どもが自分の体験をどれぐらい受けとめ，開示しようとしているかの程度によって（つまり，子どもの回避の強さに応じて），説明のトーンを工夫することも大切です。たとえば，回避の強い子どもに対しては，「あなたにあてはまるかどうかはわからない。もしかしたら，あてはまらないかもしれないけど，一般にはこういうことがいわれていてね」というような導入をし，子ども自身の体験を直接扱うのではなく，少し間接的に，一般的なこととして心理教育を行うということもあります。

　子どもに侵襲的にならないように，安心感を損なわずに，かつ，必要な情報を伝えるという支援者側がうまくバランスをとったアプローチが，子どものペースで自分の体験との心理的距離を取りつつ，それに向きあっていく勇気を獲得していくことを支えることになります。支援の初期の段階では，回避が強く，子どもが向きあえないことも多くありますが，支援者側がそのことで被害に対する支援を回避するのではなく，必要な情報を少しずつ伝えていくことで，子どもが将来的に安心感を獲得したときに自分の体験やその影響による症状に向き

あい，主体的に回復への方向性を選べるように，土壌づくりや種まきのような作業を地道に継続していくことが大事です。

●トラウマの視点でつながることの重要性

　子どもの回復を支えるには，関係機関が連携することもとても重要です。子どもから聞きとったアセスメント結果は，子どもにもフィードバックし，症状のセルフコントロールにつなげていくことが大切です。しかし，子ども一人ががんばるのではなく，子どもの養育者，支援者のサポートも必要です。子どもの了解のうえで，非加害親や児童福祉施設の職員，里親などの子どもの養育に関わる大人にも，子どもが語ってくれた症状を共有することで，子どもの回復のための環境づくりにつなげることができます。子どもが安心感をもち，自身の感情や行動をコントロールできている感覚を取り戻すことができるように，①子どもが不安や恐れが高まりやすいのはどういう状態なのか，どんなことをきっかけに動揺しやすいのか，②トラウマ関連症状は行動などにどう表れやすいか，③コントロール不能な状態になったとしてどういう支えがあれば落ち着きやすいのか，④援助を求められる大人の存在はあるのかなどを支援者間で話しあっていきます。

　また，性的虐待は加害親が「親密さ」を装い，支配関係を築いて加害に及ぶので，「親密さと安全の感覚」が混乱してしまうということが起こりがちです。子どものほうから危険な人にわざわざ近づいていったり，他者との境界線をうまく引けずにトラブルに巻き込まれてしまうということもあります。施設職員や里親などの養育者に対して，過度の警戒などから攻撃的になったり，過剰に従順になったりすることもあります。子どもの対人関係のパターンを観察し，支援者間でなぜそういうことが起こるのかを考えていき，子どもにもフィードバックし，整理していく作業は子どもにとって大きな意味があります。

●性教育に関する注意事項

　回復への支援のなかで配慮が必要な点の一つに，性教育の実施のタイミングがあります。性的虐待を受けた子どもに対して，性的虐待についての心理教育などの被害に対する十分なケアがなされない段階で，いわゆる性教育を行うということについては慎重な判断が必要です。ここでいう性教育とは，生命の尊さ，安全な性行為，自分の身の守り方（NO-GO-TELLなど）といった内容のことですが，被害体験についてのケアが十分なされない段階でこうした内容を聞くと，子どもは「自分の体験はおかしなことなんだ」「『大事なからだ』を大事にできていないわたしはもうだめだ」「本当は『いや』と言って，自分の身を守らないといけないのに，自分はそれができなかった」などと自責感や無力感，恥の感情を強めてしまう危険性もあります。それが子どもへの再トラウマ化につながったり，被害体験の開示を避けるようになったりする危険性があるということを，支援者は頭に置いておく必要があります（第8章参照）。

トラウマの視点を軸とした支援の継続性

　子どもの傷つきをアセスメントしたうえでの支援を継続するなかで，支援の初期の段階では，自分の被害体験については回避的で「話したくない」という姿勢だった子どもも，支援者側がトラウマの視点をもって，症状への気づき，自己コントロール感の回復について，子どものペースを守りながら支え続けることで，数年後に，子ども自身が「自分の過去の体験ときちんと向き合って，よくなりたい」という治療動機を高めて，トラウマに特化した治療であるトラウマフォーカスト認知行動療法（TF-CBT）につながりやすくなります。その治療過程のなかで，被害体験を想起することの恐怖を克服できると，自分のこれまでの人生の意味を考え直し，家族のそれぞれがどんな人だったか，家族のパワーバランスはどうなっていたのかをふり返ることができるようになります。そのうえで，そんな家族と今後どうつきあっていくのかを整理していったというケースも複数あります。

　こうした子どもの様子をみていると，支援の初期から支援者がトラウマの視点をもって方向性を定めつつ，子どものこころのゆれにつきあい続けながら，安心感を損なわないように少しずつ，それでも確実にアプローチを積み重ねることが重要だと感じています。

性暴力行為に対する責任追及──期間の制限（時効）はあるのか？

森本志磨子

1) 性暴力に時効はあるのか

性暴力行為は，「違法」であり，加害者に対し，民事責任と刑事責任を追及できます。しかし，法律上，責任追及できる期間には制限があります（時効）。刑事責任と民事責任それぞれについて，責任追及の概要とその期限をみていきます。

2) 刑事責任──だれが，いつ，どのように責任を追及するのか

性暴力行為は，強制性交等罪や強制わいせつ罪など，刑法で定められた構成要件に該当する場合には，刑事手続を経て，犯罪として処罰されます（懲役刑等）。

刑事手続の流れは，おおまかにいえば，「①捜査機関（警察・検察官）による捜査→②検察官による起訴→③裁判所による判決言渡し→④検察官による刑の執行（懲役刑等）」となります（刑事訴訟法）。

まず，被害者による警察への被害申告や告訴などにより捜査が開始します。捜査では，逮捕・勾留，取調べ，実況見分（犯行状況の再現等），DNA鑑定などが行われます。そして，捜査の結果，嫌疑や証拠が不十分な場合や，嫌疑や証拠はあるが示談がなされた場合などには，検察官は，起訴（正式な刑事裁判を請求）することなく，「不処分（嫌疑なし，証拠不十分）」や「起訴猶予処分（嫌疑・証拠はあるが，示談等の諸般の事情を勘案して，起訴しないこと）」をして，事件を終了させます（起訴便宜主義又は起訴猶予主義）。他方で，検察官が起訴をした場合は，刑事裁判が開かれます。

刑事裁判では，裁判所において，検察官と弁護人が各々の主張をし，捜査段階の供述調書などの提出や尋問などが行われます。そのうえで，判決として，裁判所が認定した罪となるべき事実と量刑が言い渡されます。そして，執行猶予なしの懲役刑（実刑）が言い渡されたときは，検察官の指揮に基づき，懲役刑（刑務所に拘禁して刑務作業に服させること）が執行されます。

なお，加害者が少年（未成年）の場合は，捜査のあとは，家庭裁判所に事件送致され，家庭裁判所における審判を経て，保護観察や少年院送致等の保護処分がなされます。また，加害少年が16歳以上で故意により被害者を死亡させた罪の事件などについては，「逆送」されて，成人と同じく刑事裁判での審議，判決言渡しがなされて刑が執行されることもあります。

3) 刑事責任の期限──公訴時効

刑事責任における「公訴時効」とは，検察官が犯罪について公訴を提起（起訴）できる期間のことです。公訴時効期間は，犯罪発生時から進行します。刑罰を科すには，公訴時効が完成する前に捜査を終え，起訴されることが必要です。公訴時効期間は，犯罪の法定刑や被害者が死亡しているかどうかによって，表C3-1のとおり3年から無期限までの期間が定められています（刑事訴訟法250条）。なお，令和5年6月23日，公訴時効を現行から5年延長し，18歳未満の被害では18歳に達するまでの期間を加算することなどを内容とする法律（刑法及び刑事訴訟法の一部を改正する法律）が公布されました。

4）民事責任——損害賠償請求

　性暴力行為は，他人の生命・身体や性的自由への侵害であり，加害者等に対し，被った損害（治療費，交通費，慰謝料等）の賠償を請求できます（不法行為責任，民法709条）。また，加害者との間に契約関係があり，契約上の安全配慮義務違反等が認められるときは，債務不履行に基づく損害賠償請求もできます（債務不履行責任，民法415条）。なお，加害者が公務員の場合は，国に対して損害賠償請求することになります（国家賠償法1条1項）

　具体的には，被害者本人又は依頼した弁護士から，加害者等に対し，内容証明郵便による通知書の送付などをして損害賠償金の支払を求める交渉をする（裁判外の示談交渉），簡易裁判所へ民事調停を申し立てて裁判所の調停委員の仲介のもと加害者と損害賠償請求の交渉をする，簡易又は地方裁判所へ民事訴訟を提起するなどの方法が考えられます。

5）民事責任の期限——消滅時効

　民事責任における「消滅時効」とは，権利が行使されない状況が一定期間継続した場合に権利の消滅を認める制度をいいます。消滅時効制度が設けられた趣旨は，権利に眠れるものは保護しないという法の格言や，長時間の経過に伴う証拠の散逸や記憶の減退などにより，真相の解明が難しくなるだけでなく，反証が困難となる債務者を保護することにあります。

　これらの消滅時効に関し，2017年に民法の改正がなされました。その結果，2017年4月1日以降に，被害者又はその法定代理人（以下「被害者等」といいます）が損害及び加害者を知った場合等には，改正後の民法が適用されます（経過措置）。

　権利行使期間の民法改正前後の比較は，表C3-2のとおりです。

　このように性暴力行為についての不法行為に基づく損害賠償請求権は，被害者等が損害及び加害者を知った時から3年で，消滅時効が成立するのが原則です。もっとも，民法改正により，生命又は身体を害する不法行為については，損害及び加害者を知った時から5年に延長されました。

　これに関し，国会の法務委員会において「単に精神的な苦痛を味わったという状態を超え，いわゆるPTSDを発症するなど精神的機能の障害が認められる場合は，これを身体的機能の障害が認められる場合と区別すべき理由はなく，PTSDが生じた事案につきましても，身体を害する不法行為に当たるものと考えられる」と政府参考人は答弁しています。

6）消滅時効及び除斥期間の起算点についての最高裁判例

　まず，「損害及び加害者を知った時」（民法724条）という消滅時効の主観的起算点については，「被害者等が，加害者に対する賠償請求をすることが事実上可能な状況の下に，それが可能な程度に損害及び加害者を知った時」をいい，「損害を知った時」とは，「単に損害の発生を知るだけでは足りず，不法行為による損害の発生を現実に認識した時」であるとされています（最高裁昭和48年11月16日第二小法廷判決，同平成14年1月29日第三小法廷参照）。

　また，「不法行為の時」という消滅時効（改正前は除斥期間）の客観的起算点については，「加害行為が行われた時に損害が発生する不法行為の場合には，『加害行為の時』をいい，他方で，一定の潜伏期間が経過した後に症状が現れる疾病による損害のように，当該不法行為により発生する損害の性質上，加害行為が終了してから相当の期間が経過した後に損害が発生する場合には『当該損害の全部又は一部が発生した時』である」とされています（最高裁平成16年4月27日第三小法廷判決，平成18年6月16日第二小法廷最高裁判決）。

7) 裁判例と時効のあてはめ

それでは，札幌高等裁判所平成 26 年 9 月 25 日判決の事案をもとに，具体的に時効の起算点について，どのように解釈され，あてはめられているのかをみていきます。

同判決の事案は，叔父から 9 歳ころから 14 歳ころまでの約 5 年間にわたって性的虐待行為（加害行為）を受け，14 歳ころから PTSD などを発病し，32 歳ころにうつ病を発症して精神科を受診し始め，4 年 5 カ月後の 37 歳になって初めて主治医に，本件性的虐待行為について告白し，同じころに提訴した，というものでした。

まず，最終被害からはすでに 23 年くらい経過しているところ，同裁判所は，「うつ病を発症したことによる損害は，その損害の性質上，加害行為が終了してから相当期間が経過した後に発生したものであり，かつ，それまでに発生していた PTSD，離人症性障害及び摂食障害に基づく損害とは質的に全く異なる別個の損害と認められるから，除斥期間の起算点は損害の発生した時，すなわち，うつ病が発生したことによる損害が生じた時というべきである。」として，除斥期間（改正民法では消滅時効）は未だ経過していない，と判示しました。

つまり，除斥期間（同上）の起算点である「不法行為の時」を，うつ病を発症した 32 歳ころとしたのです。これは，一定の潜伏期間が経過した後に症状が現れる疫病による損害において最高裁が示した基準を用いて，性被害の実情を踏まえて判示したものです。

また，本判決は，本件性的虐待行為によって PTSD を発症したとすれば，その発症時期は遅くとも当該行為から 6 カ月以内ではないか，また，成人に達してから 6 カ月後から消滅時効は進行するのではないか，との被控訴人の主張を

いずれも退けたうえで，「損害及び加害者を知った時」から 3 年という消滅時効についても，未だ完成していない，と判示しました。

本事案では，被害者のうつ病の治療にあたっていた主治医 A は，うつ病の原因となるエピソードがないので不思議に思っていたところ，うつ病の治療を開始してから約 4 年半後になって初めて本件性的虐待行為のことを打ち明けられ，うつ病はそれに起因するのではないかとの意見をもった，また，同医師から医療情報提供を受けた精神科医 B は，虐待後の 6 カ月以内の記憶があいまいだが，心的外傷後ストレス障害・抑うつ状態との診断書を作成した，などの事実がありました。本判決は，これらの事実を踏まえて，うつ病を発症した当時は，被害者は，本件性的虐待行為が原因であったと認識していたとは認められない，としたうえで，主治医に本件性的虐待行為を初めて告白し，そのことで主治医が，それに起因するのではないかと考えるに至ったころに，加害者に対する損害賠償請求が可能な程度に損害及び加害者を知ったと認めるのが相当である，としたのです。

このように，時効についての最高裁の基準やそれへのあてはめにおいては，個別具体的な性暴力行為の内容，時期（被害者の年齢），期間，治療経緯などや，医学的な研究・見解などが考慮されています。また，民法改正により，除斥期間とされていたものが消滅時効であると明記されたことで，仮に形式的には 20 年が経過してしまっていても，加害者による消滅時効の援用が，信義則や権利の濫用にあたる場合（民法 1 条 2 項，3 項）には，時効の援用を認めない，との解釈も可能となりました。さらに，20 年という除斥期間経過後に損害賠償請求訴訟を提起した事案において，損害賠償請求権は認められませんでしたが，性被害の事実が認定されたことで，加害者の中学校教員に対して教育委員会が再調査をし，加害者を懲戒免職処分にした事案も報道されています。時効が問題になりそ

うなときは,まずは専門家等にご相談ください。

表C3-1 刑事訴訟法250条のまとめ

【被害者が死亡している場合】

公訴時効	該当する性犯罪[2]
死刑に当たる罪……なし（無期限）	強盗・強制性交等致死罪
無期懲役又は無期禁錮に当たる罪……30年	強制性交等致死罪，強制わいせつ致死罪

【被害者が死亡していない場合】

公訴時効	該当する性犯罪[2]
無期懲役又は無期禁錮に当たる罪……15年（20年）[1]	強制性交等致傷罪，強制わいせつ等致傷罪，強盗・強制性交等罪
長期15年以上の懲役又は禁錮に当たる罪……10年（15年）[1]	強制性交等罪，準強制性交等罪，監護者性交等罪
長期15年未満の懲役又は禁錮に当たる罪……7年（12年）[1]	強制わいせつ罪，準強制わいせつ罪，監護者わいせつ罪，児童福祉法34条1項6号違反「児童に淫行をさせる行為」
長期5年未満の懲役若しくは禁錮又は罰金に当たる罪……3年	児童福祉法違反（34条1項6号以外の各号），青少年保護条例違反等

[1] 括弧内は，令和5年6月23日時点で，公訴時効が完成していない行為に適用される。
　また，括弧内の公訴時効は，18歳未満の被害のときは，行為から被害者が18歳になる前日までの日数が加算される。
[2] 令和5年7月13日以降の行為については，（準）強制性交等（致死傷）罪→不同意性交等（致死傷）罪，（準）強制わいせつ（致死傷）罪→不同意わいせつ（致死傷）罪，強盗・強制性交等（致死傷）罪→強盗・不同意性交等（致死傷）罪と名称が変わり，犯罪の成立要件も一部変わる。

表C3-2 権利行使期間の民法改正前後の比較

		不法行為		債務不履行	
		主観的起算点	客観的起算点	主観的起算点	客観的起算点
旧民法	不法行為	損害及び加害者を知った時から3年	不法行為時から20年 ※除斥期間	権利を行使できる時から10年	
改正民法	一般的な不法行為／債務不履行	損害及び加害者を知った時から3年	不法行為時から20年 ※時効	権利を行使できることを知った時から5年	権利を行使できる時から10年
	生命又は身体を害する不法行為／債務不履行	損害及び加害者を知った時から5年	不法行為時から20年 ※時効	権利を行使できることを知った時から5年	権利を行使できる時から20年

性暴力を受けた子どもの性問題行動

浅野恭子

　性暴力の被害を受けた子どもは，性的なことに過度に没頭したり，ほかの子どもや大人に不適切な性行動をとることがあります。もちろん，性暴力の被害にあった子どもがみな，こうした性問題行動を示すわけではありませんし，逆に性問題行動をもつ子どもすべてに，性暴力の被害体験があるわけではありません。

　本章では，子どもたちが示す性的行動をどのような観点からみれば，それが発達過程でありうる典型的な行動であるのか，あるいは注意深く観察や支援を必要とするような，または制限を必要とするような問題行動であるのかが判断できるのかということから始めて，子どもたちの性問題行動の事例を挙げながら，そうした行動が生じる背景には，どのような要因があるかを考えます。さらに，そうした性問題行動の出現を予防するために，また性問題行動に遭遇したときに，まわりの大人にはどのようなことができるのかについて考えていきます。

はじめに
性被害へのケアをしないことに伴うリスク

　最初に考えておくべき重要なことは，性暴力の被害を受けた子どもに対して適切なケアがなされないままであると，下記のような状況に至る可能性（リスク）があるということです。

　①暴力被害による症状のために，日常の生活を送ることが困難になる
　②性的に不適切な行動をとることによって，さらなる被害を呼び寄せる
　③深刻な場合には，援助交際などの性非行や，薬物乱用に結びつき，命に関わるような危険な事態に陥る
　④被害を受けた子どもが，今度は自分より弱い子どもに性加害行動をして，子どもの間に「被害-加害」の連鎖が広がっていく

　子どもたちは，発達につれて，さまざまな性行動を示すものですが，いったいどのような行動が「問題」となるのでしょうか。

第1節
発達過程にみられるその年齢に典型的な性行動

　性的な行動は，多くの子どもの正常な発達過程にみられるものです。典型的な性行動とは，「プライベート」あるいは「性的」と考えられるからだの一部（たとえば，性器，胸など）に関する行動で，ほとんどの専門家が人に危害を及ぼすとみなしていない行動であると，米国オクラホマ大学のボナー博士は定義しています（Bonner et al., 2005）。

　子どもの身体・運動面および認知・言語社会面の発達と性の発達は別々のものではありません。**就学前の子どもの発達的特徴**と，その時期にみられる典型的な性行動について照らしあわせて考えてみると，このことがよくわかるでしょう。

　この時期の子どもの発達的特徴としては，表 3-1 のようなことが挙げられます。こうした発達上の特徴ゆえに，表 3-2 のような性行動が生じる可能性があるといえます。このように，子どもは成長につれて，自然に性行動を行うものです。幼い子どもが性器いじりをしたり，

表 3-1　就学前の子どもの発達的特徴

- 心地よいことや，心地よい体験が好きで，「快」を求める
- 自意識が乏しく，また他者の視点から自分をみるということがない
- 主として視覚や触覚を使って，世界を探索する
- 急速に語彙が増え，言葉に対してまわりがどのような反応をするのか試す
- まわりの大人がしていることなどを真似て学び，だれかのふりをする
- 結果を考えないで行動する
- 親からほめられ，認められ，注目される行動をとるようになる

表 3-2　就学前の子どもに典型的にみられる性行動

- 裸で走りまわる
- 人前でプライベートパーツ（性器やお尻など）を触る
- ほかの人のからだにくっつく
- 男女のからだの違いを探索
- 性器の見せあいっこをする
- 自分の性器を触る
- 排尿・排便に関する言葉を使って大人の反応を楽しむ
- お医者さんごっこ，家族ごっこをする
- 男の子がスカートをはいたり，お化粧をしたりする
- 叱られると性的行動をしなくなり，周囲が笑っていると繰り返す

＊**就学前の子どもの発達的特徴**　性的な発達がその年齢相応のものであるかどうかを考えるときには，その年齢の子どもの発達の他の側面，すなわち認知面，言語面，運動面，社会面，情緒面などと照らしあわせて考えるのが適切である（具体例は表 3-1）。

ほかの子どもの性器を見たり，性的な言葉を口にしたり，人前でも裸になったりもしますし，仲間と性的遊びも行うでしょう。こうした子どもたちが示す性行動に対して，まわりの大人は大騒ぎをしたり，逆に軽く考えたりと，極端な見方をしがちですが，過剰反応，過小評価に留意しながら，その性行動が，発達的にありうる行動の範疇にあるのか，あるいはそれを逸脱したもの，つまり大人の見守りや心理教育，ケアが必要なものであるかを見極めていくことは，子どもの安全を確保するために不可欠な視点です。

性的遊びか，性問題行動か

　子どもがお互いに性的な行動を行っている場面に遭遇したら，だれでもとまどいを覚えるものです。頭が真っ白になって，何も言えなくなる人もいるかもしれませんし，頭ごなしに叱りつけてしまう人もいるでしょう。でもまずは落ち着いて，その行動をしている子どもたちをよく観察してください。

　その性行動が「性的遊び」の範疇に含まれるのか，あるいは懸念すべきものかを見極めることが必要です。性的遊びか否かについて判断する基準は以下のとおりです（Silovsky & Swisher, 2007）。

　もしそれが性的遊びの範疇にあるのであれば，子どもらしい「探索」の一環として行われているでしょうし，参加する子どもたちそれぞれの「自発性」に基づいています。また，そうした遊びは，たまに起こるもの，つまり「断続的」であり，その頻度の基準は1カ月に1回程度と考えられます。もちろん，相互の「合意」のうえに行われており，関与する子どもたちの「年齢や体格，発達段階は同程度」であるでしょう。また，こうした行為に関与したことで，どちらの子どもも，「怒りや恐怖，強い不安といった感情を体験しない」のがふつうです。

　逆に，子ども同士で行っている性行動が懸念すべきものであるかどうかを見極めるために注目すべき点としては，以下のようなものが考えられます。

●年齢，体格，身体能力，知的能力を含むパワーの差

　大人では1歳，2歳の年の差が大きなパワーの差になることはまれかもしれませんが，発達期にある子どもたちにとって，年齢差は大きなパワーの差となることが少なくありません。体格の差や身体能力，知的能力の差もまた，大きな力の差につながります。こうした力の差がある子ども同士で行われている性行動は，一方的である場合が多いと考えられます。たとえ表面上はいやがっていなかったとしても，行為の意味を理解していなかったり，あとから不安になったり，怖くなったりする子どももいます。性的遊びであれば，こうした否定的な

気持ちをもち続けることはありません。

●脅迫の要因の有無　（人気や権力の乱用など）

　言葉で，「言うことを聞け」と直接的な脅しをして，ほかの子どもに性的な行為をすることもありますが，子ども間で人気があったり，力をもっている子どもに言われると，「いや」と言えなくて，従わざるをえないということもあります。「脅していない」と一方の子どもは主張したとしても，もう一方の子どもが，無言の圧力を感じて，拒否できないでいる場合もあるのです。

●操作的要因の有無（言葉での強制，遊びの装い，騙し，わいろ，約束など）

　「一緒に遊んであげたでしょう」「このゲーム貸してあげるから」などと，相手を巧みに操作，コントロールして性的な行為に引き込んでいる場合です。性的遊びは，双方が自発的に始めるものですが，こうして一方の子どもが，巧みに相手の子どもを性行動に引き込んでいる場合は注意が必要です。

●秘密の要因の有無（隠したり黙っていたりしておくことの要求，脅しを使うなど）

　「だれにも言うなよ」「だれかに言ったらもう遊んでやらないよ」というふうに，秘密を強制するような言葉を一方の子どもが発している場合，子ども自身がその行動を，本当は「よくないこと」だと認識している場合がほとんどです。就学後であれば，通常性的遊びもまた，大人の目に触れないところで行われるものですが，遊びであれば一方が秘密にすることを強要する状況は生じません。

●性に関係する強迫的関心の有無

　必ずしも人を巻き込むとは限りませんが，性器を触らずにいられない，からだに物や指を繰り返し突っ込もうとするなど，性的な行動が多くなり，子どもの通常の生活に影響が出ているような場合です。子どもの生活というものは，とんだり跳ねたり，絵を描いたり，おしゃべりしたりと，いろいろな活動で成り立っているものです。その多くが性的な行為や関心で占められるようになるのは，なんらかの問題をかかえているサインと考えられます。

　思春期は，性的関心が高まる時期ではありますが，なかには，ポルノ画像を見ずにはいられない，だれとでもいいから性的行為をせずにいられない，マスターベーションがやめられないといった状態になり，結果として，やはり，勉強をしたり，クラブ活動をしたり，友だちと語りあったりするという，その年齢にふさわしい生活が送れなくなっていく子どもがいます。こうした状況についても，「思春期だから，性に関心があって当たり前」と見過ごすのではなく，その子どもの生活全般をよく観察し，家庭や学校・地域，あるいはネットを介して，虐待的（被害的）状況に陥っていないか，学校や部活動，地域の仲間関係などで，何

か行き詰まっていることがないかなどを子どもの話を聞きながら検討する必要があります。

●衝動性の要因の有無

とっさに人のからだに触ってしまう，通りすがりに性器にタッチしてしまうといった問題です。刺激を受けると衝動的に行動してしまい，大人が注意しても，簡単にはとまらない場合です。こうした衝動性の問題が高く，性問題行動がとめられない状態にある子どもは，一時的に入所施設などを利用するなどして，行動制限をかけていくことが必要な場合があります。

●法律違反ではないか

日本の法律でいえば，一方が同意年齢に達していない場合や，きょうだい間で性行為が行われている場合，たとえ相手にいやな感情を残していないとしても，法律違反になります（**きょうだい間の性問題行動**は，保護者のネグレクトとみなされる場合があります。第4節参照）。

子どもの「性行動」については，年齢相応の「典型的な性行動」と考えられるものから，明らかにほかの人の心身に有害な影響を与える「性暴力」と考えられるものまでの間には，かなり広範囲のグレーゾーンがあると考えるのが適切です。

第3節
子どもの性問題行動はなぜ生じるか――事例を通して

なぜ子どもたちは，性問題行動を示すようになるのでしょうか。それについては，さまざまな説明がなされています（Gil & Johnson, 1993；Johnson, 2009）。

性的に虐待されたか，性的な刺激（ポルノや実際の性交渉を見せられるなど）に，過度にさらされたために，自分が体験したことを消化しきれずに，見たり体験したりした場面を再現したり，ほかの子どもを相手にやってみたりする場合もあります。子どもがこうした行動をとるのは，混乱や怒り，恥ずかしさや不安の表れと考えられます。あるいはまた，こうした行動をすることによって，自分が性的虐待を受けていることを，大人に気づいてもらおうとしている場合もあるかもしれません。

あるいは，虐待的な環境で育ってきたために，人間関係をゆがんで理解するようになった

＊**きょうだい間の性問題行動**　きょうだい間で性行為があり，被害側の子どもからサインが出されていても，保護者がおおげさにしたくない心情などから，適切な対処をせずに，被害の継続を放置してしまった場合など，子どもの監督が十分なされていないとみなされ，児童虐待防止法の「ネグレクト」にあたると判断される場合がある。

子どもたちもいます。そうした子どもたちは，大人を信用することができず，絶えず傷つけられ，放ったらかしにされ，学校でもどこでも，何かをやり遂げられたという実感をもてずにいます。そして性行動をすることによって，束の間であれ，「友だち」をつくろうとすることがあります。ほかの子どもと性的な行動を通して接触している間だけ，人肌のぬくもりを通して，人間的なつながりをもてると感じているかのようです。

　自分自身の怒りや孤独感，恐れといった感情を，性的に攻撃的な行動をとることで解消しようとする子どもたちもいます。こうした子どもたちは，明らかに虐待されていたり，過度な性刺激にさらされていたり，暴力を日常的にふるわれるような環境で育ってきたといえるでしょう。

　以下に，二つの事例を紹介します。それぞれの事例を読んで，子どもがなぜこのような行動をするに至ったのかを考えてみましょう（以下は実際の事例をベースに作成した架空の事例です）。

事　例 3-1

腹立たしさと恐ろしさでいっぱいに
性暴力被害から加害に転じた男児

　ミチルさんは，小学校に上がる前に両親が離婚したため，その後は，父親との二人暮らしになりました。父親は仕事に忙しく，ミチルさんのことをかまう余裕がありませんでした。仕事で疲れて帰ってきた父親は，いつもイライラして，ミチルさんを殴って言うことをきかせようとしていました。

　家にいてもだれもいなくて寂しいし，学校に行っても勉強はわからないし，つまらないと思ったミチルさんは，だんだん学校にも行かなくなりました。小学校 4 年生になってからは，父親が朝早くから仕事に出たあと，昼間から近所をうろうろするようになりました。

　ある日，そんなミチルさんが公園で一人で遊んでいると，おじいさんが話しかけてきて，お菓子をくれました。寂しかったミチルさんは，おじいさんのことが好きになり，毎日のように公園に行ってはおじいさんと話をしたり，お菓子をもらって食べたりしていました。

　ある日のこと，おじいさんはミチルさんを，「家においで，お昼を一緒に食べよう」と誘ってくれました。ミチルさんは喜んでついていき，そこでお昼ご飯をごちそうになりました。お腹がいっぱいになったミチルさんは，少し横になって，そのまま眠ってしまいました。変な感じがしたので目を覚ますと，おじいさんが，ミチルさんのパンツをおろして，ペニスをなめていました。あまりのショックに動くことができず，声も出せ

ませんでした。ミチルさんは怖かったこともあり，寝たふりをしながら，おじいさんがやめるまでじっとがまんしていました。おじいさんがやめたあと，今目が覚めたようなふりをして，ミチルさんは「帰る」と言いました。おじいさんがしていたことに気づいているということがおじいさんにわかったら，恐ろしいことになるような気持ちがして，ミチルさんはできるだけ，気づいていないふりをしたのです。でも，おじいさんの家を出た直後から，恥ずかしさと腹立たしさと恐ろしさがごちゃ混ぜになったような気持ちでいっぱいになり，落ち着かなくなりました。

　そのとき，ミチルさんの前を，幼い男の子が一人で歩いているのが見えました。ミチルさんは，その子に話しかけて，秘密基地を見せてあげると誘いました。そして，その子を公園の木立の奥に連れて行って，寝転がらせて，ペニスをなめました。そうすると，おじいさんの家を出たあと感じていたイライラした気持ちや，モヤモヤした気持ちが，いっぺんにすっきりしました。

●状況を支配しているという実感

　ミチルさんの行動の背景には，保護者からの指導や監督が十分なされないような家庭的状況や，力でコントロールしようとするような父親の態度があります。つまり，ネグレクトと身体的虐待です。またミチルさん自身にも発達や言葉の遅れがありました。

　家庭や学校にも居場所がないミチルさんがおじいさんに近づいていったのは，「寂しさ」がベースにあったのでしょうが，おじいさんの家でミチルさんが体験したのは，まさに「性暴力」でした。ミチルさんは，自分がされていることに気づいたとき，「困惑」「恐れ」「恥ずかしさ」を感じます。おじいさんの家を出たあと前面に出てきたのは，「怒り」です。

　ミチルさんは，衝動のコントロールが未熟だったこともあり，そうした否定的な感情のコントロールができず，おじいさんにされたことを，その直後に弱い年下の子どもに対して行っています。そうすることによって，被害を受けたときの，みじめで何もできない感じを払拭し，自分が状況を支配・コントロールしているという実感を得て，怒りの気持ちや不安もなんとか収めることができたので，「すっきり」した気分を体験しています。しかし，この「すっきり」は一時的なものであり，おじいさんにされたことがなんだったのかという混乱は解消されたわけではありません。ミチルさんは，混乱からくる性行動を繰り返していく可能性があります。また，日常の生活で寄り添ってくれる人がいないままだと，寂しさからまたおじいさんのところに行き，また被害を受けたり，あるいは別の人からも性被害を受けてしまうかもしれません。

　人との関係がうまくつくれないでいたミチルさんには，おじいさんに性的行為を許すことによって受け入れられたり優しくされたりしたことから，この先，人とのつながりを得るために，自ら被害を引き寄せるような行動をとる可能性もあるでしょう。

幼いころの被害体験がよみがえる
非行少女と呼ばれて

　カオルさんは，小学校 2 年生のときに，近所の中学生のお兄ちゃんに「家に遊びに
おいで」と誘われました。お兄ちゃんは，カオルさんが小さいときから，道で会うと声
をかけてくれたり，遊んでくれたりする人でした。カオルさんは，おもしろいものを見
せてくれるというので，お兄ちゃんの家に行きました。部屋に入るとお兄ちゃんはカオ
ルさんの隣に座り，肩に手をまわして「目をつむって」と言いました。カオルさんは，
何を見せてくれるのかなと期待しながら，目をつむりました。すると，お兄ちゃんはカ
オルさんのパンツの中に手を入れて，性器を触りはじめたのです。カオルさんはびっく
りしましたが，怖くて声が出せません。やっとの思いで，「お兄ちゃんやめて」と言い
ましたが，お兄ちゃんは，「カオルちゃんのことが好きなんだ」といってカオルさんの
上にのしかかり，今度は自分のペニスをカオルさんの性器に押しあててきました。「好
きなんだからいいだろう？」と言って，お兄ちゃんは，無理やり性器を入れようとしま
した。カオルさんは「痛い！」と叫びました。お兄ちゃんは，「ごめんね」と言って放
してくれました。「カオルちゃんが大好きだからだよ。だからだれにも言わないで。こ
れは二人だけの秘密だよ」と言いました。カオルさんは，その日のことを，それ以来ずっ
と黙っていました。

　小学校高学年になったカオルさんは，そのお兄ちゃんが自分にしようとしたことがど
んなことだったかがわかるようになりました。雑誌には，「エッチは好きな人とするもの」
と書いてありました。カオルさんは，あの日のことを思い出すと，怖くて不安でどうし
ようもなくなるのですが，「お兄ちゃんはわたしを好きだからやったんだ，だからあれ
は間違っていない」と，何度も自分に言い聞かせました。

　中学生になったカオルさんは，友だちに誘われて，近くの神社の夏祭りに出かけまし
た。夜店をまわっていると，高校生くらいの男の子たちから声をかけられ，一緒に近く
の公園に行きました。カオルさんは，年上の男の子が隣に座ると，なぜだか急にからだ
に力が入らなくなってしまいます。男の子がカオルさんの肩に手をまわしてきましたが，
何も言えなくて，されるがままになってしまいました。その夜以来，カオルさんは，そ
の男の子たちから何度も誘われるようになりました。断ることもできず，誘われるがま
まついていき，男の子に近づかれると，またからだの力が入らなくなって，なされるが
ままになってしまいます。結局，何人もの男の子からセックスをされ，気がつくと生理
がとまっていました。その後，中絶手術を受けたカオルさんは，身もこころもボロボロ
になった状態で，施設に保護されました。

●被害体験の再現から「性非行」へ

　カオルさんが，小学校2年生のときに体験したことは，好きな人同士の同意のうえのセックスではなく，中学生男子からの一方的な性暴力でした。「好きだから言わないで」という言葉を忠実に守り，これは被害ではないと，何度も自分に言い聞かせてきたカオルさんですが，あの日のことを思い出すと，不安や恐怖でいっぱいになるのをどうしてよいかわからず，整理がつかないままでした。中学に入ってからの夏祭りでの体験は，小学校2年生のときに，カオルさん自身がタイムスリップしてしまったかのようです。年上の男の子が隣に座っただけで，意識が遠のくような感じになり，からだの力が抜けてしまったのです。男の子たちは，そんなカオルさんの様子をみて，カオルさんのほうが性的な行為を求めていると誤解したかもしれません。望まない性的なタッチをされたカオルさんは，それ以来，小学校2年生のときの性被害による症状がどんどん表に出始めました。カオルさんは目を閉じることが怖くてできません。目を閉じると安心できないので，結果，夜眠れなくなってきました。昼間も，急に無理やりセックスをされた場面や，中絶手術のときのことがよみがえって，からだが震えたり，涙がとまらなくなったりしました。過呼吸が起こったり，めまいがして座り込むこともありました。

　このように，行為の意味がわからない幼いころには顕著な症状がなかったとしても，何かの拍子でそのときの状況に戻ったかのようになり，それが次の被害へとつながっていくこともあるのです。

　カオルさんのように，いわゆる「性非行」に走っているようにみえる少女のなかには，だれにも知られていない性被害体験をしている子どもが少なくありません。被害を被害として，場合によっては本人さえも認識できないままに，周囲から「性的に誘っている」ととらえられるような行動を知らず知らずとるようになり，次々と性被害に巻き込まれてしまう場合もあります。あるいは，援助交際というような行為を通して，自ら性被害を受けるような状況に入っていくことで，かつて感じた圧倒されるような感情を払拭しようとしたり，自分がその場をコントロールできている感覚を取り戻そうとしたりしている場合もあります。

　しかし，なかには，そうして強迫的に性行為をしている自分自身に嫌悪感を感じたり，自分の無力感に耐えきれなくなって，薬物乱用に走ったり，犯罪に巻き込まれて命を落としてしまうような深刻なケースもあるのです。

第4節

子どもの性問題行動を引き起こす要因と抑止する要因

　子どもの性問題行動の背景には複合的な要因があります。米国の研究者であるフリードリッヒらが，子どもの**性問題行動の背景要因**を分析し，その起源といえる四つの要素を特定

しています（Friedrich et al., 2003）。

　一つ目の要因は，「子どもの脆弱性」です。これは子ども自身がかかえる発達上の課題や衝動コントロールの問題です。つまり言葉で伝えられず行動化しやすかったり，行動の統制力に弱さがあるということです。

　二つ目の要因は，「家庭の逆境」です。保護者からの指導や監督が十分なされないような家庭的状況，たとえば，保護者の抑うつやアルコールなどの物質乱用などの問題を背景としたネグレクト（育児放棄）があるような場合です。

　三つ目の要因は，「セクシュアリティのモデリング」，つまり性的虐待や過度の性的刺激に暴露され，それをモデリング（模倣）しているような場合です。

　そして四つ目の要因は，「強制のモデリング」です。これは，身体的虐待を受けたり，家庭内暴力（DV）を目撃したり，また学校や地域で暴力にさらされることなどを通して，パワーで人をコントロールする対人操作を学習している場合をさします。

　子ども自身の脆弱性と家庭の逆境は，とくに，他者信頼・自己信頼の源である，安定したアタッチメントの形成に影響を及ぼします。そして，セクシュアリティや強制のモデリングは，子どもが健全な境界線を学ぶ機会を阻害します。子ども自身に性被害体験があると，性問題行動の発現は相対的に多くなると考えられますが，被害を受けたからといって性問題行動を示すようになるという直線的な因果関係にはなく，こうした四つの要因を背景としたアタッチメントの形成不全とバウンダリーの混乱が，性問題行動の出現に大きく影響すると考えられます。

　第2節の最後に記述した「きょうだい間の性問題行動」の背景には，この四つの要素のうちのいくつかが顕著にみられるでしょう。とくに，性刺激への暴露や強制による対人コントロールが家族・親族内にみられる場合，そして，子ども自身に家庭内外の人間関係でのつまずきがみられるような状況下で，より弱い立場のきょうだいに対する「性暴力」が出現することが少なくありません。きょうだいに対する不適切な性行動を行った当該の子どもと，またその被害にあった子どものケアはもちろんですが，子どもたちが生活する家庭などへのアプローチが何より大切です。父母の関係性，祖父母世代と父母の関係性，男尊女卑といった家族内の価値観などが，子どもたちがお互いを大切にした対等な人間関係を学ぶことの妨げとなっていないかといった視点をもつことが必要です。

　一方，子どもの性問題行動を抑止する要因にはどのようなものがあるのでしょうか。米国オクラホマ大学のシロヴスキー博士らは，表3-3に示す五つを挙げています。

＊性問題行動の背景要因　子どもの性問題行動の背景には，家庭的，社会的，発達的，そしておそらくは生物学的要因が複合的に存在していると考えられる。トラウマ歴，力による強制が当たり前の環境，家庭の逆境や崩壊，性的な環境など。また，なかには性暴力の被害を受けている子どももいる。

表 3-3　子どもの性問題行動を抑止する要因（Silovsky & Swisher, 2007 を著者一部改変）

・健全な境界線（バウンダリー：本書 14 頁参照）が支持され，模範が示されている

　人のからだや物，気持ち，皆が安心して暮らすための社会的ルールといった境界線を日々の生活のなかで身をもって示し，大人がそれを大切にしているということが子どもにも伝わることが大切です。バウンダリーを大切にするということは，すなわち，自分も他人も大切にするための対処スキルを身につけることなのです。

・被害やトラウマからの保護

　安心・安全な環境設定をすることです。性的刺激や暴力的刺激（Web サイト，DVD，雑誌，TV，マンガなど）の制限も必要です。子どもを被害から 100％守るのは難しいことですが，子どもが怖い思いや，つらい思いをしたときに，保護者がそれに気づいて，気持ちを聞いてやり，安全を保障してあげることで，それが子どもの大きなトラウマになるのを予防することができます。ふだんから，親子で「安全」について話題にし，子どもが困った事態に陥ったときに親に相談しやすい関係をつくっておくことが大切です。

・保護者による指導と監督

　保護者が子どもの生活を見守り，日課をきちんと送らせるようにするということです。

　見守り（モニタリング）というのは，24 時間子どもから目を離さないということではありません。子どもとのコミュニケーションを通して，子どもの体験したことをできるだけ把握しようと努め，必要な手助けをきちんと行うことです。また，子どもがルールを守れるようにサポートしていくことも大切です。

・気持ちをオープンに伝えられるような大人との信頼関係

　性問題行動のある子どもたちにも饒舌な子どもはいるのですが，本当の意味で大人に自分の気持ちを率直に伝えられていないことがほとんどです。子どもは自分の気持ちを，どのような状況で，どんなふうに話せるでしょうか。実際，大人に話しても大丈夫と思えているでしょうか。子どもは，本当に知りたいことや聞きたいことを大人に聞ける状況にあるでしょうか。また，それ以前の問題として，子どもは自分の気持ちを言葉で表現できるでしょうか。子どもとのコミュニケーションのあり方を再度見直してみることはとても意義のあることです。

・適応的な対処スキル

　子どもに適切な対処スキルを教え，それを実践できるようサポートすることです。大人は，子どもの不適切な行動に対して，「だめ」と禁止するばかりで，子どもたちが実際，どうすればよいのかということを教えずにすませていることが少なくないのではないでしょうか。自分のなかで高まる不安や怖れといった否定的感情に不適切な行動で対処している子どもは，より適切な行動についての知識もスキルもない場合がほとんどです。また，大人との信頼関係がもてていない子どもは，困っていても自分から助けを求めることができません。子どもが困っていること，乗り越えたいと思っていることは何かを理解し，それへの対処方策を真剣に一緒に考え，社会適応的な対処スキルを身につけられるようサポートすることが大切です。

第 5 節

子どもの性問題行動への対応

　それでは，子どもの「性行動」に直面したときに，わたしたち大人は何をすればよいのでしょうか。

① まずは見極める

　子どもの性行動に対する一般的反応は，過剰であったり，逆に過少であったりすることが多いということは，すでに述べたとおりです。子どもの示す性行動が，性問題行動に該当するのか，それとも発達的にありうる性的遊びなのかについては，基準に照らしながら，複数人で検討して見極めていくのがよいでしょう。また，ここからは「問題」という明確なライン（基準）があるものではなく，ありうる性行動から性加害行動までは，連続体と考えるのが妥当です。

　性行動の判断には「否認」や「最小化」といった心理が働きやすいことに注意して，常に複数人で検討し，また，どうしてその行動をそのように判断するのかについても，明確にしておくことが大切です。

② 性的遊びの範疇だと判断した場合

　子どもの性行動に直面したときは，たとえそれが年齢相応の性的遊びであったとしてもそのまま放置するのではなく，「教育的機会」ととらえてその場にふさわしいことを子どもたちに伝えるようにしましょう。たとえば，性器などの名称や機能，性器などのからだをどのように扱うことが大切かということや，性行動のルール（表3-4）を教えることもできるでしょう。

　今回は「性問題行動」にはあてはまらないと判断された場合でも，今後発展する可能性を考慮して，予防的措置を講じることも有効です。たとえば，生活をともにするメンバーと，「性行動のルール」や「境界線のルール」を共有したり（表3-4，表3-5），すでに共有している場合は再確認することなどです。幼い子どもたちには，被害にあわないようにするための虐待防止プログラムを実施したり，また万が一被害にあったときに大人にどう訴えるか，その方法を再確認することも必要でしょう。また，思春期以降の子どもたちであれば，「真の同意」（表3-6）が成立するための条件を考えさせることも大切です。

　あわせて，大人同士で課題を共有し，見守り（モニタリング）を慎重に行うようにするこ

表3-4　**性行動のルール**（Bonner et al., 2005 を著者一部改変）

・ほかの人のプライベート・パーツ（大切な場所）を触ってはいけない
・ほかの人に自分のプライベート・パーツを触らせてはいけない
・ほかの人のプライベート・パーツをのぞき見てはいけない
・自分のプライベート・パーツを見せてはいけない
・自分のプライベート・パーツを触ってもいいのは，ひとりでいるときだけ
・性的な言動でほかの人を不愉快にしてはいけない

表3-5　境界線のルール〔カーン，2009c，pp.99-101を著者一部改変〕

境界線は，みんなの安心・安全を守るもの。自分の境界線も人の境界線も大切にしよう
・物理的境界線
　　　自分のもの，自分のからだ
・心理的境界線
　　　ふれてほしくない話題，言われたくないこと，など
・社会的境界線
　　　規範や慣習，法律，など

表3-6　真の同意の条件〔カーン，2009b，p.10を著者一部改変〕

・お互いが，情緒的にも知的にも対等
・お互いに相手への誠意がある
・お互いをよく理解している
・同意しなくても，罰や危害を加えられる心配がない
・そういう行為をしたら起きる可能性のある結果を，お互いが本当にわかっている

とを検討すべき場合もあるでしょう。また，その子どもの対人関係全般に課題（支援すべき点）がないかをもう一度点検してみましょう。

③　性問題行動であると判断した場合

　もしその子どもの行動が「性問題行動」と判断された場合には，児童相談所などの専門機関の支援を受けながら，子どものアセスメントを行い，生活場面での見守りとあわせて，専門的支援（ケア）の実施を検討していく必要があります。その際，これまでにケアされていない被害体験が背景にあると考えられる場合は，それへの対応についても検討が必要です。

　ほかの子どもの安全を脅かすような問題行動がある場合には，生活場所を分離するなどの措置を早急に講じる必要があります。家庭や入所施設など，被害側の子どもが逃げられない状況で，性問題行動が起きた場合には，とくに重要です。いったん物理的に分離して，双方の子どもの安全が確保できてから，それぞれの子どものアセスメントを行い，必要な支援をしていくことになるでしょう。前項で紹介したようなルールの再確認は，生活をともにする子どもと大人が一緒にしていくことが大切です。

④　被害を受けた子ども，自分を傷つける行為をしている子どもへの対応

　性暴力の被害を受けた子どもたちについては，緊急の医療的なケアが必要な場合もありますが，生活をともにする大人として，日々行うのが大切なことには，次のようなことが考えられます。

　第一に，「日々の様子の見守り」が挙げられるでしょう。食事がとれているか，睡眠の状

態はどうか，身体症状や気分の変動はあるか，人との関係はどんな状態か，日課に取り組め
ているかなどについてていねいに見守り，できれば子どもと一緒に確認していくことが役立
つでしょう。

　第二に，「生活の枠組み（日課の流れ）・対人関係のルールの確認ないし再検討」です。性
的被害を受けたとしても，不適切な性行動につながっていくのは4分の1程度といわれてい
ます。しかし今後，加害者の側にまわったり，再度被害にあうことを防ぐという目的から，「性
行動のルール」などについて再度確認し，ともに生活する子どもと大人全員で共有すること
が大切です。また，生活のルールの見直しが必要な場合もあるでしょう。これは，被害を受
けた子どもだけでなく，それ以外の子どもの安全・安心な生活にもつながることです。

　第三に，「トラウマと，その症状への対処についての心理教育」です。こころにケガをす
るとどんなことが起こるかを説明し，トラウマ症状の引き金となったのは何かを一緒に考え，
落ち着く方法を生活のなかで繰り返し練習し，自分で対処できる感覚がもてるよう支援して
いきます（専門的支援が不要という意味ではありません。PTSD，不安，うつなどの症状が
ある場合には，別途，心理的ケアや一時的な投薬などを検討する必要があります）。

　自分の性器を傷つけるほどに触ったり，こすったり，何かを突っ込んだりしている子ども
の場合は，まず，どんな状況のときにこうした行動が生じているかをよく観察することが大
切です。そして，上記のような適切な心理教育をするとともに，子どもの話を聞いたり，ほ
かの活動に誘うなどして，性的な行為にばかり集中しないように環境から働きかけることも
必要です。また，リラクセーションの方法を教えて，性的な行動をしたくなったら，まずは
落ち着くよううながすことも役に立ちます。ある程度言葉で自分の気持ちが表現できる子ど
もであれば，性的な行動をしたくなる前にどんな状況があるのかを，子ども自身が考えられ
るよう，そして性的行動以外の方法でそうした状況に対処できるように支援していくことが
望ましいでしょう（性器などを執拗に触ったりこすったりしている場合，身体的な問題があ
る場合もあるので，婦人科や泌尿器科の受診も検討してください）。

まとめ
適切なケアとまなざし

　性暴力の被害を受けた子どもたちに対して，心理教育やトラウマ治療などの適切なケアが
行われないままでいると，その体験を消化できないがゆえに，さまざまな症状（身体症状，
精神症状，行動上の問題）となって表現されることが少なくありません。フラッシュバック
によりパニックになるなど，派手な症状が出ている場合は，まわりも気づきやすいのですが，
ふだんの生活にとくに問題が見受けられない場合，周囲の大人は被害を受けていることにさ
え気づかないままであったり，あるいは「もう落ち着いたな」と安心して，子どもの様子を
見守ることをやめてしまいがちです。いったんは，性暴力被害に伴うさまざまな感情を抑え

込むことに成功しても，過去の記憶を呼び覚ますような音や声，匂いや状況などの刺激を受けて，不安が掻き立てられ，本人も気づかないうちに，苦痛な記憶に伴う感情が「問題行動」として現れることがあります。とくに気をつけておきたいことは，そうした症状や行動のために，再び被害にあうリスクが高まったり，今度はほかの子どもに対して暴力的な性行動をしてしまうことがある点です。

　子どもの性行動が，発達に見合った自然なものなのか，あるいは，なんらかの被害体験や心理的問題が背景にある問題行動なのかを適切に見極めること，過剰反応や過小評価に注意しながら適切な支援を行うことが何より大切です。

　また，こうして子どもの性行動に向きあうときには，大人の「性」と混同して子どもに対して，「いやらしい」「みだら」などといった否定的なメッセージを与えないように注意することです。子どもは，さまざまな要因により，間違った行動をすることがありますが，子ども自身が間違った存在であるという意味ではありません。大人のまなざしは，そのまま子どもの自己イメージに反映されます。子どもたちが自分のことを肯定的に感じられなくなることによって，さらなる性問題行動が出現するリスクが高まるのです。

男児・男子生徒の性暴力被害——保護者のためのガイダンス

藤森和美

1）保護者へのガイダンス（心理教育）

きわめて個人的な臨床経験で語ると，男児・男子生徒の性暴力被害の被害者対応の経験は，女児・女子生徒の被害者対応に比べると数は少ないという印象をもっています。そしてこの少ない対応数が，被害者が少ないことを意味するとは考えられない点が大きな課題と考えています。

もともと性暴力被害の実態は，大人も同様ですが暗数を多く含みすぎており，正確な状況はわかりません。ましてや子どもの被害，さらに男児・男子生徒の被害となると心理専門家の前に現れるまでに被害児本人に相当の労力がかかるといえるでしょう。

そこで鍵になるのは，保護者のアンテナです。とくに両親の性暴力被害に対する敏感で適切な対応が，心理支援までつながるきっかけになるように感じています。男児・男子生徒でも被害体験に対してのケアを行う重要さを両親が理解できているかどうかが大事で，ときには被害児の支援が，性暴力被害が心身に及ぼす影響を，両親に対してガイダンスを行うところから始まる場合もあります。

2）両親がケアに積極的だった事例

次の事例は，両親が非常に迅速に被害男児のケアに動いたケースです（一部を加工しています）。

私立小学校に通う小学4年男児が，性暴力被害の案件でカウンセリングを希望して，両親と男児が通ってこられました。その私立学校は，小学生から大学までエスカレータ式に進む進学校で，OBである父親は自分の子どもたちも迷いなくそこに進学させていました。

被害は，宿泊体験のホテルでの夜，同級生たちに囲まれリーダー格のメンバーらがはやし立てるなかで下半身を裸にされ，友人の性器をなめさせられたり，男児の肛門に同級生の性器を入れられる格好をさせられたものでした。クラスのなかにはカーストがあり，いじめのグループのリーダーは暴力的で強い力をもっていて，学校外のクラブ活動でも一緒だった被害男児は何かと目をつけられて攻撃されていました。性暴力被害はまわりで見ていた友人らが，宿泊体験から帰宅後に母親に事態を報告し，その母親から男児の母親に連絡があり男児に確認して，やっとその被害体験を確認できました。

母親の衝撃は大きく，被害体験そのものだけでなく，わが子がその被害を黙っていた現実に対する混乱と動揺があり，父親は母親の衝撃を受けとめながら，ケアの緊急性をしっかり感じておられました。一方で，父親は，出身校に独特のいじめ文化がありその悪しき伝統を経験的に知っていて，なんとか息子を守らないといけないという強い姿勢がみられました。学校側の事実調査や加害者対応が遅れるなか，学外の支援を求めたのも父親の判断があったそうです。父親はもの静かで控えめではありましたが，子どもの自尊心を守りたいという気持ちは母親同様に実に確かなものでした。

カウンセリングのなかで被害男児は，知的には高いものの発達に特徴があり，他者への関心が乏しく，しばしば場面の状況を読み違えるために，からかいの対象になりやすいことがわか

りました。

　つらい体験をしたときは平気なふりをしない（感情の受けとめ），自分がいやであれば「NO」と言う（アサーション），危ない場面や巻き込まれそうになったりしたらその場から逃げる（避難），困ったらだれかに相談しよう（援助要請）などの心理教育が進むにつれて，「何でもないようにふるまっていたけど，とてもいやだった」という気持ちを次第に出せるようになりました。やがて「自分が悪くない」と理解でき，被害体験が宿泊体験以前からあった事実も自分から話してくれたのです。

　その後の一番の転機になったのは，中学進学でいじめグループと別の系列中学部に進学し，小学校のクラスカーストから抜け出せたという環境変化でした。安全な環境を手に入れて初めていかに以前の学校生活がいやだったかを認識できた様子でした。男児の表情は非常に明るくなり，クラブ活動を楽しみ勉強にも打ち込めるようになり，カウンセリングを終結しました。

3）ガイダンスの有用性

　ここで重要なのは，母親が混乱しながらも積

極的に性暴力被害への対応を求め，両親ともまずは心理専門家のガイダンスを受けたという選択と決定です。ガイダンスでは，性暴力被害が子どもに及ぼす影響を具体的に示し，その影響は男児だからといって見過ごしてはいけないというものでした。両親はまっすぐにこの問題を受けとめて，わが子に対して両親が対応できる内容，心理専門家が取り組む課題を理解し，それぞれが協力する支援チームが発足したわけです。前思春期に入りつつある当該男児の発達段階では，性に対して健全な価値観をはぐくむための修正が必要であり，被害体験からの回復と未来への健康さにつなげる重要性をチーム内で共有しました。

　両親の迷いのないケアに対する気持ちが，早々に支援につながった事例としてとても印象的でした。両親がそれぞれの気持ちがありつつも，子どものこころのケアにまっすぐ進んだ姿勢が，その後の回復にとてもよかった気がしています。

性暴力被害の長期的影響

小西聖子

小西聖子

第1節
長期的な影響の考え方

　性暴力被害が多様であり，その後の子どもの発達も環境も多様であることを考えれば，その被害の影響の現れ方が一律ではないことは，容易に想像できます。第一に子どものころの性暴力被害は，そのこと自体がトラウマ体験としてさまざまな反応を引き起こし，のちの生活に影響します。第二に，その被害が原因でPTSDやうつ状態などが生じる場合には，今度はその精神障害が原因となって，生活に長期的な影響を及ぼします。三番目に，子どもへの性暴力被害が生じるような環境にいるということ，子どもの性暴力被害に養育者が対処できないような環境にいるということも，同時に子どもの発達に広範な影響を与えることになります。

　したがって，長期的な影響といっても状況は複雑です。一回だけの被害の場合と持続的な被害では違いますし，その後どういうケアが行われたか，どういう二次的な被害があったかによっても異なります。雪崩のように問題が大きくなっていく場合と，回復に役立つことが起こる場合とでは大きく違います。結果として被害の影響から自然に回復していき，自分の被害についていろいろ考えることができるようになる人もいますし，被害の影響が人生全体に影を落とし，精神とからだの両方の健康に深刻な問題をもたらすこともあります。

　まずはいくつかの事例をみながら，被害の影響はどのように現れるか具体的に考えてみましょう。これらの事例は多数の方からうかがったことから構成したものです。いずれも筆者の臨床を行っている機関に相談があったという想定で示しました。

第2節

限定的な影響がある場合

事例
4-1

「電車に乗れない」
大学生になって，生活に支障が生じた事例

　リエさんは18歳。明るい印象の大学1年生です。地方の女子高を卒業し，東京にある女子大に4月から入学しました。東京の短大を卒業して就職した姉のアパートに同居することになりました。アパートは学校から電車で20分くらいのところにあります。

　リエさんの問題は「1時間目の授業に出席できない」というものでした。1年生の授業は朝9時から始まることが多く，しかも出席確認の厳しい授業が多いのです。ところが，リエさんは思わぬ症状で出席に苦労することになりました。朝起きて準備をすることはなんでもないのですが，混んだ電車に乗ると気分が悪くなり，とくに隣に男性が来るとじっとしていられなくなり，電車を降りてしまう，というのです。もっと遅い時間の授業で，電車が混んでいなければなんとかがまんして登校できるのですが，ラッシュ時間はとても無理ということでした。

　リエさんは一つのことを思い出しました。まったく忘れていたというよりは，こころにはいつもあったけれども，あえて思い出さなかったという小さいときの被害体験です。それは小学校1年生のときに，道を歩いていて，突然見知らぬ大人に車に連れ込まれたことです。そしてからだを触られた——性器を触られたのかどうかは本人は「わからない」と言っていました——がすぐに車を降ろされました。そのまま家に帰り，お母さんの顔を見てワーッと泣きましたが，結局どう言っていいかわからず何も言えなかったそうです。お母さんは優しく接してくれましたが，泣いた原因については結局お母さんにはわからずじまいでした。今になってみるとそれがどういうことだかわかりますが，当時はわけのわからない，怖い体験であったといいます。そのまま，そのことをときどき思い出すことはあるものの，高校生までほとんど気にすることはなかったというのです。

●問題のなかった日常生活

　リエさんは，高校通学は自転車で，家の用事でどこかへ行くときには車が多く，電車に乗ることは特別なとき以外はなかったということでした。まして混んだ電車は生まれて初めてでした。これまでの生活では，大きな病気や事故などとくに問題となるようなことはなく，小学校，中学校，高校とほぼ皆勤で過ごし，部活動もやり，友人とのおしゃべりが楽しみな

普通の学生生活を過ごしていたと言います。父，母，姉の4人家族で，家族の関係も安定していました。

　大学の1時間目に出席できないという問題は学生にとってけっしてめずらしいものではありません。いろいろな原因が考えられます。アルバイトや夜更かしによる生活リズムの乱れ，生活の変化による緊張や抑うつ状態による不眠の影響，大学への不本意入学の悩みがそもそもの原因など，いろいろなことを考えねばなりません。けれどもリエさんは，それらのことはとくに問題がありませんでした。大学でもすぐに友人ができ，姉や家族との関係も悪くなく，授業にちゃんと出席したい気持ちも強くもっていました。

●男性との接触による症状

　隣に男性が来るだけでなく，目の前に立たれても具合が悪くなるといいます。それも男の子やおじいさんは問題がなく，二十代から四十代くらいの人がだめだということでした。また混んでいて長いことドアの開かない急行電車はもっとも苦手です。降りられないと思うと，動悸がして冷や汗をかき不安になって，居ても立ってもいられない状態になるのだそうです。

　動悸や冷や汗，吐き気など，ここで起きている症状はどれも不安の亢進によって起こってくることです。その原因はどうも男性と接触することのようでした。混んだ電車は確かにだれでもいやな気がするものですが，男性がそばにいることによって，リエさんにはふつうの不安を超える反応が起きています。そしてそのために電車に乗れなくなっているわけですから，問題は深刻です。このままではリエさんは大学の卒業も，就職も困ることになりそうです。

　ふり返ってみると，リエさんは女子高，女子大と男性が少ないところを選んできました。これまでなぜ自分がそうしたか深く考えたことはなかったといいますが，考えてみると男性は苦手だし，そばに行きたくないという気持ちは前々からあったといいます。

　小学生のときの被害体験が原因と考えると，今の症状はよく理解できます。リエさんは理由を自覚することなく，自分の恐怖の対象である男性を避けてきました。高校まではそれがうまくいっていました。しかし大学に入り，姉との生活を選択し，女子大を選択したものの，通学では男性との接触が避けられなくなりました。それがリエさんに不安の亢進をもたらすことになったわけです。

●まずは慣れることから

　リエさんには，薬物治療ではなく心理療法を行いました。大事なことは，実際には電車で隣に座る男性と，昔の性暴力の加害者とは同じ人ではない，ということです。電車に乗っている男性は，多くの場合，安全です。もちろん痴漢にあう可能性はあります。でもそれは男性の隣に座ったらいつも危険だということではありません。最初は，空いた電車で男性の隣に座ることから始めて，だんだんに慣れてもらうことにしました。なぜ自分が電車に乗れないかわかり，そのときの症状についてわかり，どう克服するかわかると，それだけでずいぶ

ん症状は軽減することが多いのです。リエさんの場合も順調に症状は軽減し，3カ月程度で通学の問題はなくなりました。大学は無事進級することができました。

　この事例は二つのことを教えてくれます。一つは被害のあとすぐには問題がないようにみえても，大人になったときに性暴力被害の影響が現れる場合があるということ，もう一つは，このような一回限りの被害の場合，そのほかの状況が安定していれば，症状は比較的限定的であることです。

1　被害の記憶の回避

　リエさんの場合，被害と症状との関係はわかりやすいものでしたが，リエさんはそのことを指摘されるまでまったく気がついていませんでした。自分が女子高や女子大を選んでいることも，意識されていませんでした。これは，トラウマ体験をもつ人の特徴です。トラウマ記憶は思い出すと苦痛なので，なるべく思い出さないように，引き金となるような事態，たとえば男性と接触することが起こらないようにすることがあります。回避の症状といわれます。男性と接触しない方向に自分の道を選んでいるのは，この**回避**によるものです。ただし，事件のことを考えるのも避けてしまうために，男性との接触を回避することが何を原因として起こっているのかについても自分ではよくわからない，というややこしいことが起こっています。

2　限定的な症状ならば自力で克服も

　リエさんの場合，生活のほかの部分は安定していたため，高校まではなんとかふつうにやっていくことができました。大学生になり，男性との接触を避けることができない事態になって初めて問題は表面化してきました。リエさんの場合は，現在の段階では性的な被害というよりも車に連れ込まれた恐怖が症状の核になっているようです。症状は必ずしも性的であるとはいえません。しかし，このあと，恋人ができたりすれば，性的行動について問題が起きてくる可能性はあります。

　性的な被害体験があると，恋人ができたり，結婚したりして，異性との身体的な接触をもつようになってから症状が現れる場合があります。自分が性的な接触をすることができないと感じたり，恐怖感が爆発したり，過去の記憶をありありと思い出したり，ということが起こります。

　症状が限定的であれば，治療もしやすくなります。自分で回復していく力も強いので，上手にサポートすれば，自分で克服できる例も少なくありません。とはいえ，リエさんの場合，

＊回避　トラウマ記憶やそれを思い出させるような刺激を意識的にあるいは無意識に避けること。

治療をしないままだと大学に行けなくなったり，また将来の就職や結婚に影響が出たりということも考えられます。一回の被害体験が，その人の一生に大きな影響を及ぼすことになります。

③　回復と脆弱性の問題

　もちろん，こうした一回限りの被害の場合でも，ほかの被害体験が重なる場合，親子関係に問題がある場合，精神的な別の問題をかかえる場合などさまざまな脆弱性がある場合には，影響は広がることになります。一回限りの被害なら，ふつうの生活は送れるはずということではありません。

　メンタルヘルスへの被害の影響は，川の流れを小舟で下るイメージです。何もなければ川はゆったり穏やかに流れ，舟も順調です。トラウマ体験はその中に突然投げ入れられた大きな岩のようなものです。流れはせきとめられ，渦を巻き，舟はゆれ，ときには傷つきます。それでも，ほかに穏やかな流れがあれば，なんとか岩のそばから脱出してふつうに進むことができます。舟に傷がついていれば，修理が必要であるとすぐにわかりますが，性暴力被害の影響は水面下にあるので，まわりの人にもみえにくいものです。もう一回同じような岩にぶつかったときに初めて修理の必要性がわかることもあります。また，もともと舟に傷がついていたり，まわりが岩だらけだったりすれば，その川下りはいつのときでも危険なものとなります。次から次へと大きな岩を避けていかねばならないと，舟の操り手も疲れますし，ミスも多くなります。流れは複雑になり，さらに川下りは難しくなります。

第3節
やや複雑な被害の場合

事例 4-2

「強くなって復讐してやる」
小学校のときに性暴力被害を受けた男性

　コウさん（男性）は26歳の派遣社員です。小学校2年のときに，近所の中学生から性的被害を受けました。コウさんは一人っ子です。小さいときからブロックなどで遊ぶことが好きで，なかなか友だちのできない子どもでした。母親はパート勤務をしていました。また建設業で遠隔地に行くことの多い父親は仕事で家を空けることが多く，一緒に暮らす叔母が面倒をみてくれることが多かったようです。叔母には何か精神障害の既往があったようで，就職や結婚をすることなく，姉であるコウさんの母と長く一緒に暮

らしていました。家庭では父親がときどき怒鳴ることがあり，怖い思いはしましたが，殴られたことはなく，父と母の関係もふつうだったと思うとコウさんは回想しています。

コウさんの性暴力被害

　コウさんは一人で小学校から帰るときに，近所の男子中学生に人のいない公園のトイレに連れ込まれ，殴られたあと，その中学生の性器をなめるように言われました。怖くて相手の言うとおりにするしかなかったといいます。そのあと数回，帰り道に同じように連れ込まれて，性器をなめさせられたり，口の中に射精されたりしました。コウさんはこのことをだれにも言わないように，言ったらひどい目にあわせると脅されました。コウさんはだれにも言わずに過ごしていましたが，この被害のあと，よく眠れなくなり，学校へ行きたくなくなって，ときどき休むようになりました。この被害のことをありありと思い出しては，いやな気持ちになったといいます。しかし，被害と不登校の症状について関連づけて考えることはありませんでした。学校で孤立することの多かったコウさんはクラスでのいじめにもあいました。靴を隠されたり，ごみ箱をかぶせられたりといったことが小学校5，6年生の間続いたようです。無力感を強くもっていたコウさんは，いじめに抵抗することもなく，被害について親に相談することもなく，休みがちながらもなんとか小学校を卒業しました。このころのことはあまり覚えていないところもあるといいます。

「ばれるのが怖い」

　中学校に進み，ほどなくコウさんは自分がされたことの意味を知るようになりました。それまではただ何かいやなことをされた，と思っていたのですが，行為の性的な意味を理解したのです。このことでコウさんが感じたのは，恥の感覚や，自分は汚れているという感覚でした。また断ったり，拒否したりすることのできなかった自分を，無力でひ弱な存在だと感じました。コウさんの孤立感はさらに高まり，少数の決まった友だち以外とはほとんど話をしなくなりました。話をすると何か自分の被害体験のことを知られてしまいそうで怖かった，といいます。だれかがトイレでひそひそ話をしていると自分の過去の被害について話されているのではないか，と心配になったともいいます。なるべくそのことを思い出さないようにしていましたが，性犯罪や同性愛の話を聞いたり，あるいは被害にあった公園のそばに行かなくてはいけないときなどには強い頭痛がしました。また不眠はずっと続いていました。加害者は高校を卒業してから他県へ行き，あまり実家に帰ってこなくなりました。このことでコウさんは少し楽になったのですが，いつ戻ってくるかもしれないという不安は変わりませんでした。

　一方でコウさんは，加害者の元中学生やいじめをした小学校の同級生に対して強い恨みの気持ちをもつようになりました。コウさんは高校に進むと，からだを鍛えること

熱心になりました。ジムに行き，トレーニングをし，筋肉をつけました。怒りが爆発しそうになると，ジムで走ったり，トレーニングをしたりしていました。また，コウさんはインターネットのアクションゲームに熱中し，そのなかで使われる武器，ヌンチャクやナックルダスターなどを蒐集するようになりました。

　高校卒業後，コウさんは最初，食品加工業の会社の正規社員として就職しましたが，続きませんでした。からだが疲れやすく毎日仕事をするのも大変でしたが，何よりも会社内の対人関係に疲れ果ててしまったのです。いつ自分の被害体験がばれてしまうかと心配でならなかったそうです。皆で一緒に昼食を食べることが何よりもいやでした。人に何か言われると，恐怖の感情が抑えきれなくなって，逆に怒りが爆発してしまいます。「キレやすい」人と言われるようになり，5カ月で職場を辞めました。クビになったも同然の辞め方でした。

　その後コウさんは，短期アルバイトのみで働くようになりました。お金は必要でしたが，長くいると人間関係に耐えられずキレてしまうので，短期で変わる仕事のほうが楽だというのです。少しお金を稼いではからだを鍛えたり，武器を蒐集したり，インターネットゲームをしたりという生活が続きました。家では怒りが爆発すると壁を殴ったり，物を壊したりしていましたし，母親に対して殴ったり怒鳴ったりしたこともあったようです。

　コウさんが子どものころからずっとかかえている症状は頭痛です。これは小学生のころからありました。ストレスがかかると生じやすく，とくに被害に関連するようなことがあると強くなり，吐き気も起こりました。

●薬とカウンセリングを併用

　コウさんが治療のために精神科にやってきたのは26歳のときです。このときはコウさんは派遣社員をやっていましたが，不眠がひどくなり，頭痛と吐き気が続くようになって，仕事ができなくなり，内科を受診しました。そこで精神科を紹介されたのです。これまで何度か人に精神科受診を勧められたことがあったのですが，叔母が精神科に通っていたこともあって，受診をかたくなに拒否してきました。しかし，「毎日がどうしようもなく苦しくなった」ので来るしかなかったということです。最初の訴えは「いじめのせいで具合が悪い」ということでした。

　コウさんは筋骨隆々として，鎖がたくさんついたジーンズの上下を着て，何個も耳ピアスをし，暗い厳しい表情をしていたため，第一印象は威圧的でした。

　まずは，本人も治療者も安心して話ができるようになるのが課題でした。復讐したい人の名前のリストを治療場面にもって来たりしたこともあります。また性暴力被害があることがわかってからも，その話をすることはとても大変で，事件の話をしようとすると怒りで高ぶってしまい，自分のつらい被害体験に向きあうことがなかなかできませんでした。相手に対し

て怒ることで，自分の気持ちの問題を回避してみないようにしてしまうのです。

　コウさんは総じて抑うつ的ですが，あるときには躁的になったり，ちょっとしたきっかけで気分が変わります。薬物治療も必要でした。薬で感情の波を抑えつつ，徐々に話をするようにしました。吐き気は，コウさんが自分の状況を理解するとともに，だんだんとおさまってきました。2 年ほどで以前より状態は安定し，怒りは変わらないけれども，犯罪を犯したら自分が損だと考えるようになりました。アルバイトも始めています。母親に被害について話すことができたのが大きく，家でも怒鳴ったり壁を壊したりということはなくなりました。しかし，友だちをつくったり，何かを楽しむというところまではいきませんでした。

1　被害の複雑さ

　男性の場合，被害についてだれかに話をすることが女性よりもさらに難しいということが一つの特徴です。そしてこのことが長期的に影響していきます。孤立してサポートが得られないことは，トラウマ反応を慢性化させやすく，のちのメンタルヘルスにも影響を与えます。起きたことへの恐怖もありますが，何よりコウさんには，人に知られるのが恥だと思う気持ちが強くあります。もともとコウさんは対人関係が上手でなかったことも影響しているかもしれませんが，思春期になってからは，実際よりも過剰な心配に振りまわされて，友だちとの関係もつくれていません。「だれかがトイレでひそひそ話をしていると自分の過去の被害のことが話されているのではないかと思う」というのは，被害妄想とはいわないまでも，現実的でない過剰な思い込みです。ただ「いつ自分の被害の体験がばれてしまうかと心配でならない」という不安は，小さな町ですから，加害者が話せば，叔母の精神障害の件と同じように，ひそひそ話で広まってしまうという心配は，まったく根拠がないともいえません。

　コウさんがいじめにあったことにも性暴力被害の影響がある可能性があります。一般的に被害のあと，ぼんやりしたり，無気力になったり，学校での成績が下がる子は少なくありません。また自分を人より劣っていると思いがちです。このようなことがコウさんをいじめの標的となりやすくさせた可能性もあります。被害が一つあると，次の別な被害も受けやすくなることがよくあります。複数の被害体験があれば，長期的影響も単回のものより複雑になるのは当然です。

2　男の子の被害とその影響の特徴

　「自分に抵抗する力がなかったから被害にあった，自分は弱い存在だ，無力な存在だ」と感じるのは男性にも女性にも共通のことですが，男性被害者の場合，このことが強くなりたいという気持ちと結びつくことがよくあります。からだを鍛えたり，武器を蒐集したりすることで，わかりやすい身体的な「力」を得ようとするわけです。

　加害者への強烈な復讐の感情もよく生じます。怒りは男性にも女性にも共通のものです。人によってはそれが実際の暴力に及びますが，男性のほうが多いようです。家族への暴力はよく経験されますし，人によっては加害者に深刻な暴力をふるうケースもみられます。自分がまったく何も抵抗できない，無力な弱い存在だった，弱いから被害がとめられなかったと思う人にとって，人を道具のように扱い，暴力をふるい，力で支配する，ということが，被害にあった体験を埋めあわせるように感じられることもあります。

　感情のコントロールも悪くなりがちなので，コウさんのようにカッとするととまらないということもあります。強い怒りの感情から暴力行為や犯罪行為が生じる可能性も高くなり，本人にとっても人生のリスクが増すということになります。性犯罪者の一部には，過去に性的虐待などの被害を受けた人もいます。矯正施設で調査した性犯罪者の子どものころの被害体験の割合は，施設外での調査に比べて高くなっています。

　男性の場合，女性以上に被害について人に話しにくく，話したとしても共感が得られにくく，相談，治療できる場所も少ないのが現状です。男性の被害者の場合，別の理由で相談に来て，聞いてみたら性暴力被害があるということがわかるということもめずらしくありません。コウさんのように相談に来るだけでも，まれなことだといってもいいと思います。

第4節
長期にわたる性的虐待が発達に影響を与えている場合

事例 4-3

「体調も悪く，対人関係もうまくいかない」
子どものころから家庭で性的虐待を受け続けた女性

　ミカさん（37歳，女性，無職）は，自殺未遂を起こして精神科に入院したあと，さらに専門機関を求めて来院しました。実父からの性的虐待の既往があるということでした。ミカさんには7歳の女の子がいます。ミカさんはとても若くみえます。どちらかといえば幼い印象で，20代と見間違われることもしばしばです。

ミカさんの性暴力の被害

　ミカさんは，父親と母親，兄，姉の5人家族でしたが，両親はミカさんが小学校4年生のときに，離婚しています。父親は，商社マンで資産もあり，かなり裕福な暮らしだったといいます。離婚の経緯は不明です。ミカさんが覚えているのは，家族で一緒に寝ていると，父親が布団に入ってきて股を触ったり性器を押しつけたりしていたということです。何回も繰り返されたので回数は覚えていません。あまり実感がなく，高校生

や大学生のころは，夢だったのかもしれないと思うこともありました。しかし何度も繰り返されたことであり，今はやはり現実のことだと思っています。音もない暗い部屋の中のこの場面をミカさんは断片的にでも具体的に思い出します。母親も一緒に寝ていたはずだと思うのですが，助けてくれたり守ってくれたりした記憶はありません。ミカさんにとっては姉が母代わりのようでした。今では兄も姉も外で一人暮らしをしています。現在，ミカさんは母親と二人暮らしです。

　当初ミカさんの子どものころの記憶は曖昧でした。保育園や小学校のときのことでどんなことを覚えているかと聞いても，「ほとんど覚えていない」と言います。たとえばだれとどんな遊びをしていたか，家族とどのような関わりがあったか，小学校に入ったときはどうだったか，入学式，卒業式や遠足や運動会で記憶に残ることはどんなことか，こういうすべてのことに対して記憶がないと言っていました。

　入浴のときに，父親からからだを触られたこともあったといいます。性的虐待は生活の広範囲にわたっていたようです。母親は，食事をつくったり，稽古ごとに連れて行ったりということはしてくれましたが，それだけだったといいます。母親が寝込んで食事の用意ができず，きょうだいで冷蔵庫のものを出して食べたこともよくありました。子どもの生活や交友関係にも無関心で，家に友だちを連れてきてはいけないと言われました。母親は，家族以外の人たちは信用できないといつも言っていました。今思うと家の中は乱雑で，ごみが散乱していた，とミカさんは言います。しかし当初はこういったことも，頭に浮かんでこない状態でした。

被害の影響

　父親がいなくなってから，ミカさんの生活は一時荒れたものになりました。深夜まで外で遊び，学校は遅刻ばかりになり，全日制の高校から通信制の高校へ変わり，ようやく卒業しました。このころからミカさんは，食事の問題に悩んでいました。ストレスがかかると，大量に食べては吐くということを繰り返していたのです。

　もともと読書と勉強が好きだったミカさんは，なんとか大学に入り，卒業して，地方公務員の試験に合格し，公務員として働き始めました。就職したころからは頭痛と腰痛が生じ，とくに生理前には鎮痛薬なしでは過ごせない状態でした。しかしひそかに医者にかかったり薬を飲んだりしていたので，周囲の人には気づかれませんでした。

　母の家から通い，熱心に仕事をしました。上司の言うことはどんな無理があってもやり遂げました。言われたことは120％やるミカさんは周囲の評価も高かったのですが，自己評価は低く，積極的に新しく仕事を企画することはありませんでした。まじめだが自信に欠ける人，完璧主義者というのが周囲の人からのミカさんの評価でした。人とつきあうこともあまりせず，逃げるように家に帰り，本を読んだり，テレビを見たりする生活でした。

DVと再婚

　28歳のときに，仕事上の知り合いの会社員で結婚しようという人が現れました。強引な人で，初めて会った会社の同僚の送別会の帰りに無理やりにアパートに連れ込まれ，セックスをされました。その後も，そういう形の交際が続き，「NO」と言えないミカさんはそのまま結婚することになりました。それでもいいと思った，と本人は言います。母親も何も言いませんでした。しかし，相手の男性は結婚すると暴言を吐くようになり，妊娠したころからは酒を飲んでは殴ることも頻繁になりました。子どもは女の子でした。ミカさんは，子どもにも被害が及びそうになったため，別居し，離婚を思い定めました。DVについては弁護士にも相談したといいます。1年以上かかってようやく離婚しました。その後，ミカさんはなんとか勤務を続け，やがて，今度はDVのことをわかってくれた男性と33歳のとき，再婚しました。この人には暴力的なところはなく，ようやく実家を離れて安定した生活が始まりました。

　しかし子どもが5歳くらいになったころから，ミカさんは過去の記憶に悩まされるようになります。子どもを見るにつけ，父親にされていたことが断片的に頭に思い浮かび，ほかのことが手につかない状況になりました。頭痛や腰痛はそういうときには悪化し，よく眠れず，ずっと気分がすぐれませんでした。ミカさんは自分は生きている価値がない，自分には子どもを育てることができない，と思うようになりました。子どもを見ていると，頭の中が割れそうに痛くなることもありました。おさまっていた深夜の過食も復活して，仕事ができなくなり，病院に行きうつ病の診断を受けました。大量服薬による自殺未遂が起きたのは1年前のことでした。

●自分の被害に対して他人事であるような様子であることも

　ミカさんに会ってみると，大変な生活や変化があったにもかかわらず，あまり苦しい様子にはみえません。それどころかむしろ冷静にみえます。とにかくこの症状をとめたい，そのためには過去のトラウマを整理することが必要だと思う，といいます。冷静で論理的な印象です。話ぶりもとにかく淡々としていました。そういう家庭のなかで育ったのなら，いろいろな苦痛があったであろうに，と治療者のほうが思うくらいでした。

① トラウマ体験があると被害にあいやすくなることがある

　ミカさんは，性的虐待の被害にあい，結婚してDVの被害にあっています。コウさんの場合にも性暴力被害といじめの間に関連がある可能性があることを述べましたが，ミカさんのように子どものころの被害がずっとあとのできごとに影響を与える可能性もあります。臨床現場では過去の被害体験がある人が，新たなトラウマ体験で具合が悪くなることはめずらし

くありません。以前にトラウマ体験や **PTSD** があった場合には，回復していたとしても，その後の体験でまた PTSD になりやすいということは数多くの研究で確かめられています。

　ミカさんの場合，最初の配偶者は結婚を望むところからすでに暴力的でした。こんな人と結婚するのをやめればいいのに，と多くの人は考えるでしょうが，性的虐待の被害を受けた人は自分に自信がなく，人の判断に従いがちであったり，あるいは恋愛関係が暴力や支配と関連させてしかイメージできなかったりします。一方，自分を守るためには，自分に価値があると思えることが必要ですが，虐待を受けて育った人は，自分にそのような価値を見出すことができず，苦痛に対処しようとせず，そのまま受け入れてしまうこともあります。

　一方，ミカさんは，性的虐待の被害を受けたにもかかわらず，大学まで卒業し，自立できるだけの仕事についています。これはミカさんの力強さを示すものでしょう。性的虐待は深く長く人を傷つけますが，そのなかでも大人になってよく機能していく人もいます。たとえやりすぎだと言われても，仕事ができるということはできないことに比べたら素晴らしいことです。

② 複数の長期的な被害のあとに記憶の想起不能や感情の麻痺によって全般的なストレスへの対処ができなくなる

　ミカさんの場合，高校から大学，就職と進むにつれて被害のことはなるべく思い出さないようにしていましたし，実際そうしてきました。子どものころの被害の状況をありありと思い出したのは，心理療法を受けてからでした。子どものころの被害体験を思い出してみると，父親にからだを触られるときには，感情も感覚もない状態になって，自分はここにいないと考えるようにしていたそうです。ある時期からは，父親が来た瞬間にそれができるようになったということでした。自分の力では被害から逃れようもないとき，子どもは往々にしてこのように内面を変えることで対応します。言い換えれば**解離の反応**が起きるわけですが，それは子どものころにこころを守るのに役立っても，その後に深刻な影響を与えます。

　夫から怒鳴られたり殴られたりしたときにも，恐怖の感情がなくなり，痛みの感覚がなくなり，やられるままになっても苦痛が感じられなかったといいます。自分の問題ではなく子どもの問題になって初めて，動かなくてはという気持ちが出てきたのです。このような解離が，ミカさんを冷静な感じにみせ，具合の悪さが人に伝わらなくなっていきました。怖いはずのトラウマ体験を話しても他人事のようでした。

　120％仕事をしてそのあとで倒れるというような仕事ぶりもこの症状が関わってつくり出

＊ PTSD　Posttraumatic Stress Disorder（心的外傷後ストレス障害）。自分または親密な人の命が脅かされる状況を体験したり，目撃したりするなどした際に生じる多様な精神的後遺症。侵入・回避・認知や気分の否定的変化・覚醒と反応性の変化などの主症状群が，1 カ月以上長期にわたって継続し，生活上の支障が著しい場合に医学的診断が可能になる。

＊**解離の反応**　感覚，感情，記憶などの統合が失われる。具体的には，麻痺，健忘などが生じる。

しているともいえます。やらなくてはとなると，苦痛を無視してしまい，それがあとで身体症状になって出てくるのです。こころの問題と症状のつながりが本人にも理解できず，ただ頭痛や腰痛，摂食障害などのからだや行動の問題だけが訴えられることもあります。ミカさんの症状にもそのような傾向がありました。

③　自己評価や基本的な対人関係やからだにも問題が起きる

　何度か述べてきたように「極端な自己評価の低下」は性的虐待の被害体験をもつ人によく起きることです。それが極端すぎて，被害を受けていない人にはなかなか理解できません。何を言われても言い返せない，あるいは，うなずいてしまう人もいますし，自分の言ったことがすべて間違っていると思い込む人もいます。治療者が自分の言ったことを信じるとあわててしまう人もいます。

　また抑うつ症状もよく起こってきますから，生きている価値が見出せない，生きていたくない，という気持ちから，**自傷行為や自殺**の危険も高まります。

　また自分と他人の境界が曖昧で，自分の感覚は自分だけのものだとか，自分の意見は自分で決めていいとか，こころのなかで何を思おうと自由だというような基本的なところに混乱があるので，加害者の意見を取り入れてしまったり，人の感情に距離をもてなかったり，日常生活にも問題が起こりやすくなります。

　からだにも問題が出ます。感染症にかかりやすかったり，発熱が起こりやすかったりすることもあります。ミカさんのような慢性疼痛もよくあります。

まとめ
研究の紹介

　子どものころの性暴力被害は長期的にも大きな影響を与えます。ここでは比較的限定的な恐怖症が大人になって出現した事例，男性の被害の事例，性的虐待の広範な影響のある三つの事例について述べました。典型的な影響が具体的にどのような形で現れるのか示しました。精神的な影響は，ハーマンの提唱した**複雑性 PTSD** の概念に示されているように，PTSD 症状，解離症状，慢性的抑うつ，身体化，行動化，対人関係の障害，アイデンティティの障害などが典型です。複雑性 PTSD という診断名は，ICD-11（国際疾病分類 11 版）にも採用されています。過去に行われた大規模な疫学研究でも最近の縦断研究でも，性的なトラウマ

＊**自傷行為や自殺**　生活のなかで生きている実感を得られず，自分を傷つけたり，つらさから逃れるために死を選ぶ危険がある。

＊**複雑性 PTSD**　繰り返す長期にわたるトラウマによって生じる複雑な病状。通常の PTSD 症状のほか，健忘などの解離症状，対人関係の不調，極端な自己評価の低下，感情のコントロール不良などが特徴とされる。

はもっとも成人の PTSD を生みやすいできごとの一つだとされています。また子どものころのトラウマ体験を含む有害な環境が，精神的問題だけではなく，身体的健康にも影響を及ぼすことも，ACEs（逆境的小児期体験）などの大規模研究で実証されています。たとえば心筋梗塞や脳卒中などの相対リスクが 2 倍以上増加しているとする研究があります。

　またトラウマ体験以外の要因ものちの PTSD 発症に大きく寄与することが推測されています。たとえば養育者・家族の問題，経済的問題，教育の問題，生活の安全が保たれるかどうかなどの環境要因です。子どもへの暴力や虐待を研究し続けてきたフィンケルホーの研究は，特定のトラウマ体験だけでなく，子どもに有害な環境の要因がどのくらい複合しているのかが大事なのだということを示しています（Finkelhor, 2008）。実際には子どもの性暴力被害が起き，放置されているような環境では，子どもにとってほかにも有害な要素があることが多いことが考えられ，それは結局は長期的影響を与えていく可能性が高いといえます。

　しかし，もう一つ述べておくべきことは，このような深刻な長期的影響を受けたケースでも，そこから一歩でも二歩でも回復をめざすことはできるということです。どんな人にも自然の回復はみられます。

性非行と性被害──SNSでの被害

小形美妃

1) 性非行，SNSでの性被害とは

　性非行とは一般的に，「未成年者による性犯罪（強制性交等および強制わいせつ）」もしくは「法律違反ではないが，年齢不相応で社会的には望ましくない性行動」を指します。他者への性加害や売春行為などに加え，未成年が不特定多数と性交渉をもつことも「年齢不相応」とみなされ性非行として扱われることがあります。警察庁の発表によれば，2021年に性犯罪で検挙されたり，不健全な性的行為で補導された少年は1,210人にのぼりました（警察庁，2022）。

　近年，こうした子どもの性行動はSNS（ソーシャルネットワークサービス）を介するケースが増えてきました。SNSとはWeb上の会員制交流サービスのことで，代表的なものにTwitterやInstagramなどがあります。恋人との出会いを目的とした「マッチングアプリ」もその一つです。これらのSNSは無料かつ匿名で登録できるものも多く，すぐにアカウントを作り，他者とやりとりすることができます。手軽にたくさんの情報を得られるうえ，普段の生活にはないコミュニティでのつながりをつくることもできるため，子どもたちの利用率も高まっています。

　その裏で問題視されているのが，SNSを介した性被害です。たとえば，「やりとりをしていたら，わいせつな行為を求められた」，「相手の下半身の写真が送られてきた」などというケースは少なくありません。加害者が被害者に自らを撮影させて（いわゆる「自撮り」），性的な画像や動画を送らせたり，それらを用いて脅迫したりすることは，sex（性的）とextortion（脅迫）をかけた造語で「セクストーション」と呼ばれています。

　2021年，SNSに起因する性被害を受けた児童は，警察庁が把握しているだけでも1,044人にのぼりました（警察庁，2022）。政府広報オンライン（2019）では，2018年の児童ポルノ被害の約4割が「児童が自らを撮影した画像に伴う被害」であったと報告されています。

　もっとも，ここで紹介した数値はあくまでも警察庁が把握している人数です。性関連の事件は暗数（犯罪統計で把握されていない数）が多いといわれているので，実際にはこの数以上の性非行・性被害があることが推定されます。

2) なぜ性非行に？　被害と加害の つながり

　子どもたちはどういう経緯で性非行・性被害に巻き込まれていくのでしょうか。ある女子中学生の事例を示します。これは典型的な内容を組み合わせた架空事例です。

　カナさんは父親，母親，弟と4人暮らし。父親は母親の再婚相手で，カナさんに対して日常的に暴力をふるいましたが，母親はその様子を見て見ぬふりをしていました。また，両親の愛情は再婚後に生まれた弟にばかり向けられ，カナさんは非常に寂しい思いをしていました。

　そんなカナさんの唯一の楽しみは，SNSで知りあった男性とのやりとりでした。家庭の状況を嘆くカナさんに対し，男性は「つらいよね」「俺もそうだったからわかるよ」と優しい言葉をかけてくれます。親への不満を聴いて共感してくれる男性に，カナさんはすっかり夢中にな

り，可能なときは1日中部屋にこもってやりとりをしていました。

　ある日，彼が「カナさんの顔を見てみたいから，写真送ってよ」とメッセージを送ってきました。外見に自信のないカナさんは「きらわれるかも」と不安になりましたが，相手から「カナさんみたいな雰囲気が好みなんだ」と言われ，おそるおそる写真を送りました。「想像どおり，すごくかわいいね！」とすぐに返事が来たので，こんな自分に好意を向けてもらえるなんて！とカナさんはうれしくなりました。すると，次は「ちょっと脱いでみてほしいな」と頼まれました。それはちょっと……とカナさんはためらいましたが，彼に何度もお願いされるうち，「まぁ，いっか。こんなに求めてくれるんだし」と思えてきたので，下着姿の写真を送りました。写真を送るのはスリルがあって楽しかったし，彼から「2人だけの秘密だね」と言われると，彼の"特別"になったようで満たされた感じがしました。

　次第に彼の要求はエスカレートし，さらに過激な写真を求めてくるようになりました。怖くなったカナさんが「もうこれ以上は送れない」と伝えると，彼は態度を一変させ，「それならこれまでにもらった写真をばらまく」と脅してきたので，カナさんは相手の要求に応えるよりほかありませんでした。

　だれにも相談できなかったカナさんは，写真を送った自分を責め続けました。ですが同時に，安心できる存在を失った寂しさにも耐えられませんでした。カナさんは「とにかくだれかと一緒にいたい」と思い，SNSで出会った別の男性たちと性的な関係をもつようになりました。そうすることで，「自分は必要とされている」と思い込むことができたのです。

　カナさんの行動は「性非行」とみなされるかもしれません。ですが，この行動を「問題行動」ととらえて指導するだけでよいのでしょうか。

　この事例では，共感を示したり秘密の共有をしたりすることで，子どもの承認欲求を満たして自分に依存させる「グルーミング（手なずけ）」から，得た写真を用いて脅し，さらに過激なものを要求する「セクストーション」につながっていきました。他者との情緒的なつながりや，安心感，愛情を欲していたカナさんは，ずるい大人にねらわれ，傷つき，自分の価値を性的なふるまいに見出してしまったのです。

　「性非行に走った」とみなされる子どもの多くが，カナさん同様，トラウマティックな経験によって傷ついた過去をもっています。自分が傷つけられた悲しみを，無自覚のうちにも自分を傷つけることで癒そうとし，それがさらなる被害につながっていくというサイクルがあるのです。性非行の事実だけをみた大人たちから叱責されると，子どもはさらに傷つき，追いつめられてしまいます。

3）行動の背景を考える

　大人の保護下にあり社会的にもさほど力のない子どもからすれば，自分だけで現状を打破するための手段は限られています。カナさんにとってはその手段がSNSであり，性的な行為だったのでしょう。ほかにも方法があるだろうと思われるかもしれませんが，その方法を教えてもらえなかったり，知っていたとしても「どうせ私なんか」と諦めたりしてしまうくらい，彼女たちは孤独で，傷ついていたかもしれないのです。

　子どもの性行動について考えるとき重要なのは，その結果にたどりつくまでの背景や経緯を理解しようとすることです。行為や結果だけを責めても，危険な行動を予防することは難しく，根本的な解決には至りません。からだやこころにかかえた痛みが，SNSや性的な行為以外の場所ででも癒されることを子ども自身が知ってはじめて，性非行や性被害が減っていくのではないでしょうか。

支援者へのトラウマの影響

小川恵美子

「あの子が，家でそんなひどい目にあっていたなんて……」

　身近な子が性被害にあったという話を聞いたら，あなたのこころはどんなふうに動くでしょう。性被害，とりわけ子どもへの性被害の話はショックなものです。ましてやふだんから知っている子どもの話となればショックは強く，怒りや悲しみ，とまどいなど，いろいろな感情が生じるのではないでしょうか。性被害にあうということは，本人にとって心に深い傷を負うトラウマティックな体験ですが，その影響は本人だけにとどまりません。支援者を含む周囲の人もまた，そのできごとを知った瞬間からトラウマの影響を受けます。そして，その影響はさまざまな形で現れます。

　本章では，トラウマが支援者にどんな影響を及ぼすのか，それはどんな形で現れるのか，そして，何に気をつけていくとよいのかについてみていきます。

　この章では支援者自身が受けるトラウマを扱うので，もし読んでいて途中で疲れたり苦しくなってきたりしたら，一旦本書を置いて一呼吸するなどして，自分のペースで読み進めることをお勧めします。

第1節
支援者へのトラウマの影響と現れ方

　支援者である前に，わたしたちは一人の人。性被害というトラウマティックなできごとに触れたら，ショックを受け，反応してしまうのは自然なことです。表5-1に示すような気持ちや反応に，覚えはないでしょうか。

　子どもの痛みに共感し，助けたいというのは，人として自然な気持ちであり，支援するということはとても大切で意義のあることです。しかし同時に，困難や苦労の多い仕事でもあります。性暴力は「魂の殺人」ともいわれるほど，被害者のからだとこころを傷つける体験です。支援者が大きな痛手を負った本人を支援するなかで，そのできごとや被害者の気持ちに圧倒されるような気持ちになることはよくあることで，強いストレスや責任の重さから，先ほどの反応の例にあるように，やりがいよりも負担感が増し，不安や怒りの気持ちが強くなり，支援者自身の安全が脅かされるように感じることは無理もないといえます。

表5-1　支援者にみられる気持ちや反応

●性被害の話を聞いたとき

- そのときの子どもの恐怖や痛みを想像して，胸が苦しくなる
- まさか，信じられない，そんなことがあったなんて認めたくないと思う
- 子どもを襲う加害者を想像し，おぞましさや怒りを感じる
- どんな態度で被害を受けた子どもに接したらよいのか，とまどいを感じる
- さまざまな気持ちがあるが，それらを言葉にすることができない

●支援が始まってから

- こんなことを聞いたら相手を傷つけてしまうんじゃないか，その子どもに支援者として十分なことをしてあげられていないのではないかと不安になる
- かつての自分自身の被害体験を思い出し，苦しくなる
- その子どもが，話したり頼ったりしてくれない。信頼されていないみたいで悲しい
- その子どもが苦しそうにみえないのがおかしいと思う
- その子どもはいつまでも気にしすぎ，単なるわがままではないかと思う
- 子どものほうが誘うようなことをしたんじゃないかと思う
- その子どもが情緒不安定で対応するのがしんどい。けれど，一番しんどいのは子どもなのだからがまんする
- その子どものことを考えると気が重い。避けたくなることもあるが，泣き言を言ったら支援者として失格だと思われそうでだれにも言えない
- 家に帰って仕事から離れているときでも，その子どものことが気になる
- 自分とほかの支援者との間で，その子を見る視点や対応の仕方がかみあっていない気がして苦しい

●被害から大分時間がたってから

- あのとき，自分はもっとあの子どもに，あの家族に，できたことがあったのではないだろうか
- 自分は結局何もしてあげられなかった

1　性暴力ゆえに気をつけておきたいこと

　性暴力を扱うとき，支援者は独特のストレスや抵抗感を感じることがあります。もしも支援者自身が過去になんらかの被害にあっていれば，過去の自分の体験が呼び起こされ，嫌悪感や怒りが呼び起こされるかもしれません。性暴力という事実に触れたとき，あなたはどう感じるでしょうか。自分自身の反応の特徴について知っていることは，トラウマの二次的な影響を軽減することに役立ちます。

　性はそれ自体が，わたしたちのこころをゆさぶるテーマであり，価値観や信念にも関係するセンシティブかつ重大なテーマです。その価値観には時代の変化や文化的背景も影響しています。性に対する価値観は，わたしたちの奥深くに浸透しているものなので，ふだんの言動や態度に知らず知らずのうちににじみ出てしまうのですが，うっかりすると，それが被害者を傷つけてしまうということにもなりかねません。支援者自身が性に関する情報に対し忌

避的ではないか，性差観や性的役割観，また性的行動への偏見がないかなど，性の価値観を
さまざまな角度から検証してみようとすることは，とても大切なことです。それが，異変に
すぐに気づけるか，気づいたときに即座に対応できるか，二次加害を防げるかなどに影響し
てきます。

② 支援者の二次的トラウマティックストレス・共感疲労

　トラウマ体験をした人の話を聞いたり，報告書を読んだり，トラウマ体験をした人に共感
的に関わろうとすると，支援者の側にも被害者と同様のストレス反応が生じることがありま
す。これは，苦しんでいる人を援助したいと思い，感情的，身体的痛みを傾聴しようと努力
した結果生じる精神的な疲弊なので，**共感疲労**とも呼ばれます。傾聴し共感的に関わろう
とすることは，支援者にとって大事な態度なので，**二次的トラウマティックストレス**や共
感疲労を負うことは，支援者の宿命といえるでしょう。しかし，疲労が高い状態のままケア
されない状態が続くと，できごとを想起させるようなものや人を回避したり，それらに過剰
反応したりして，適切な支援が困難になることがあります。

　類似の概念としてバーンアウト（燃え尽き）症候群があります。バーンアウト症候群は，
感情的にギリギリの状態下で長期間従事することによって起こる，身体的，感情的，精神的
疲弊のことです。バーンアウトの状態になると，自分の感情も被支援者の感情も両方ともケ
アができにくくなるといわれ，身体的，心理的変化だけでなく，攻撃性や防衛的態度，能率
の低下といった行動面の変化や，支援対象者や同僚から遠ざかる，支援対象者を非人間化，
非知性化してみるといった対人面の変化が生じることがあるといわれています。また，バー
ンアウトは，もともとケアの意識が低い人がなるのではなく，むしろ，共感的，人間的，繊
細で献身的な人，理想に燃える人に多いことが指摘されています。

　二次的トラウマティックストレスや共感疲労は，どちらかといえば急性的なストレスで，
バーンアウトは，長期の慢性的な感情的負担によって生じるものという違いがあるのですが，
どちらも対人支援職など，共感性を用いる職業の人に多い点が共通しています。これまでの
研究から，共感疲労が高まることは，バーンアウトになるリスクを高め，支援の質に影響を
与えることがわかっています。

＊**共感疲労**　トラウマとなるようなできごとを経験した人を援助する，もしくは援助しようとすることによって
　生じる自然な結果としての行動や感情。二次的トラウマティックストレスと同義とされる（高橋，2021）。
＊**二次的トラウマティックストレス**　トラウマを体験した人たちと関わる支援職に，対応のなかで生じる二次的
　なトラウマ反応。トラウマ類似の状況に過敏になり，回避したり，過剰反応したりしてしまい，適切な支援が
　困難になることがある（白井，2013）。

●二次的トラウマティックストレス・共感疲労のサイン・症状

　表5-2は，二次的トラウマティックストレスや共感疲労のサインの典型例です。共感疲労のサインを見逃さずケアをすることは，支援者自身の健康にとってプラスであるだけでなく，被害者によりよい支援を行うことにつながるでしょう。

　これらの兆候は，あくまでも目安です。現れ方は，その人が体験したできごとの内容や時期，できごとの前後の環境や体験，体調，体質などによって，人それぞれなので，こうした兆候が「あるから絶対にトラウマだ」「ないから安心」ということではありません。気になっている兆候がある方は，メンタルヘルスの専門職に相談するのもよいでしょう。

　二次的トラウマティックストレスや共感疲労とよく似た概念として，代理トラウマや**外傷性逆転移**などがあります。

　代理トラウマとは，トラウマを受けた人と共感的に関わることで起こる変化の過程のことを指します。支援者の自己感覚，世界観，スピリチュアリティ，情動耐性，人間関係，記憶のイメージ体系などが影響を受けるといわれています。外傷性逆転移とは，クライエント（本書では児童・生徒，保護者なども含む）に対して支援者がいだくさまざまな感情のことです。

表5-2　支援者にみられるトラウマの影響

- 援助している人との間でなされたやりとりを，何度も頭の中で反芻する
- 援助している人に関連するフラッシュバックを体験する
- 以前自分が体験したことが急に思い出される
- つらい体験を思い出させるような状況や人，感情などを避けようとする
- 自身の仕事に対して否定的な気持ちが生じる
- ひどい話やつらい話に無感覚になってきている
- 仕事と私生活の切り替えがうまくできない
- いつも以上にハイな状況になっている（覚醒度が高まっている）
- シニカルになる，ブラックジョークを繰り返す
- よく眠れない，睡眠の質が悪い
- からだがだるい，不調
- イライラする
- 焦燥感にかられる
- 感情のコントロールがきかない
- 集中力が低下している
- 気が重い，やる気が出ない
- 仕事やケースのことが頭から離れない
- 仕事を休むと罪悪感がわく
- ささいなことに過度に不安になる
- 話せる人がいない
- 孤立無援な感じがする
- 自分はこの仕事に向いていないと思う
- 生活リズム（睡眠・食事）が乱れている
- さまざまなことが怖くなったり，自信がなくなっている　など

転移が生じると，問題の本質を見誤ったり，相手に過剰に肩入れしたり，回避してしまうことがあるといわれています。

③　支援者に現れる認知のゆがみ

わたしたちはものごとを見たり考えたりするとき，過去の記憶をもとに構造化された知識をベースにしています。その構造化された知識のことをスキーマといいます。スキーマは認知の土台で，ふだん意識することはありませんが，わたしたちの日常の生活にとても大きな影響を与えています。トラウマ体験のような，それまでもっていた方法では対処できないような大きな衝撃を伴うできごとがあったとき，人はもとからもっていたスキーマとの間で折り合いをつけようとします。折り合いのつけ方には次の三つのタイプがあるとされています。

- 同　　化：それまでもっていたスキーマにこだわり，それに合う形でできごとの解釈をゆがめてしまう
- 過剰調律：新しい現実に過度に合わせて，もとのスキーマを極端に否定してしまう
- 調　　律：入ってきた情報に照らして，既存のスキーマを現実的なものへと変化させる

同化で生じるパターンとしては，「よい支援者は必ず成果をあげるべき」「共感的で優しい支援者でいなければならない」という考えに過度にしばられ，それが容易に達成されないような状態でも，「よい効果が出せない支援者はダメな支援者」と考えたり，「わたしが助けてあげなければ」などと救世主的な役割を担おうとしてしまったり，それができないとき，過度に自分を責め，無力感をもってしまったりすることが考えられます。

過剰調律では，「よい支援者は必ず成果をあげるべき」という考えそのものを否定し，「支援を行ったとしても意味がない」と考えたり，「わたしにできることは何もない」などと無力感にさいなまれたりして，共感的な態度がとれなくなってしまうことが考えられます。これらの両極端な態度は，バーンアウト症候群の特徴と似ています。

調律は，できることとできないことのバランスを考えようとするものです。同化や過剰調律がみられる場合は，できるだけ調律ができるよう調整していくということが望ましいとされています。

＊外傷性逆転移　一般的に，支援対象者が支援者に対していだく感情や態度に対する反応として，支援者側に無意識に生じる感情や態度のことを「逆転移」という。「外傷性逆転移」とは，トラウマを抱えた人を支援する支援者に生じやすい逆転移である。支援者はその人が語るトラウマの話やその体験に付随する感情や行動に大きくゆさぶられ，感情の混乱，不安，苦悩，怒り，無力感などが引き起こされ，その結果，訓練や経験を積んだ専門家でさえも安全な空間や共感的態度を継続的に提供するのが困難になることがある。通常の「逆転移」と「外傷性逆転移」では，支援者が受ける影響のインパクトと質に大きな違いがあるとされる（大澤，2002）。

　近親姦（インセスト）および性的虐待を幼少期に受けた人を治療する臨床家を対象にした研究では（McCann et al., 1990），五つのスキーマにおいて，ゆがみが生じていることが示されました。五つのスキーマとは，安全，信頼，統制（コントロール感），尊重，親密性に関するスキーマです。ゆがみが生じると，支援者は人との関係性を否定的にとらえてしまうため，他者に SOS が出しにくくなり，それにより，被害者にとっても支援者にとっても，トラウマ症状を継続・悪化させる要因になることがあります。影響が生じやすい五つのスキーマについて，被害を受けた子どもと支援者が陥りやすいパターンについてまとめたものが，表 5-3 です。ここにあるように，被害を受けた子どもと同じように，支援者も，これまで感じたことのなかったような気持ちが生じることがあります。たとえば，安全感がゆらぎ，自分や家族がいつ何時そのようなできごとにあうかわからないと感じて気が休まらなくなったり，それまではなんともなかったのに，周囲の人の言葉が信じられなくなるといった変化があります。

❹　感情への対処──被害者への感情と自分の感情のバランス

　支援者においては，被害者の気持ちに寄り添いつつ，自分の感情にも目を向けて，両者の感情を調節する態度が望ましいとされています。しかし，実際の支援場面では，被害者の気持ちを優先し，支援者が自分の気持ちを押し殺して自己犠牲的にがんばろうとすることや，逆に，支援者が自分の感情を守るため，被害者に共感的な反応を示せなかったり，他罰的になったりすることがありえます。看護師を対象とした研究では（金子ら，2017），看護師が自己犠牲的になってがんばってしまうことよりも，自分の感情へのメンテナンスを大事にすることが，看護師自身にとっても，患者にとっても役立つことや，自分あるいは患者のどちらかの感情を優先するようなバランスの悪い方法は，一見正反対のようでいて，実はどちらも看護師のバーンアウトの原因や結果になっていることが確かめられました。看護師が自罰的あるいは他罰的になる背景には，看護師自身が精神的に追い詰められた状態があり，それが「全か無か」とか「よい結果が出せないのはダメな支援者」といった極端な思考や認知のゆがみにつながっていると考えられました。その研究では，感情調整のスキルを向上させるプログラムを行った結果，極端に自罰的あるいは他罰的思考に陥っているケースにおいて，周囲の人の助けを借りてそうした考えを柔軟にすることが役立ったと報告されています。

　感情のバランスを欠いているとき，自分ではそれに気づくことが難しいこともあるため，客観的指標を用いて自分の状態をチェックしたり，信頼し安心して話せる人に気持ちを話したりするなどの対処が助けになるでしょう。

────────────

＊近親姦（インセスト）　性器挿入を伴う性的虐待のこと。

表 5-3　トラウマ症状のある子どもと二次的トラウマのある支援者の認知パターンの例（森田・金子，2019 を基に著者作成）

影響が生じやすい五つのスキーマ	被害を受けた子ども	支援者
安全	自分の安全について 「気をつけていたとしても，結局危険な目にあうもの。自分の安全を守ることなんてできない」 「今度こそ絶対安全でいるために注意深く慎重にしていなければいけない」 他者について 「人はどんな人でも危険」	子どもが，いわれのない暴力の犠牲になっているという理不尽な現実にさらされることで，支援者も被害者と過度に同一化する。 「支援しても，結局被害にあう。支援者には子どもの安全を守ることなんてできない」 「身のまわりは危険だらけ。子どもや自分の家族の安全をいつでもどこでも常に気をつけて警戒していなければならない」
信頼	自分への信頼について 「自分のことが信じられない」 「自分を信じられるようにするには，もっともっと慎重に行動しないとだめだ」 他者への信頼について 「人を信じたのが馬鹿だった」 「どんな人でも信じることが大事」	本来なら頼れるはずの人に裏切られたり暴力を受けたりするのを見聞きするうち，支援者も，信頼の土台がゆらぎ，他人の言動や行動の動機に過度に疑いをもつようになったり，皮肉っぽくなったりする。 信頼が裏切られたり，うまくいかなかったりするシナリオを，心の中に描いてしまう。
統制（コントロール感）	自分で自分をコントロールする感覚 「自分がよくわからない。自分をコントロールできない」 「どんなときでも自分をコントロールしないといけない」 他人との関係におけるコントロール感 「他人との関係は自分にはコントロールなんてできない」 「自分を傷つける人でも，よい関係を保たないといけない」	支援者なのだから，感情をちゃんと自分自身でコントロールしなくてはいけない。できない自分はだめだ。けっしてゆさぶられてはいけないと思い込む。 自分以外の人が，支援している子どもの状況や，その子どもとの関係の主導権を握るような状況となると，自分がコントロールできていないような，いたたまれない気持ちになる。 常にリラックスできない感じがある。
尊重	自分の価値について 「わたしが悪い子だから，あんな目にあった」 「わたしなんて生きていく価値がないような気がする」 他人の価値について 「人間なんてみんな自分勝手で，人のことに無関心。助けてくれる人なんていない」	子どもに対し，理不尽な暴力をふるう人間や社会に触れ，支援者もまた自分を含めた人間や社会全般に対する尊重がゆらぐ。自分や他人の意見や決断について，その動機自体に疑いをもつようになり，尊重をすることが難しくなる。
親密性	自分への親密性について 「自分を大切だと思えない」「自分のことをなだめたり，優しくしたりする対象だとは思えない」 他人への親密性について 「もう二度と，他人を信じたりできない。親しい気持ちをもったりしない」	自分ひとりの時間をもち，穏やかに楽しく過ごすことに罪悪感がある。何をしていてもこころから満足することができなくなる。 他人と自分との間に距離を感じ，孤独感をおぼえたり，自分から疎遠になろうとしたりする。

5　支援組織へのトラウマの影響

これまでは，主に個人に現れる二次的な反応をみてきました。しかし近年の研究で，トラウマの影響は，支援者個人だけでなく，組織やコミュニティにも及ぶことが示されています。

たとえば，無力感や不信感が強く，回避的な子どもや家族と関わったり，問題行動が続いたりすると，支援者も無力感を感じるようになったり，周囲への相談がしづらくなって，それぞれ孤立してしまうことがあります。また，組織の中には，「結果を出せない支援者はだめな支援者」「この支援対象者はうちの組織で助けられる人ではない（やれることは何もない）」というような考えが蔓延し，ぎすぎすした雰囲気になるということが起こりがちです。このように，トラウマ支援の現場で，支援対象者と同じような反応が，支援者や組織にもみられる現象のことを「並行プロセス」といいます（Bloom, 2018）。たとえば，支援対象者が攻撃的な態度を示すと，組織も権威主義的で支配的な対応を強め，そこで働く支援者も威圧的な態度をとり，支援対象者はさらに攻撃的になるようになるといったように，影響は連鎖し，互いに影響しあって，日常場面のさまざまな場面で，無意識的にトラウマの再演をしていると考えられます（表5-4）。

表5-4　並行プロセスの例（野坂，2019a をもとに著者作成）

子ども・クライエント	支援者・職員	組織・管理職
自分なんて…… 自分はだめな子 悪いのは自分，自分でなんとかしなきゃ	自分は何もできない うまく支援できないのは自分に力がないせいだ	組織としてやれることはない 何をしても無理
話したってムダ 相談できない	どうせ相談してもムダだろう 相談したら何を言われるかわからない	それって自己責任じゃないの？
話したくない 放っておいて	深く聞いて関わる余裕も，新しいことをする余裕もない 関わりたくない	余計なことはするな 前例と違うことはしなくていい
人との関係は「やるか，やられるか」	いざとなれば力（ルールや規則）で抑え込むしかない	言われたとおりにやればいいんだ

6　支援者の周囲の人へのトラウマの影響——三次的トラウマティックストレス

トラウマは，波紋や受動喫煙，さらには感染症にたとえられるほど，まわりに影響を及ぼ

すことがいわれています。支援者が受けた影響が，支援者の家族や身近な人に及ぶ**三次的ト
ラウマティックストレス**にも注目すべきだという指摘もあります（藤岡，2020）。知らず知
らずのうちに，職場であったことを家にもち帰ってしまい，険しい表情や雰囲気を醸し出し
てしまったり，ふとした家族への言葉や態度が厳しくなったりすることは，だれしもあるこ
とでしょう。もしもそのようなサインに気づいたら，トラウマの影響によって生じている現
象かもしれないと，可能性について考えてみるのもよいかもしれません。

第 2 節
トラウマの対処法

　これまでの研究で，トラウマにさらされることが多い職場では，次のような条件が組みあ
わさると，共感疲労が高まってしまうことが知られています。

- 支援対象者から激しい感情をぶつけられたり，強く共感を求められたりすること
- 支援者が，自分自身の状態や，今自分に何が必要かに気づかずにいること
- 支援者が，セルフケアに意識を向けないこと
- 支援者としての満足感を得られないこと
- 職場内で同僚や上司との間に信頼感や互恵的な関係が低いこと

　これらの要因のなかには，「自分では変えられないもの」「変えられるかもしれないけれど
一人では変えられないもの」「自分で変えられるもの」があります。まずは自分に無理のな
いやり方で，変えられる可能性があることから取り組んでいくことをお勧めします。
　また，共感疲労からの回復に役立つものとして，以下 1 ～ 4 の四つがあります。

① 自己調整

　自己調整とは，自分の状態や，癖を知って，ニーズに合った調整行動がとれるということ
です。体調管理をするように，気持ちや考え，知らず知らずに行っている行動にも注意を払
い，自分のニーズをキャッチできるようになることは，回復や予防につながります。
　身近に性被害が起きる，また，被害者を支援するということは，支援者にとってインパク
トのあるできごとです。自分のニーズに意識が向くように，こんな問いかけを自分自身にし
てみるという方法があります。以下は，米国の児童福祉の職員向けにつくられた研修ツール
のなかに出てくる質問の一部です。これらは，自分ひとりでやってみるのもよいですが，可

＊三次的トラウマティックストレス　援助関係にある対象者から受けた支援者の二次トラウマティックストレ
　スが，支援者自身の家族にも影響する可能性が指摘されている。

能であれば，同僚と一緒に考えて，お互いに気づきを共有しあえればさらによいでしょう。

- 子どもの性被害体験に触れることで，自分はどんな気持ちになるか，具体例を挙げてみる
- それはどんな反応となって現れるか，具体的に挙げてみる
- 反応のサインに気づいたとき，頼れるものや，使える具体的なコーピングスキルを挙げてみる

　自己調整としての取り組みとしては，上記に加え，現状の見方をとらえなおす，経験者からアドバイスを得る，困難な場面を乗り切るために，情緒的自己調整につながる具体的な方法をリスト化し，使い，積極的に開発する，困難な場面に一人で対応しない，同僚のサポートを得るなどがあります。

② セルフケア

　自分が本調子でないときは，ふだんは大丈夫なことでもこころのケガになりやすく，ケアされない状態が続けば，症状が深刻化し，トラウマの影響が周囲にまで広がってしまうことが考えられます。ふだんから自分のこころとからだの調子をこまめにチェックする習慣をもつことや，自分自身に対して思いやりをもってケアしようという意識をもつことは，自分の健康を守るうえでも，支援対象者の状態やニーズに合った支援を届けるうえでも，重要な意味をもちます。

　セルフケアには，好きな音楽を聞いたり，運動したりするといったような，感覚やからだに働きかけるものと，感情や考えなどといった，こころに働きかけるものがあります。セルフケアの方法として，一般的に推奨されているものがありますが，そうした方法が合うかどうかには，個人差があるため，いろいろ試しながら「なんとなく回復した感じがする」「心地よかった」「整っていく感じがする」というように自分が効果を実感できる方法を見つけていただけたらと思います。まとまった時間がなくても，また，特別な場所や環境でなくても，隙間の時間を利用して，どこでも気軽にできる方法をいくつかもち，こまめに使っていくとよいでしょう。

　たとえば，性暴力の話題に触れ不快な感覚や気持ちになったとき，感覚やからだに働きかけるものとして，次の仕事にとりかかる前に，外の風にあたる，歩く，鳥の声に耳をすます，飲み物をゆっくりと飲む，見たり思い出したりすると気持ちがやわらいだり元気が出るように感じる人やキャラクターの写真，思い出の品などを身近に置き，見たり触ったりするなど

＊**セルフケア**　自分自身のストレスに対して，うまく対処していくこと。積極的にリラクセーションやリフレッシュなどを取り入れることで，健康的な心身の状態を保ったり高めたりすることができる。

の方法があります。

　こころに働きかけるセルフケアとして，自分の認知に気づき，とらえ直す方法があります。認知に気づくうえで，サインとなるのが負の感情です。怒り，恐怖，強い不安，恥，情けなさといった負の感情は，扱うことが難しく，わたしたちは無意識に認めたり感じたりすることを避ける傾向がありますが，これらの負の感情は，自分の心の状態やニーズを教えてくれる大切なサインともいえます。セルフケアは，これらの負の感情をあるものとして受けとめることから始まるといっても過言ではありません。

　負の感情に気づいたら，たとえば，感情の強さを 100 点満点のうち，どの程度の強さかと自分の主観で評価します。また，その感情がいつごろから現れだしたか，その感情のまわりに別の感情がないかについても考え，書きだしてみます。このような作業を通して感情を客観的にとらえることができます。次に，それらの感情が認知のゆがみから生じていないか点検してみます。表5-5 は，支援者にみられがちな代表的なゆがみの例です。

　もし思いあたるものがある場合，二つのことをやってみましょう。一つは，「その考えは本当にそうなのか」「偏っていないか」「現実的なのか」と妥当性を自問してみること，二つ目は，その考えをもつことによるメリットを考えてみることです。偏りが生じることはだれしも経験することです。その偏りが，これまで自分自身のがんばりを支えてきたという一面があるかもしれません。妥当性とメリットの両方を検討して，バランスのよい考え方を見つけていきましょう。見つけるためのガイドとなるのが次の七つの質問です。

- その考えがそのとおりだと思える理由は？
- その考えと矛盾する事実は？
- その考えのままでいるデメリット（よくない点）は？
- この状況で自分ががんばっている点やよいことは？
- 親しい人が同じ考えで苦しんでいたらなんと言ってあげる？
- この考えから解放されるために何をすればよい？
- 自分にどんなことを言ってあげると楽になれそう？

　これらの質問について考えてみたあと，自分なりにバランスのとれた考えにするとどうなるかについてひとことでまとめ，その後，最初に気づいた負の感情の強さを，もう一度 100 点満点で出して，その変化をみてみます。

　このような方法のほか，気持ちに気づくため，自分のなかにある気持ちを歌や絵画などのアートで表現することや，自分の境界線を意識することも，セルフケアになります。自分には対処しきれない要求がきたとき「NO」と断ること，仕事と自分のプライベートライフに一線を引くこと，ずっと考え続けてしまう場合，即座に「ストップ」と自分に言い聞かせること，一人になる時間を設けることなどは，自分でできる有効なセルフケアです。

表5-5　支援者にみられる認知のゆがみ

●全か無か思考
　物事を白か黒かで割り切ろうとする。完璧でなければ満足できない。完璧を求めすぎるあまり，いつまでたっても自分をだめだと思い，こころもからだも疲れてしまう（例：仕事をやり終えても，少しでも満足できないところがあると，「全然うまくやれなかった」と思う）。

●心のフィルター
　物事の悪い面ばかりに注目してしまい，よいことが目に入らなくなる。いやなことしかみえないことが多く，そのため不安になったり憂うつ的になったりする（例：仕事で失敗をしたことばかりを思い出し，「自分はこの仕事に向いていない」と考え，落ち込む）。

●レッテル貼り
　物事や人に極端で否定的なレッテルを貼ってしまう。否定的なレッテルから浮かぶイメージにふりまわされて，冷静な判断ができなくなる（例：利用者から苦情をいわれたあと，「あの人はクレーマーだ」とラベルを貼り，その利用者に近づくのが怖くなる）。

●過大評価・過小評価
　自分の短所や失敗，問題を実際以上におおげさに考え，反対に自分の長所や成功をことさらに小さくみすぎる。おおげさに考えすぎて不安や緊張を感じたり，自己評価を下げてみじめになったりする（例：何かがうまくいっても「こんなのできて当たり前だ」と思い，逆に些細な失敗をすると「とんでもないミスをしてしまった」と考える）。

●すべき思考
　自分や他人に対して「～すべきだ」「～でなければならない」と高いハードルを課す。自分や他人の失敗が許せなくなり，怒りや緊張を感じやすくなる（例：「人前では，常に笑顔でいるべきだ」と考えすぎてしまい，体調が悪かったり，つらいことがあったりしても，無理して笑顔をつくろうとしてしんどくなる）。

●自己関連づけ
　何か悪いことが起きると，自分に関係がないにもかかわらず，自分のせいにしてしまう。自分を責めてしまうため，罪悪感に悩まされる（例：利用者の状態が悪くなると，「自分のせいだ」と自分を責める）。

●過度の一般化
　わずかなできごとを根拠に，あらゆることが同じような結果になると考える。「いつもそうだ」とか「必ずそうなる」というように，いやなことが繰り返し起こっているように思えてしまうため，落ち込みやすくなる（例：ある人に頼みごとをして断られると，「だれもわたしの頼みなんかきいてくれないんだ」と考えてしまう）。

●結論の飛躍
　根拠がないにもかかわらず，悲観的な思いつきを信じ込んでしまう。よくない結果を先読みしたり人のこころを深読みしたりするので，不安定な感情に苦しむことになる（例：利用者が目をそらすと，「わたしのことをきらってるんだ」と考えてしまう）。

③　ソーシャルサポート

　ソーシャルサポートは，生活のなかで，他者から与えられるさまざまな物質的，心理的援助全般をさします。そのなかには，物質的サポートと情緒的サポートがあり，情緒的サポートには，共感的，受容的に接することで支えていこうとするような周囲の人たちの態度も含まれます。

　非難や説教を受ける心配がない，自分を安心して出せる場所で，気持ちを言葉に出して聞いてもらうこと，また，同じような境遇にある人の話を聞くことが，予防や回復に役立つといわれています。最近では支援者のための自助グループの場もできているので，そのようなグループを探して参加してみるのもよいでしょう。

④　共感満足

　共感満足は，支援活動のなかで生じる喜びや充実感など肯定的な感情体験です。たとえば，支援対象者に笑顔がみられたときの満足感，支援対象者の一生懸命生きようとする真摯な態度から受ける感動，生きる勇気，助けあえる仲間がいる心強さなど，支援場面における互恵的側面を示すものです（藤岡, 2020）。トラウマ体験にさらされた子どもの援助者を対象とした研究では，共感疲労が高くても子どもたちとの関わりから得られる共感満足が高ければ，バーンアウトへと至ることを予防することが示されています。

　支援者の満足感や充実感は，確かな支援力があってこそ生まれるものです。自他を問わず，トラウマを理解し，気づき，対応し，予防する，この4つのことができるトラウマインフォームドな支援者になることは，より深い洞察を伴うアセスメントや，関係者との円滑なコミュニケーションを可能にするでしょう。

第3節

組織的な取り組み

　被害を受けた子どもや家族を支援するには，それを支える組織のあり方も重要です。支援者へのトラウマの影響を理解したうえで，支援者が自身を支援する「セルフケア」，管理職が支援者をケアする「ラインケア」に加え，組織の全メンバーが自分たちの組織を健やかに保つため，組織やシステム全体をケアするような意識や取り組みが必要です。

　組織はトラウマの広範な影響を理解し，被害者にとっても支援者にとっても安全・安心な場をつくる責任があります。組織の中にスタッフの身体的・心理的安全，有効性，回復力を支援するしくみをもち，さらに，個々のスタッフが回復力を高める取り組みを支援すること

を奨励し，そのために資源を割く覚悟も必要でしょう。

　トラウマインフォームドな組織づくりにおいて，次の7つの項目に取り組むことが重要だとされています。

1. 非暴力：いかなる場合も暴力を行使しない。組織全体で非暴力の価値を共有する
2. 感情的知性：感情を自覚し，それを適切にコントロールして表出するスキルが身についている
3. 社会的学習：あらゆる経験から学ぼうとする，お互いに学びあう
4. オープンなコミュニケーション：率直な感情や考えを伝えあう，隠しごとや操作的なやりとりのない開放性がある
5. 民主性：あらゆる意見が尊重され，それが活かされている，全員が関与している
6. 社会的責任：自分自身をコントロールする責任をもち，役割を果たしている
7. 変化と成長：常によりよくなるために変化することをいとわず，成長する責任を果たす

（野坂，2019a）

　職場が職員に対してできる具体的支援として，次のような方法があります。

- トラウマの影響についての理解を組織全体で共有する（トラウマについての研修を受けられるようにする）
- 二次的トラウマについて，話す時間を設ける
- 二次的トラウマを定期的にモニタリングする
- 二次的トラウマについて，すべての会議のなかで，口にしやすい雰囲気をつくる
- 管理者・指導者は，指導，管理中心のスーパービジョンとは別の，サポーティブなスーパービジョンを行う
- 職員が休息する時間と環境を確保する
- 難しいケースを一人でもたずにチームで対応する　など

まとめ
支援者を支える組織づくり

　傷ついた子どもと接するということは，それだけで支援者も強いストレスやこころの傷つきを体験します。それは支援者が弱いからではありません。むしろ支援者として共感的に関わろうとする姿勢がそうさせるといえます。それを知らず，または，自分への影響に気づかないまま放っておくと，子どもの回復を助けたいと思って関わっていたはずが，逆に，回復

の妨げになっていたということもありえます。

　支援者が，自分もトラウマの影響を受けている一人であるという自覚をもち，セルフモニタリング（自己観察）とセルフケアを行うこと，そして，支援者がそうできるように組織が支えることが，性暴力という深い痛手を負った子どもの回復を支える環境づくりになるでしょう。

性と対人暴力に関わる支援者の態度を自己覚知し，再構築する

吉田博美

1) 性を話題にする難しさ

子どもが「赤ちゃんはどこからくるの？」と質問したときに，この瞬間をとらえて，子どもと性の話をする大人はどのくらいいるでしょう。からだのことなら話ができる人も，「妹（または弟）が欲しい，どうやってつくるの？」という性交や妊娠に関する質問となれば，「今はまだ早い」と話題を避ける人のほうが多いのではないでしょうか。人はそれぞれ性に関する話題に触れたときの態度が異なります。

大人は性の知識があっても，その話をすることにはとても不慣れです。それは知識の問題ではなく，私たちが触れてきたメディアや書籍からの情報，性を話題にしたときの周囲の反応や態度を通じて「性の話はタブーである」と学んだことも関係しています。多くの人は恋愛で悩んだ経験があると思いますが，恋愛話に花を咲かせても，性の悩みは，信頼する家族や友人にさえ，打ち明けたあとの反応が怖くて，今までと同じように接してくれるのかと，相談までに逡巡し，多くの時間を要します。大人でも，性の悩みは信頼している人に相談しますし，「性」の話に「暴力」が加わった性暴力の話となれば，慎重に相談相手やタイミングを選ぶものです。

では，子どもが私たちを信頼し，勇気を出して性暴力の被害を打ち明けたとき，支援者はどのような態度で性暴力の話を聞くとよいでしょうか。基本的な姿勢は，子どもが「話してよかった」と安心する関わりを心がけ，真摯に受けとめながら対話を重ねることです。しかし，そのような態度を心がけていても，子どもの性暴力の被害や加害の話は支援者のこころを大きくゆ

るがし，怒りや無力感，自責感などのネガティブな反応を引き起こすものです。まして，支援者が初めて性暴力の相談を聞く状況であれば，支援者自身の生き方や価値観と向きあうことを余儀なくされ，力が入りすぎて，感覚をつかめずに，自分では力不足だと不安をかかえながら支援を行うこともあるでしょう。

これらは性暴力の話を聞いたときの自然な反応ですが，支援者として子どもの話を聞くときに自分自身の反応に無自覚なままでいると，子どもの声を聞くことも，ニーズに合わせた支援を行うことも難しくなります。それが結果として，子どもを傷つけ，対人援助関係に悪影響を及ぼしているとしたら，これほど報われず不幸で悲しいことはありません。このような状態を防ぎ，健全な支援を行うために，支援者が，自分の「性」や「対人暴力」に関わる態度を自己覚知し，再構築することは欠かせないのです。

2) 態度を自己覚知し，再構築するために

日本の心理臨床教育では，臨床スキルの訓練やパーソナリティのふり返りは行っても，性や暴力に関わる態度をふり返る訓練はほとんどありません。支援現場に出て，性暴力に関する話題にとまどい，性に対する苦手意識がある人は，包括的性教育（Comprehensive Sexuality Education：CSE）（UNESCO, 2018）を学ぶことから始めるとよいでしょう。CSE は，若者が健康で安全な生活を送るために，対等な関係性を築き，主体性を育てるために役立つガイダンスです。実践により，子どもも支援者も安心して対話をする関係性を築くことが期待できます。子どもが信頼できる大人へつながり，子どもが

安心して性暴力の相談ができる環境は，支援者にとっても物理的にも精神的にも安全で安心な仕組みのなかで支援する基盤になるでしょう。

専門家の性に関わる態度のふり返りには，SAR（Sexual Attitudes Reassessment and Restructuring：性に関わる態度の再評価と再構築）という国際的に推奨されている体験型の研修があります（Britton & Dunlap, 2017）。SAR は相談者が安心して性の話ができるように，性的に多様な態度・行為・場面に触れ，支援者側の性に関わる態度に目を向けて，性を扱う支援者としての能力を高めるものです。日本で実施する際には，日本の文化や状況を踏まえ，支援者自身が対等な関係性のなかで性や暴力に関わる態度について安全に対話できる安全な場づくりが必要となります。

まず，自分の性や暴力に関わる態度や価値観を見直す作業は，安心できて同じ目標をもつ仲間と共に，対話をしながら自分の態度をふり返ることをお勧めします。性や暴力に関わる態度や価値観は，家族や友人との会話，自分が育った環境でどのように扱われていたのかが大きく影響します。仲間との対話を通じて，同じような恐れや不安をいだくことや自分とは異なる反応や意見を交わしながら，課題を共有し，お互いに認識を広げていきます。この性や暴力をめぐる安全な対話の体験やプロセスが支援者自身の態度のふり返りとなり，安心して性暴力の話を聞く態度に近づいていきます（吉田ら, 2019b）。

次に，自分の性や暴力に関わる態度を自覚したら，その態度を意識して実践を繰り返しましょう。自分の態度に気づくと，性暴力の話を聞くことは，より居心地が悪く苦手だと感じるかもしれませんし，支援者として「わからない」状態が続くことはとても不安が強まるかもしれません。性暴力の話を聞く訓練を受けていないと，子どもが体験した性暴力の「性」の部分をその子から切り離して話を聞き（回避して話を聞くなど），支援者のストーリーで話を理解したと思い込んでいることもあります。

子どもの声を聞き逃さないためには，自分に正直に，「わからない」状態をかかえながら子どもを尊重した態度で対話をします。そして，スーパービジョンなどで自分の気持ちや考えに目を向けて，自分の情報をたくさん集めましょう。自分が変えることができそうな課題（たとえば，苦手な性の話題を扱った映画を観る，さまざまなセクシュアリティの人と話すなど）から取り組み，ふり返るとよいでしょう。支援者自身が課題を少しずつ乗り越えていくと，安心して話が聞ける話題が増えていきます。

そして，態度をふり返る際には，自分の限界を知ることも大切です。支援は，時間をかけて臨床スキルを磨き，自分自身と向き合いさえすれば望ましい結果が得られるという保証はありません。誠実に対応しても，子どもがうそをつくこともあれば，支援者が裏切られたと感じる経験もあるでしょう。このようなことが続き，自分に生じた反応を自分で対処できなくなると，対人援助関係に悪影響が出ます。そのときは，積極的に休息をとってエネルギーを回復させることや一人でかかえずだれかに助けを求めること，専門家に紹介することも大事な決断となります。しかし，休むことや協力を求めることが自分または所属する組織では難しいと感じているなら，自分だけでなく，所属している組織が性暴力をどのようにとらえているのかを見直す必要があります。それは支援者が一人で行うものではなく，安全と安心を守るために仲間と一緒に取り組むものです（吉田ら, 2019a）。

いま私たちには，子どもたちの未来をよりよくするために，大人自身の関わり方を変えることが求められています。支援者が変わろうと思うタイミングがきたとき，自分の変化を一緒に楽しんでくれる仲間が側にいることはとても心強いものです。そして，関わり方を変えた支援者同士のゆるやかなつながりが増えていくと，性暴力の支援はさらに充実していくでしょう。

第 II 部

性被害を受けた子どもへの支援──実践編

学校における介入支援の実際

藤森和美

　子どもが性暴力被害にあっているという事実は，だれもが信じたくないつらい体験です。それだけに身近にいる生徒や自分の子どもが被害を受けたと知った教師や保護者は，激しく動揺し，冷静さを失ってしまいます。けれども，そうした周囲の大人の混乱した様子が，被害にあった子どもを余計に不安にさせ，自分の気持ちを素直に表現できなくなってしまったり，かたくなな態度をとらせてしまったりするのです。

　周囲の大人が，子どもにとって安全で安心できる人であると感じたときに，子どもはようやく被害体験を語り，SOS のサインを出してくれるのです。本章では，生徒が性暴力被害を体験したときに，学校がどのように支援していくかを示します。学校のなかにおいて，性暴力被害の対応に詳しい専門家は乏しく，教師の理解不足のために対応を間違えていたり，対応が遅くなる事態を避けるためにも，基本的な知識は身につけておくべきと考えます。なお，以後の「生徒」は子どもを意味しています。

第1節
学校が専門家に支援を要請する重要性

　生徒が大きなけがをする，凄惨な場面を目撃してしまう，または事件や事故にあい死亡するなどの危機は常に発生しています。このような事態が起きると，学校コミュニティが大混乱に陥ります。それを防ぐために，教育委員会や学校長から要請を受けて，公認心理師，臨床心理士や精神科医などの専門家で構成された**緊急支援チーム**が学校現場に派遣され，初期の危機対応を行う活動が全国に広がっています。

　ただし，このようなチームが派遣される事案は，学校コミュニティが大きくゆらぐ危機レベルを想定し，生徒が死亡，または死を目撃したりするような事案に対応するように考えら

＊**緊急支援チーム**　事件や事故被害のあと，学校長の要請で学校の外部から緊急時の心理的援助を専門に行うために派遣されるチーム。このうち**専門職のみのチーム**は，臨床心理士やスクールカウンセラーのみが派遣依頼のあった学校に出向く。自治体によっては，専門家に担当指導主事が同行する場合がある。**教育委員会職員と専門家が一体になったチーム**は，教育委員会の危機対応担当の指導主事とスーパーバイザーの公認心理師，臨床心理士やスクールカウンセラーなどがチームになり，派遣依頼校に入り，校内の危機対応チームと合同で支援を行う。

れています。この危機レベルの考え方は，生徒個人の心身の被害レベルを示しているのではなく，学校という組織の危機レベルを示しています。しかし，組織の危機レベルが低いものであったとしても，生徒個人の心身への影響が小さいとは限りません。また，生徒の傷つき方は個々に異なり，個人差も大きく，複雑な様相を示しています。生徒に関わる臨床的支援を実践していると，被害への支援は単純なモデルでは語りきれないと感じます。

　とくに性暴力被害は，被害生徒の心理的発達に影響を与え，その後の長い人生でなかったことにできないものなのです。こころとからだの傷つきが外にみえにくいために，周囲の大人は被害などに対して非常に受動的な対応を選択しがちなため，初期対応が遅れて生徒の苦悩が大きくなる危険があります。性暴力被害が表面に現れない限りは触れずにそっとしておく，寝た子を起こさない，何か大きな問題が起きたら対応を考えるという場当たり的な体質の組織に専門家として入る場合は，ほかのトラウマとなる事故，災害などの被害と異なり，性暴力被害はそもそも潜在化しやすいということに留意する必要があります。性暴力の発覚までに長期間が経過してしまう場合が多いので，性被害が学校生活のなかに隠れているかもしれないという視点も忘れてはなりません。

1　学校側の体制

　学校側における生徒の性暴力被害という問題は，外部の専門家チーム（教育委員会の指導主事や性暴力被害対応ができる心理専門家など）が学校に訪問し対応の支援を行います。それとは別に，外部の対応は警察，弁護士，婦人科医師，児童相談所，家庭裁判所などが行うものがあります。加害者の起訴となると検察や裁判所などにおける手続きも出てきます。警察には，子どもの被害生徒や加害者に対応しカウンセリングを実施してくれる心理専門家がいます。

　性犯罪の被害にあわれた方が相談しやすい環境を整備するため，各都道府県警察の性犯罪被害相談電話につながる全国共通番号（＃8103）を運用しています（警察庁，2022）。ダイヤルすると発信された地域を管轄する各都道府県警察の性犯罪被害相談電話窓口につながります。

　性暴力被害は，学校のなかで発生したり，学校の外で起きるときもあります。学校の管理下（登下校の通学路）である場合や管理外での発生が考えられます。道路や公園で，陰部を出し相手を驚かせて喜ぶ公然わいせつ行為，電車やバス通学での痴漢行為や盗撮，わいせつ行為を強いる強制わいせつ，強制性交（強姦など），その性暴力の内容も多様です。また，家族のなかで性的な虐待にあっていることなどもあります。さらに，被害生徒の年齢も幼い乳幼児から始まり，男子も女子も被害対象となりえます。最近は，SNSやゲームソフト，さまざまなアプリの機能で交流が可能になるため，小学生でも被害にあう事案が増えている現状があります。保護者がインターネットの制限をかけているつもりでも，知らないあいだ

に加害者との交流が始まっていたりします。

　また，加害者が見知らぬ人のときもあれば，知りあいの親しい人（ときには家族や親戚など），学校の友だちや先輩，教師の場合もあります。一度きりの被害体験もあれば，数回，数カ月から何年もの長い期間にわたる場合もあります。被害体験がどのように周囲に発覚するかも多様です。

　もし，被害体験が生徒から語られたときに，学校はどのように対応すべきでしょうか。多くの教員は，身体的な暴力被害より性暴力被害への対応のほうが難しいと考えるでしょう。被害を受けた生徒をどう守り，どうケアすべきかわからない問題が多く，保護者や学校の教職員はまるで時間や人が凍ったように動かなくなります。

●性暴力被害のための「外部支援チーム」の要請

　性暴力被害の外部支援チームの活動は，先に示した大規模事件や事故で出動する緊急支援チームとは異なってきます。性暴力被害体験が明らかになったときに，生徒のからだとこころに残るトラウマに対し二次被害を与えず，安心と安全を確保し，教職員と協力し学校のケアの体制を整えるのが第一の目的です。このような被害で派遣された外部支援チームに与えられた特殊任務といえるでしょう。学校コミュニティの危機度をみたときに，加害者と被害生徒が同じ学校内にいる場合は，深刻さはかなり高く，対応が難しくなります。

　外部からの専門的な支援を求める判断が遅れると，重要な初期対応を多方面から検討せず実行し，配慮不足による失敗を起こしやすくなります。初期対応の失敗は，その後の支援をこじらせ，生徒の被害からの回復に確実に支障をきたします。

●学校のなかに「校内性暴力被害対応チーム」をつくる

　学校長は，被害体験を知ったらすぐに教育委員会へ報告をしましょう。報告と同時に，指導主事と協力して性暴力被害に関する専門家の派遣を要請しましょう。さらに加害者が子どもと生活をともにしている保護者や家族であったり，学校内部の生徒，教職員であった場合は，児童相談所，警察にも連絡が必要になります。

　同時に，被害生徒の置かれている状況が安全かどうかを素早く把握し，当面の目標を念頭に**校内性暴力被害対応チーム**（外部の人が耳にしても性暴力被害に関わるチームだということがわからない略称をつくっておくとよい）をすぐに立ち上げ，リーダー，人数，役割分担などを決め，プライバシーの保護に配慮しながら迅速に対応します。すぐに保護者，警察，病院，児童相談所に連絡しなければならない場合があり，躊躇する時間はありません。判断を迷っているうちに，被害生徒が妊娠から時間が経過しすでに中絶の可能な時期を過ぎていたという事案も報告されています。

＊**校内性暴力被害対応チーム**　学校長をリーダーとして教職員で構成され，被害生徒への支援と対策プランを考え具体的に実施するチーム。

　校内性暴力被害対応チームの中核メンバーは，学校長などの管理職，児童・生徒指導専任，学年主任，担任，養護教諭らで構成されます。ただし，メンバーのなかに，過去に大きなトラウマを体験していたり，精神的な病気で加療中であったり，自分や家族が同じような性被害体験がありまだ解決できていないといった問題をかかえている人がいる場合があります。そのような人は，ひどく感情的になったり，まるで何も聞こえていないような表情だったり，涙がとまらないなど，チームでのメンバーの様子を見ているとわかることが多いです。チームメンバーを選ぶときには，この任務を果たせるかどうか，慎重な配慮がなされるべきでしょう。過去のトラウマは支援者もコントロールできないことがあるので，メンバーの途中交代も視野に入れて，**バックアップ体制**も考えておきましょう

② 管理職のリーダーシップ

　危機対応においては，校長をはじめとする管理職のリーダーシップのとり方でさらなる被害の拡大を防げます。しかし，管理職のリーダーシップがゆらぐと教員の動揺が大きくなり，それが被害生徒や保護者にも伝わってしまい，回復への足並みが揃わなくなります（藤森，2005）。とくに学校関係者（教職員ら）が加害者の場合，学校管理下で被害が発生した場合，同じ学校の生徒が加害者である場合などは，学校管理者であるリーダー自身にとって最大の危機となります。そして，危機は組織（学校や教育委員会）にとってのみならず，リーダー自身にとっても「人生の危機」となりうるものです。校長などリーダーにとっては，「判断できない状況で次から次へと判断を強いられる」場面にさらされ，表6-1のような状況に追い込まれます。

表6-1　リーダーが追い込まれやすい状況

- 不十分な情報のなかで身動きがとれなくなる感じがする
- 次に何が起こるかわからない状況で，考えるための時間はなく，次から次へと意思決定を迫られる。なおかつ，これまでの経験が応用できないので，ノウハウもない
- 守るべきものは何かがわからなくなり，目的を見失う
- 危機のときほど強い「信念」が必要。組織や自分の立場がちらついている限りは，思い切った決断はできない。「被害を受けた生徒を守るために最善のことをするのだ」と腹を据えたとき，危機のただなかにあってもゆるぎない自分を取り戻すことができる

　人間は自分のやり方でうまくいかないときに，やり方を変えようとはせずに，今までのやり方のまま無理にがんばって乗り切ろうとしますが，かえって事態が膠着して空まわりに陥りやすくなります。

＊**バックアップ体制**　生徒や保護者に直接対応するメンバーのほかに，被害状況を理解しどのような支援や対策がなされているかを知る待機メンバーの確保をしておく。直接対応を行うメンバーにアクシデントがあり活動できなくなった場合などに，すぐに待機メンバーがバックアップできる準備が大切である。

危機時には，管理職は下記の注意点に気をつけて，リーダーシップをとってください。

●〈注意1〉　聞きとり調査を焦らない

　身近な教員やスクールカウンセラーに依頼して，新たに事実確認をする作業は急がないでください。生徒の性暴力被害は組織にとっても衝撃が大きく，何が起きたのか確認しないと学校として容易に動けないと考えた結果，性急な聞きとり調査を行いがちですが，それは初期対応の典型的な失敗です。慎重になるために学校内で確かめたいと思う気持ちが働くのですが，訓練されていない人による聞きとりはその内容が不十分です。通常は，警察や児童相談所で再度詳しい聞きとり調査をします。

　生徒は性暴力被害やそれに関連する身体症状の訴えなどは，養護教諭に打ち明ける場合が多いのが現状です。養護教諭は研修などを受けているため，慎重に生徒の話を聞きとっていると思われます。しかし，当然ながら被害の全容を把握するところまでは至りません。虐待と同様で，疑いのある時点で学校としての対応を開始するのが学校の役目で，事実確認を行う必要はありません。

　被害生徒にとって，何度も同じ内容を聞かれるというつらい体験は避けるべきで，質問されるたびに被害を疑われていると感じる不安，恐怖が再燃します。さらに，何度も質問されると，被害を言わなければよかったという後悔，さらに記憶の変容などから返答が変わるのです。また，学校で詳細な聞きとりを行っているあいだに，教育委員会や児童相談所，警察などの関係機関への連絡が遅れます。被害者・加害者のそれぞれの保護者から「被害をおおごとにしないで」と言われても，学校としては教育委員会に連絡し，被害への対応を確認してください。教員にとっては加害生徒も自分が教育する生徒であるという複雑な立場から起こる個人的感情や，その感情を背景とする行動化にも注意が必要です。とくに担任が加害生徒をかかえ込んで，その保護者に対して自分の希望的観測，安易な見立てや学校対応を約束してしまうなどの行動が，のちのちの被害生徒の安全を脅かし，大きな問題に発展する事例があります。筆者自身，よかれと思う教師の思いや言動が，全体の安全を脅かす事態に発展した現場を何度も経験しています。ここは，教師が個人的な感情にまかせて対応してはならない非常に大事な点です。

　校長は，こうした個々の教師の行動化を防がないとならないので，できるだけ早く専門家チームを要請して心理教育を教師らに受けてもらう必要があります。これは校長自身にも必要で，管理職の立場からくる責任の過重から冷静に判断できなくなるという危機を招かないためにも大事な点です。詳しくは第2節で示します。

●〈注意2〉謝罪場面を安易に設定しない

　加害者と被害生徒が同じ学校の生徒や教師だった場合に，校長や担当教員の判断ですぐに

「謝罪場面」を設定し，加害者を叱って反省を促し，被害生徒や保護者に謝らせることがあります。ときには学校が加害者と被害生徒の間に入らず，生徒の保護者同士に謝罪を任せてしまうようなことまでありますが，それは結果として二次被害につながる可能性が大きくなります。

　謝罪とは，加害者の反省とお詫びの心情と態度を示すもので，社会的慣習にかない，教育的意味はあるとしても，被害生徒としては謝罪を受け入れなければならない，許しを強制されていると感じてしまいがちです。怒りや苦しみ，恥ずかしいなどの感情で混乱し，こころが弱っているときには，どんなに謝られてもこころの傷は癒されません。むしろ加害者を「許す」ことを強要されていると感じます。しかし「謝罪を受け入れられない」と言葉にできる生徒は少ないでしょう。また言えたとしても，謝罪を受け入れられない自分が悪いのだと，自分自身を責める気持ちにさいなまれるのです。被害の程度が軽いまたは重いなどといったことを判断するのは，学校でも加害者でもありません。

　加害者をこころの底から許すという作業は，簡単なものではなく相当な時間と労力が必要です。むしろ「一生許せない」と感じる人のほうが多いかもしれません。被害生徒の傷つきは，それほど大きいものだと理解すべきですし，いろいろな発達段階の途中である子どもの生徒たちが加害者からの謝罪への対応を今判断できるかどうか，今後成長して将来的に今の状況をふり返って判断すれば，異なる判断をする可能性が高くないかと想像する力が求められます。

　学校現場では，しばしば当事者の気持ちの整理がなされないまま，「謝罪場面」がつくられ，謝罪と許しの作業がなされます。もちろん，謝罪は非常に重要な意味がありますが，被害生徒やその保護者が受けとめるために十分にその意味を理解していないとなりません。それは加害者側や学校にも同様といえるでしょう。法的には示談や慰謝料の問題がでる場合もあり，法的な問題については複雑で学校で扱えるものではないと考えるべきでしょう。

　「謝罪」で事態を収めようとしても，加害者と被害生徒の受けとめ方には大きな開きがあります。加害者に対しても，謝罪ですべてが許されるという過大な期待や思い込みをいだかせてしまうと，のちのち起きてくる被害生徒のこころの問題や要求に対して，「もう謝罪ですべてすんだ」「謝罪したのだから，これ以上どうしろというのだ。謝罪の意味がない」という加害者側からの反発が出たりします。被害生徒は謝罪をされても，心理的後遺症が残る場合があり，医学的・心理学的な治療が必要になる場合があります。被害生徒の恐怖心や嫌悪感は，すぐに消失はしないのです。また，被害生徒家族が警察に被害届を出す場合もあるので，謝罪がすべてを解決するというような誤ったとらえ方を加害者側にもたせない努力が

＊謝罪場面　加害者と被害生徒が（保護者の同席も含む）双方同席し，加害者が被害生徒に謝罪をし，被害生徒がそれを受け入れるという場面を，学校が仲介することをさす。加害者の謝罪は必要だが，自分の性加害について十分ふり返り，再発防止に向けた取り組みができていることが前提になり，かつ被害生徒がこころから謝罪を受け入れるのは非常に難しいと知らなければならない。

必要です。このように，こころのケアには慎重さが求められます。

●〈注意3〉正常性バイアスの危険を知る

　異常事態に直面しても正常の範囲内のできごとであると判断し，平静を保とうとする人間の心理傾向のことで，社会心理学や災害心理学で用いられます。不安や恐怖などのストレスを軽減するため，日常生活のなかでだれもが無意識のうちに行っているとされるもので，非常時に「自分は大丈夫だろう」「たいしたことにはならないはずだ」などと思い込んで危険を過小評価して，初期対応が遅れたり対応を誤ったりする可能性が指摘されています。

　とくに管理職は，責任問題を問われる状態にさらされるので，正常性バイアスが起きやすいのです。自分自身の認知にゆがみが生じている点を指摘してもらうためにも，外部支援チームの存在が必要になります。

●〈注意4〉連絡方法と記録

　保護者に対しては，電話やメールだけで重要な連絡をすませないで，直接会って話し合うていねいなやりとりを根気強く行う姿勢が必要です。安易な情報伝達は，誤解を招くもとになります。必要があって電話連絡を行った場合は，その事実と内容を記録することも大切です。いつどのように連絡をしたか，また，つながらない場合は留守番電話に録音をしたのか，つながって話をした場合は，日時や内容などをきちんと記録するようにしましょう。直接会って話をした場合にも，記録が大切であることは，いうまでもありません。

③　状況把握

　学校で状況把握をする場合には，被害生徒や保護者の合意が必要になります。何が起こったのか，客観的で正確な事実（発生事実）を把握してください。推測やうわさ，ほかの生徒からのまた聞きで判断しないでください。同時に，学校や教育委員会の対応を時系列でまとめます（事後事実）。状況把握においても常に被害生徒へのケアに配慮し，それをはっきり被害生徒や保護者に伝えながら実施していきます。学校側に被害の詳細が報告されない場合でも，学校が何を提供できるか保護者と積極的に話し合う姿勢を示してください。

　警察に被害届を出した場合は，被害状況は警察で話すことになります。学校では，どの程度被害状況を把握したらよいのか検討しましょう。被害生徒が被害届の提出を迷っている場合には，学校が被害届の提出を思いとどまるような説得はしてはなりません。むしろ積極的に被害届は出してもらうようにしましょう。警察への被害届の提出を学校が渋ったとか，

＊**警察に被害届を出した場合**　被害生徒が被害届を警察に出し受理された場合には，警察の事情聴取が始まる。学校内での事件でも，警察の専門的な事情聴取が先行する。この場合も校内の調査委員会は，被害生徒や加害生徒（双方の保護者の同意）を得て，人権を守る姿勢で慎重に調査を実施する。

出さないように説得したという印象をもたれると，のちに被害者と学校との信頼関係が崩れてしまいます。

　学校側の対応体制についても検討してください。性暴力被害の場合は，被害生徒や保護者の意向として「学校の教職員全員には知られたくない」という要望が出る場合があるので，**守秘義務**を徹底した少人数の性暴力被害支援対策チームをつくります（表6-2）。被害生徒と保護者には，事実を知っている教員の名前を教えましょう。それによって，学校で調子が悪くなったり，つらくなったりしたときに，だれに相談すべきかわかってくるからです。そして，メンバーが全力で協力し支援する体制をしっかりと伝えてあげましょう。

表6-2　支援対策チーム／検討メモの例

事案概要

○B小学校4年女児（C子さん）が，X年●月▲日，養護教諭に「今年はじめから中学生である兄から，自宅で2人きりになったときに下半身を触られたり，兄の性器を触るように命令されている。いやだけど怖いから言うことをきいていた。家に帰りたくない」と訴えてきた。養護教諭はすぐに校長にこの事実を伝えた。女児は，両親にはまだ相談していない。両親に知られることをひどく恐れていると，養護教諭から説明が付け加えられた。

○C子さんは，昨年度の2月後半から微熱を発し，保健室によく来ていた。少しベッドで横になると，教室に戻るということを繰り返していた。教室では活発に過ごし，欠席もなく，昨年度と今年度の二人の担任は，この被害体験について知らされていなかった。

基本方針

○児童へ対する性的暴力，性的虐待は，重大な人権侵害行為であるとの認識で課題に臨む。
○当該児童の身体的・精神的苦痛に十分配慮し，そのケアに努める。
○二次被害を防ぐため，当該児童の人権やプライバシーを守る。
○家族や児童相談所などの関係機関とていねいな連携を図る。

校内体制づくり

初期対応

○家庭と学校の環境を調整し，当該児童の安全な「居場所」を確保する（具体策は？）。
○児童指導対策チームを編成し，対応にあたる。
　・対策チーム構成員　校長，副校長，養護教諭，児童支援専任教諭，学級担任
　・情報管理を徹底し，情報共有の範囲は当面，対策チームおよび教務主任のみとする。
○スクール・スーパーバイザーなど，心理の専門家に助言を求める。状況によっては，学校カウンセラーによる当該児童への直接的な対応も依頼する（保護者の了解が必要か？）。
○保護者に児童相談所および小・中学校への情報提供をうながす（だれが，どのように？）。

中・長期的対応

○当該児童のこころのケアについて，スクールカウンセラー，教育委員会の専門的なスーパーバイザーをはじめとする心理専門家と協働して，組織的な支援体制を構築する。
○教育相談体制を整備し，児童が悩みや相談ごとを打ち明けやすい校内環境をつくる。
○児童が自己肯定感を高め，自己指導力が育成される環境づくりを組織的に進める。
○学校生活の中で，児童一人ひとりの「居場所」や活躍の場を保証する取り組みを行う。

＊守秘義務　一定の職業や職務に従事する者・従事した者に対して，法律の規定に基づいて特別に課せられた，「職務上知った秘密を守る」という法律上の義務のこと。公務員である教職員は，守秘義務があり，公認心理師や臨床心理士もそれぞれ公認心理師法，日本臨床心理士心理綱領の中で守秘義務を守ることが定められている。

表 6-2　（つづき）

本人への対応
初期対応
○児童への相談は，当該児童が信頼をおく複数の同性担当者（学級担任，養護教諭）であったり，当該児童が安心して相談できる環境を用意する（相談のきっかけづくり）。
○担当者は，当該児童のありのままの感情を表出させ，しっかりと受けとめることをこころがける。
　・対応にあたっては，不適切な言葉を使用しないよう，十分に配慮する。
　・元気そうにみえても，無理に明るくふるまったり，感情を抑圧している可能性があることに留意する。
　・同じことを何度も繰り返し聞くことのないよう，計画的な対応をこころがける。
中・長期的対応
○当該児童の安全な「居場所」を保障し，安心して学校生活が送れる環境を整えるなかで，継続した支援を行う。
○必要に応じ，学校カウンセラーをはじめ，相談機関，医療機関などを紹介し，長期的な展望をもって取り組む。
保護者との協力
○保護者が安心して相談できるような信頼関係を築き，保護者自身の「傷つき」にも配慮する。
○家庭が当該児童にとって安心して過ごせる「居場所」となるよう，当該保護者と協働して家庭環境を整備する。
○学校カウンセラーや相談機関などを紹介し，長期的な展望をもって取り組む。
専門機関との連携
○医療，福祉，警察，相談機関などと適切な連携を図る。
その他，留意事項など
○当該児童の身体症状，行動面，感情面などの状況をていねいに把握し，予防的な対応をこころがける。
○PTSD 症状など，特徴的なトラウマ反応の出現に常に留意する。
○現在も毎日同居しており，再発や虐待のさらなる深刻化の恐れもあるため，長期休業を前に，兄が通う中学と連携した迅速な対応が必要である。
具体的方策とスケジュール

教員が加害者の場合

① 教育職員等による児童生徒性暴力等の防止等に関する法律

　令和 3（2021）年，第 204 回国会において，「教育職員等による児童生徒性暴力等の防止等に関する法律」（令和 3 年法律第 57 号。以下「法」）が成立し，同年 6 月 4 日に公布されました。この法律は，教育職員等による児童生徒性暴力等が児童生徒等の権利を著しく侵害し，児童生徒等に対し生涯にわたって回復し難い心理的外傷その他の心身に対する重大な影響を与えるものであることに鑑み，児童生徒等の尊厳を保持するため，教育職員等による児童生徒性暴力等の防止等に関する施策を推進し，もって児童生徒等の権利利益の擁護に資することを目的としており，一部の規定を除き，公布の日から起算して一年を超えない範囲内において

政令で定める日から施行することとされています。

　文部科学省においては，同時に「教員による児童生徒に対する性暴力等は，児童生徒の権利を著しく侵害し，児童生徒に対し生涯にわたって回復し難い心理的外傷などの影響を与えるものであり，決して許されるものではなく，児童生徒に対するわいせつ行為を行った教員が教壇に戻ってくるという事態はあってはならない旨の立法趣旨及びこれらの決議を十分に踏まえ，基本指針の策定をはじめとして，教育職員等による児童生徒性暴力等の防止等に関する総合的な施策を通じ，児童生徒等の権利利益の擁護に資するよう，取組を一層推進してまいります。」と表明しました（文部科学省，2021）。このように法律が成立することで，現場では実務的な対応が可能になるという仕組みを，我々は知らなければなりません。

② 法律制定による教育委員会の取り組み事例

　この新しい法律の制定には，これまでの教員による性暴力加害が明るみに出る事例が少なく，加えて発覚してもその処分が甘く，教員が再犯に及ぶ事態が起きているということが注目を浴びたからです。A 地方自治体の教育委員会の取り組み例を図 6-1 に示しました。こうした取り組みによって生徒の心身の問題や人権に配慮した医療・心理・福祉・法律の専門家による他職種連携が基本となっている対応が始まります。

第 3 節

被害調査は慎重に

① 校内での調査

　学校側が被害の事情調査を独自に行う場合，学校長が選んだ教員が調査を行います。しかし教員は，性暴力被害という事態について調べるための専門的なトレーニングを受けているわけではありません。公認心理師や臨床心理士でも，裁判に対応できるくらい詳細に事情を聞きとれる**司法面接**のトレーニングを受け，なおかつ実践経験のある人はほとんどいません。そのため，事実の聞き漏らしがあったり，面接のなかで繰り返し同じ内容を確認したり，

＊司法面接
　　子ども（および障害者など社会的弱者）を対象に，以下の三つの目的をもって行う面接。
　　　①子どもからの聞きとりで子どもに与える負担をできる限り少なくする
　　　②子どもから聞きとる話の内容が間違った誘導の結果ではないかという疑念がもたれる可能性をできるだけ排除する
　　　③子どもの関わった事件がなんらかの作為による虚偽の話ではなく実際にあったできごとであるかどうかを検討するための情報を得る
　　原則として 1 回，できごとに関する事実の聴取を行う。録画により正確な記録を行い，子どもが何度も面接を受けなくてもよいようにするなど，できる限り子どもの心理的負担を少なくする方法をとる。

条文
第17条：教育職員等による児童生徒性暴力等の早期発見のための措置 　学校の設置者及びその設置する学校は，当該学校における教育職員等による児童生徒性暴力等を早期に発見するため，当該学校に在籍する児童生徒等及び教育職員等に対する定期的な調査その他必要な措置を講ずるものとする。 2　国及び地方公共団体は，教職員等による児童生徒性暴力等に関する通報及び相談を受け付けるための体制の整備等に必要な措置を講ずるものとする。
第19条：専門家の協力を得て行う調査 　学校の設置者は，前条第四項の規定による報告を受けたときは，医療，心理，福祉及び法律に関する専門的な知識を有する者の協力を得つつ，当該報告に係る事案について自ら必要な調査を行うものとする。 2　学校の設置者は，前項の調査を行うに当たり，児童生徒等の人権及び特性に配慮するとともに，その名誉及び尊厳を害しないよう注意しなければならない。 3　都道府県は，第一項の調査が適切に行われるよう，学校の設置者に対し，同項の専門的な知識を有する者に関する情報の提供その他の必要な助言をすることができる。 ＜取組＞（1）心理・福祉の専門家を学校に派遣し調査する体制の整備 　　　　　　①児童生徒等の心理面に配慮した調査 　　　　　　②メンタルフォローについて学校に助言 　　　　　（2）医療・心理・福祉・法律の専門家による定例会の実施 　　　　　　①月に1回の開催。通報・相談事案について人事部職員課に助言

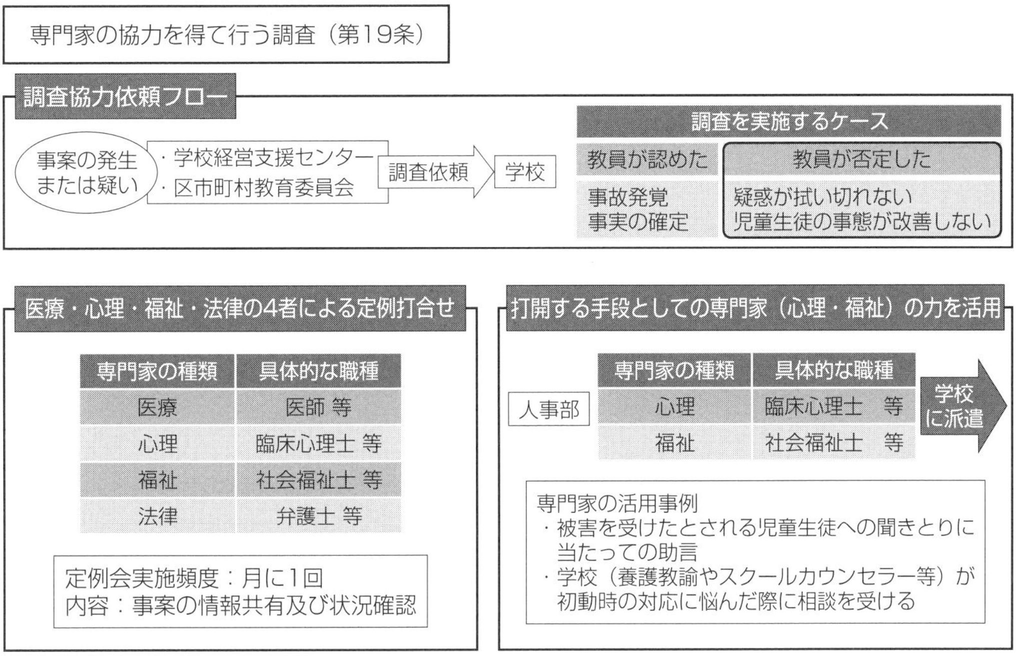

図6-1　Ａ地方自治体の「教職員等による児童生徒暴力等の防止等に関する法律」の施行に伴う取り組み例

ときには集団に対して一斉に聴取したりと，いくつかの失敗をしてしまいます。不十分な情報を教育委員会に報告すれば，さらに詳しく正しい情報を報告するようにといわれ，そうすると今度は聴取をした教員が自信をなくして，調査に消極的になってしまう可能性があります。さらに，被害生徒も同じ質問を何度もされるのかと拒否反応を示します。また，教員からの性加害があった場合では，管理職はその管理責任を問われ，苦しい立場に置かれます。

　このようなときに管理職は「被害生徒がそっとしておいてほしいと言っています」「保護者の方もこれ以上，知らない人に根ほり葉ほり聞かれたくないとお怒りです」などと防衛的になり，詳しい調査に二の足を踏んでしまいがちです。不適切な対応が加わると二次被害が拡大し，保護者と生徒の信頼を失い，校内でのこころのケアはできなくなってしまいます（野坂，2005）。学校は教育の場としての存在価値を失いかねません。

　専門家や教育委員会から派遣された性暴力被害に詳しい指導主事らの面接は，心理的ケアをベースにした調査です。被害の調査は，事実を知ることは当然としてそれ以上に被害生徒の傷ついた心情に寄り添い，**ダメージのアセスメントと心理教育**を組み込みながら行う技術が必要なのです（ボーグラ，2003）。そうした面接が被害生徒の支援に役立つのだと理解できれば，被害生徒自身，さらにその保護者もむしろ積極的に調査に協力してくれます。

　学校が生徒や保護者に，専門家と会う意味をきちんと説明できるかどうかで，本当に被害生徒の支援を理解できているかがわかります。調査に際しては，次のような配慮がなされています。プライバシーが保たれる静かで落ち着ける場所で，飲み物やお菓子，紙や鉛筆，おもちゃなどを用意します。生徒に聞きとりをする人をていねいに紹介します。「あの人は信頼できる人だから，安心して話してよいのだよ」と安心できる大人（保護者）から，調査を実施する人について事前に説明してもらうとよいでしょう。

② 保護者の同席を極端にいやがる生徒

　「親に心配をかけたくない」「叱られる」など，保護者の反応を敏感に察する複雑な気持ちが背景にあります。また，発達段階の問題も考慮しましょう。保護者が生徒にとって安心できるサポーターになれるかどうかアセスメントが必要です。保護者が同席した面接の途中で本人に「このままお話を続けても大丈夫ですか」と確認しましょう。

　保護者が同席した面接において，本人が気分が悪くなったり，思い出せない状態になったり，泣き出す，黙り込むなどの態度になったりすることはめずらしくはありません。時間的に余裕をもって，被害体験を話す意味をわかりやすく説明しながら，セルフコントロール感

＊ダメージのアセスメントと心理教育　被害生徒自身が，被害体験後のからだの不調や，不安定な心理状態を理解している場合は少ない。保護者も同様で，どのように子どもに接してよいかわからないと混乱している。被害体験が子どもの心身にどのような影響を与えているか調べて見立てる作業をアセスメントといい，その状態をわかりやすく説明し具体的な対応策を考え情報を提供することを心理教育という。

を取り戻して話し終えられるよう配慮し，勇気を出して面接に応じた態度を高く評価する姿勢が大切です。

③　同じ質問を今後何度もされなくてすむような工夫

　まず，調査の前に質問すべき内容を整理しておきます。許されるならば被害生徒と保護者に録音などの許可を得ましょう。調査者も緊張していますから細部まで全部覚えていられるわけではありません。調査者が記録に集中し，重要な話を聞き逃すときもあるからです。その録音の取り扱いについての，厳重な保護と廃棄の方法についてもあらかじめ考えておいてください。

　専門家の調査のあとで，被害生徒から「きちんと話せてよかった」「話せてすっきりした」「自分が悪いんじゃないってわかってうれしかった」という感想があり，聞きとりがケアの役目を果たしていると実感します。聞きとりの際に，被害体験の恐怖や気持ち悪さに対しての対処方法も教えるので，たとえ就学前の幼児や小学校の低学年でも，話せてよかったという気持ちを言語化できたりほっとした表情を示したりします。

　「気持ちを正直に話してくれてありがとう。でも，今日はいっぱいエネルギーを使ったから，ちょっと疲れたね。もしかしたら，思い出して怖い夢を見るかもしれないし，寝つけないかもしれないけどそれは当たり前だからね。つらくなったら，だれに相談する？」と投げかけると，生徒は「お母さんかな」などと答えます。それに対して「そう，不安や悩みを相談したり話せるのはいいことだよ。がまんしすぎないで，相談できる人に話そうね」と面接調査を締めくくります。

　調査面接のあとでは，保護者や教職員にフィードバックし，被害を受けた生徒が勇気をもって体験や気持ちを語ってくれた態度をねぎらってもらうようにします。周囲の大人が，怯えてきちんと向きあってくれない状態や，腫れ物に触るように接せられるというほうが，生徒にとってはずっとつらい気持ちになります。傷ついた自分も，怖がった自分も，まだ回復していない自分も，丸ごと受け入れてほしいと思うのが生徒の真の願いです。

　面接後，専門家によるケアの希望がある場合は，専門職とも相談のうえで，専門機関を紹介するなどします。**スクールカウンセラー**が対応できるかどうかはスクールカウンセラーに確認してください。

　危機対応の鉄則は，常に**最悪の事態**を想定できるかどうかです。学校内部の教職員だけで対応にあたると，この「最悪の事態」の想定が，知らず知らずのうちに甘く設定されてい

＊スクールカウンセラー　学校でいじめなどの悩みに助言するこころのケアの専門家の呼び名である。
＊最悪の事態　危機的状態では的確な判断が難しく，対応が後手になり，被害生徒の安全と安心が守られないときがある。被害生徒の人権が守られない，二次被害を出す，生徒や保護者が不安定になる，誤った情報が流れ混乱が拡大するなどが最悪の事態である。最悪の事態の発生を予測して予防する対策を立てる。

くという事態を筆者自身はいくつも経験しました。事件・事故と，その後生じたさまざまな危機事態に対してあわててその都度どう対応するかを考えがちですが，実は一番重要なのは今後のリスクに対する未然防止・早期対応策です。希望的推測をせず「もしこうだったらこうする」というプランを複数考える必要があります。

④　目標の設定

　被害生徒とその保護者の立場に立ちながら，支援対策チームは初期目標を立てていきます（表6-2）。その際に重要な点は「被害生徒の気持ちに寄り添う」「からだとこころのケア（心理教育を含む）」「学校の日常活動の回復（安全で安心できる場を整える）」の3点です。ここではずっと先の期間まで計画するのではなく，今日，明日といった当面の目標設定をします。

　この目標設定の中心に位置するのは「被害生徒」であり，そこへのアプローチという考え方をすると優先順位が自然に決まっていきます。複数の被害生徒が出た場合に「被害を受けた生徒たち」と集団で扱わず，あくまで個別に対応しましょう。集団面接が行われる場合がありますが，たとえ同じ事件や事案の被害者であっても，個々の感じ方や被害内容は異なるために，集団面接では起きた被害や本当の気持ちがその場では語れないからです。個別対応は集団対応に比べて時間やエネルギーが格段にかかりますが，集団対応のあとに不安や不満，食い違いが出てきて，改めて個別対応をしなければならないことがあり，こうしたときは最初からていねいに個別対応する大事さを思い知らされます。クラスや学年，学校全員の生徒を面接する方法は，その目的と方法，マンパワーの確保，面接後の対応など計画性が必要です。とりあえず全員面接をしておくといった対応は勧められません。

第4節
人生のなかのトラウマ

①　大人も被害を言い出せない

　内閣府による令和3年版の『男女共同参画白書』によると，強制性交等及び強制わいせつの認知件数は，令和2（2020）年は強制性交等1,332件（前年比73件減少），強制わいせつ4,154件（同746件減少）となっています。令和2（2020）年の児童買春事犯の検挙件数は637件，児童ポルノ事犯の検挙件数は2,757件であり，いずれも令和元年に比べ減少しました（図6-2）。しかし，児童虐待事件のうち性的虐待の検挙件数は299件（令和元年比53件増加）となっています（内閣府，2021a）。いずれも令和2年からのデータは，コロナ禍における社会生活の変化が大きく影響していると考えられるため，データの増減について原因分析は慎

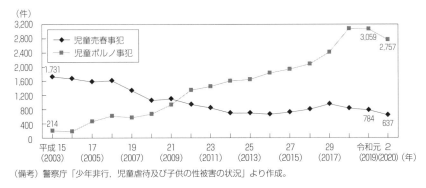

（備考）警察庁「少年非行，児童虐待及び子供の性被害の状況」より作成。

図 6-2　児童買春および児童ポルノ事犯の検挙件数の推移（内閣府，2021b）

重にしなければなりません。

　このように被害件数があるという事実は，身近な人が被害にあっている，または過去にあったということを示しています。トラウマインフォームドケア（第 1 章，第 8 章参照）は，だれもがトラウマと無縁ではないという視点を大事にしています。

2　周囲の大人の被害体験

　性暴力被害の連絡を受け，学校に心理臨床の専門家として入る外部支援チームでの重要な仕事は，教員や保護者との事前面接です。周囲の大人たちがどれだけ被害生徒のサポーターとして機能できるかをアセスメントし，心理教育の実施による正しい知識を提供することが目的です。被害生徒を守るべき大人のなかには，感情をまったく出さない能面のような表情の人がいたり，怒りと悲しみの感情に混乱して，面接している部屋から突然飛び出す人がいたりします。

　そのような人のなかには，実は本人の生育歴で，性暴力被害を体験していたという事例が少なくないという事実があります。とくに，保護者の場合では夫婦の間でもその事実が隠されていたり，保護者自身が PTSD で苦しんでいたり，過去の記憶が蘇り，子どもの性暴力被害体験に自分の過去の体験が重なってしまうためにサポーターの役割を担えなかったりする場合があります。多くの被害生徒が被害をだれにも相談できないでいるのと同様に，犯罪白書の結果のように，周囲の大人にそのような人がいても不思議ではありません。

　生徒の被害対応の前に，保護者と個別で面接できる部屋を用意してもらい，保護者自身の過去の被害体験についてあらかじめ聞く場合があります。夫婦間で共有できていない被害体験もあるので，秘密を守りながら「子どもの被害体験を一緒にサポートする」という協同チームをつくる約束をし，保護者自身の被害体験を扱いつつ子どもに何をすべきか一緒に話しあった経験もあります。ときには，母親が子ども時代の性虐待体験で苦しんでいて，子どもの性暴力被害体験を聞いたとたんに，突然部屋を飛び出してしまうほど保護者が混乱を示し

た事例もありました。

　もちろん自分の体験を話せない人も大勢いますし，無理に話してもらう必要はありません。何か違う理由で混乱している場合もあります。そばにいる保護者や教員に落ち着いて対応してもらうように心理的な応急手当をします。そして，その資源を最大限に活かすためのアセスメントを行います。これは，生徒を直接支援する以上に大切な支援といえます。

③　被害者を傷つける言葉

　学校現場では，教員にとって性暴力の被害者と加害者が，それぞれ身近な生徒や教員，家族などであり，その人なりを知っているがゆえに被害者を傷つける下記のような言葉を発してしまうことがあります。

　　例：教員が加害者の場合
　　• あの先生は，教育熱心で実績があるのに信じられない
　　• 真面目な先生で，魔が差しただけではないか
　　• 妻（配偶者，恋人，パートナー）や子どもがいるのに，そんなことするわけがない
　　• 生徒（被害者）が先生（加害者）を好きで，誘ったのではないか
　　• 仕事や家族の問題でストレスがたまっていたのだろう
　　• 先生は独身だから，将来，生徒（被害者）と結婚すればすむ話ではないか
　　例：加害者が生徒の場合
　　• 加害生徒は，好きだという気持ちの表し方がわからなかっただけ
　　• 加害生徒は，根っから悪い子ではない
　　• 生徒に（加害者・被害者）発達の特徴があるから仕方がない。コミュニケーションが苦手だから，誤解があったのだろう
　　• 被害生徒は，まだ幼いので意味がわかっていない。すぐ忘れると思う
　　• 被害生徒のほうにも，落ち度がある
　　• 双方に合意があったのだろう
　　• 担任が「加害者生徒を守ります」と言って，被害生徒より加害者生徒の味方になる
　　• 被害生徒は，どうしてもっと早く被害を訴えなかったのか
　　• 男子生徒なのに被害にあうなんて信じられない

　どの発言も性暴力被害の知識がなく被害者心情を無視したもので，被害生徒の人権を著しく傷つける言葉です。性暴力被害への対応は，まず人権教育から始めないとならないものといえるでしょう。被害者を本来守るべき立場の教員や家族が，まず第一に被害者心情を理解し，その対応を身につけるようにしましょう。

まとめ

子どもを社会で守る姿勢を

　性暴力被害に対して外部支援チームが動き，学校にアドバイスを行い，保護者に心理教育を受けてもらい，こうした支援にも助けられて順調に回復していく生徒がいます。保護者が怒りや悲しみをかかえながらも温かく子どもを見守りはぐくむ力は，専門家よりもはるかに大きな治癒力があります。しかしその一方で，心理教育や専門家による支援をあまり受けたがらなかったり，あるいはかたくなに拒んだりする保護者もいます。なかには，性暴力が収まっているのかどうかも確認できないまま，ある日突然転居してしまう家庭もあります。学校側や専門支援チームが働きかけても，被害生徒の保護者が子どもへの接近を拒む場合が多いのも事実です。そのあいだは，登校する生徒を見守るしかない状態が続きますが，我々に必要な態度は根負けしない姿勢です。家庭が子どもを守る機能を十分に果たしていないと思われる場合もありますが，「子どもを社会で守る」という姿勢を常にもち続けると，子どもの基本的人権を守ることにつながります。

教員の性暴力

今井由樹子

1) 実態

　学校は，子どもたちが健全な成長を遂げるための安全・安心な教育の場であることが期待されています。しかし残念なことに，毎年，全国の公立学校の教員約200人が，性暴力を行ったことで懲戒処分などを受けています。また，そのうち約半数の者が，18歳未満の子どもに対して性暴力を行っていたことがわかっています（文部科学省, 2022）。なお，性被害を受けた年齢が7歳〜18歳未満の子どもの約半数は，「どこにもだれにも相談しない」（警察庁, 2018）という報告から考えると，実際には公表されている以上の性暴力が起こっていると推察されます。

　教員の性暴力は，信頼している大人からの裏切り行為です。また，勇気を出してほかの教員や友だちに相談しても，勘違いだと説得されたり，無視されたり，むしろ被害者のほうが罠（ハニートラップ）を仕掛けた加害者として非難されたりして，加害者と周囲の人からの二重の信頼の裏切りを経験することにもなります。だれを信頼したらよいのかわからなくなり，学校に限らず安全で安心なはずの生活の場のすべてが，何が起こるか予想のつかない危険な場所へと変わってしまいます。性被害そのものによる直接的なダメージに加えて，信頼の裏切りと安全・安心の場の喪失は，成長途中の子どもの心身に長期間にわたる重大な影響を及ぼします。

2) 信頼と権力の濫用

　保護者は，「先生の言うことはちゃんと聞きなさい」と子どもに言いきかせており，実際，子どもたちは，「親の言うことはきかなくても，先生の言うことはよくきく」というほど，子どもはしばしば教員を厚く信頼しています。同時に，教員は圧倒的な権力をもっています。指導・評価する教員と，指導・評価を受ける子どもという関係性があるのです。教員から子どもへの性暴力は，この信頼と権力を乱用して行われます。

　教員が，ほかのだれもいない時間・場所に子どもと二人きりになる機会をつくることは，いともたやすいことです。指導の名のもとに子どもを呼び出す理由には困りません。学校の構造も，放課後の教室や保健室，体育館倉庫や教科準備室など人目につかない場所は多くあります。廊下に大勢の人がいても，相談室に「面談中・入室禁止」の札を掛けておけば，そこはもう密室になってしまうのです。宿泊を伴う行事の監督として同行し，子どもが寝静まった部屋に入る機会もあるのです。また，SNSで教員と子どもが個人的なやりとりをしても，周囲がその頻度や内容を把握するのは難しいことです。ほかの教員からの「生徒指導に熱心な先生で，あの先生に任せておけば大丈夫」などという評価を利用して，監視の目をすり抜けるということもあります。

　また，「脅迫のほか，遊びや世話・愛情を装い，段階的接触，被害者の行為や罪悪感などを利用した手なずけ」（野坂, 2020）も容易です。評価などの弱みを握って脅かすことも，悩み相談の相手として頼る子どもの気持ちや尊敬，教員へのほのかな恋心などを逆手にとって巧妙に懐柔することもできます。まずは，肩に手を置くなどのねぎらいや励ましなどともとらえられる

ような行為から始めて徐々にエスカレートさせていき，子どもが驚き，とまどっているあいだに性暴力を行うことも可能です。「君のことを大切に思っている。二人だけの秘密だよ」と子どもを共犯者にすれば，子どもは受け入れてしまった自分を責める，あるいは恋愛だったと思い込まされて被害を訴えにくくなるのです。

このように，性暴力を行う教員は子どもに接近する機会と口実，密室をつくりやすい学校の構造，信頼と権力のある関係性，子どもの心理を熟知し接するスキルを悪用するのです。

3）教職員から子どもへの性暴力を防止する法律

「性暴力をする教員を教壇に立たせてはいけない」「教員の性暴力を防止して子どもを守りたい」「被害にあってしまった子どもについてしっかりとケアをしなければならない」といった気運の高まりにより，「教育職員等による児童生徒性暴力等の防止等に関する法律」（令和3年法律第57号）が公布されました。以下のような内容が定められています（第6章，第11章参照）。

①性暴力等の定義
- 勤務する学校の子どもだけではなく，18歳未満の子ども全員が対象
- 法律で規定された性犯罪とセクシュアル・ハラスメント（不快にさせる性的言動）が対象行為。子どもから同意を得ていても，刑法上では犯罪構成要件として必要な暴行や脅迫がなくても，性暴力であると明示され，法律違反となる

②性暴力の発生防止・被害予防の啓発

③性暴力の早期発見と被害を受けた子どもの適切で迅速な保護・支援

④性暴力をした教職員に対する適正で厳格な対処

⑤性暴力により懲戒免職になった者についてのデータベースの整備と教員免許状失効者への免許状再授与への厳しい制限

これらを愚直に実行できれば，教員による性暴力が少なくなっていくことが期待できます。

4）学校の風土

各教員は，担任，教科指導，部活などの運営・指導を一任されて大きな裁量をもちます。新任であっても，異動間もなく地域や学校の実情に不慣れであっても同じです。孤立や独裁が性暴力につながってしまう例もあります。同僚に頼れずにすべてを一人でかかえてしまった教員が，慕い頼ってくる子どもの悩みを熱心に聞くうちに，自分の寂しさを埋めるために子どもを利用してしまったという例がありました。

一方で，全国レベルの部員・チームを育てあげていたり，敏腕の進路指導担当教員など大きな成果をあげていたりする教員が，子どもに支配的にふるまっていても，ほかの教員は口出しすることができず，加害教員が自分の欲求を満たすために子どもを利用した例もあります。学校全体が，力の強い者，声の大きい者が勝者であり，ほかは口を閉ざすしかないといった雰囲気であれば，体罰や教員間のパワハラ・セクハラ，そして子ども間のいじめなど，ほかの暴力も放置されてしまう危険が高まります。

まずは，教員も子どもも，「相手の欲求や感情は無視して，自分の欲求や感情を押しつける行動は暴力である」という共通認識をもち，暴力を許さない意識の醸成づくりが重要です。今一度，教員は，自己と学校全体の点検を忘れずに心がける必要があります。子どもには，性暴力とはどのようなものかを具体的に教えて，不快や違和感があればNOと言ってよいこと，そして，大人に助けを求めてほしいと伝えることがその第一歩になるのではないでしょうか。

第7章 保護者に対する心理教育

野坂祐子

性暴力は，直接的に被害を受けた子どもだけではなく，保護者など周囲の人たちも傷つけるものです。被害者の保護者は，間接的な被害者でありながら，子どもに対するケアや対応をしていかなければならず，非常に大きな負担をおうことになります。保護者が性暴力について正しい知識をもち，適切に子どもに関わることは，子どもの回復を支えていくうえでとても重要です。保護者の心情や家族の状況を理解し，保護者への適切な情報提供とサポートをしていくことが求められます。

第1節
性暴力による保護者への影響

1 間接的な被害者としての保護者

性暴力は，被害を受けた子どもだけではなく，その周囲にいるたくさんの人たちに影響を及ぼします。子どもの性被害を知った保護者や教員は，驚きやとまどい，不安や悲しみ，そして怒りなど，さまざまな気持ちをいだきます。また，子どものきょうだいや友人，同じ学校や地域の人たちにも動揺が広がります。たとえ被害の詳細を知らされなかったとしても，保護者や教員の関心や世話が被害を受けた子どもに向いたり，集団下校などを余儀なくされることもあります。家庭内の性的虐待であれば，加害者の行為によって家族全員の生活は一変してしまいます。性暴力はたとえ一度のことでも，たくさんの人たちの安全や安心，他者や社会に対する信頼感を奪うものなのです（野坂，2010）。

このように性暴力によって周囲の人たちも傷つけられ，ケアやサポートを必要とすることから，被害を受けた直接的な被害者と並べて，被害者の保護者やきょうだい，友人や交際相手などは**間接的な被害者**とも呼ばれています（カーン，2009）。間接的な被害者のなかには，加害者の身内や友人・知人なども含まれますが，ここでは被害者に関係する人たち，とりわけ被害を受けた子どもの保護者について考えていくことにします。なぜなら，保護者はわが

＊**間接的な被害者**　暴力や犯罪の直接的な被害を受けたわけではないが，それによってなんらかの影響を受けた人たちのこと。直接的な被害者の家族など。

子の性被害を知ったことで大きなショックを受けながらも，子どもの回復を支えるもっとも身近な存在として，子どもをケアし，適切な対応をとることが期待される立場だからです。

　子どもの性被害を知った保護者の多くは，「まさか，うちの子が」とにわかには信じることができません。さまざまな報道や情報から子どもへの性暴力が起きている現実を知っていたとしても，まさかそれがわが身にふりかかってくるとは思わないものです。だれでも，信じたくない，受け入れたくないという否認の気持ちが生じます。それでもなんとか事態を受けとめようとするものの，何をすべきかわかりません。「わたしが迎えに行っていれば，被害を防げたかもしれない」など，子どもを守れなかった自分がいけないと考え，強い自責感をいだくこともあります。こうした保護者の心理や行動は，思いがけないできごとによってショックを受けたときには自然に生じる反応です。しかし，子どもはそうした保護者の表情や態度をよく見ています。子どもは保護者の反応を手がかりにしながら，自分の身に起きたできごとの意味を探っているのです。

　たとえば，保護者があまりにも動揺した様子をみせると，子どもは「大変なことになってしまった」と不安になり，「わたしが親を困らせてしまった」と申し訳なく感じて，無理にでも大丈夫なふりをすることがあります。もし，保護者が「どうして逃げなかったの」と子どもを叱れば，「わたしが悪かったんだ」と自分を責めてしまうでしょう。保護者が子どもの話を聞かなかったり，曖昧な態度をとったりすると，子どもは「この話は口にしてはいけないのだ」と思い，口をつぐんでしまいます。こうなると，子どもはケアやサポートが受けられないままになってしまいます。

　つまり，子どもがケアを受けるためには，保護者の理解と協力が重要なのです。そのためには，保護者の傷つきをケアし，**エンパワー**する必要があります。子どもの回復を支える保護者の力を発揮してもらえるよう，保護者を支援していきます。保護者は，子どもをよく知り，生活をともにしている存在です。支援者は保護者の立場や力を尊重し，保護者と協力しながら子どもを支援していく姿勢をとることが望まれます。

② 性被害を受けた子どもの保護者の気持ち

　性被害を受けた子どもの保護者の気持ちについて考えてみましょう。次の事例は，小学校低学年の女児をもつ母親のものです。数カ月前，子どもが近隣に住む男子中学生から性器を触られるという性被害を受けたことを知りました。しばらく悩んだ末に相談にきた母親の言葉です（本章の事例はすべて，複数の事例を組み合わせて加工しています）。

＊エンパワー　有力化。その人自身のもつ本来の力が引き出され，発揮されること。エンパワメント。

事例 7-1-1

「まさか，うちの子が……！」
わが子が性被害を受けたことを知った母親の気持ち

　被害のことは，学校の先生から聞きました。娘から話を打ち明けられた先生が，家に連絡をくださったんです。聞いたときは「まさか」と信じられない思いがしました。家ではまったく気づかなかったものですから……。帰宅した娘に確認をすると，路地裏に連れ込まれて下着を脱がされたと言うのです。落ち着かなければと思いながらも，娘の言葉を聞いたら思わず「どうしてついて行ったの？　なんですぐにお母さんに言わなかったの？」とたたみかけるように言ってしまったんです。それ以来，娘はこのことについて一切話さなくなってしまいました。

　娘を傷つけてしまったという申し訳ない気持ちがある一方で，こころのどこかに「どうしてわたしではなくて，先生に話したのかしら」という悲しいような，腹立たしいような気持ちがあるんです。それでつい娘を責めるような言い方をしてしまったのだと思います。娘がつらい目にあいながら，それにまったく気づけなかったなんて，母親失格ですよね……。いつも「知らない人にはついていっちゃだめよ」と言っていたのですが，まさか相手が近所のお子さんだなんて……。親との約束は一生懸命守ろうとする子ですから，わたしの言い方がいけなかったのです。娘が不憫でなりません。

●保護者に生じる否認や回避

　この母親は，教員から事態を知らされてとても驚きました。最初は，信じられないという否認の気持ちが強くみられました。子どもが被害を受けたあとの数カ月間，家庭ではとくに目立った変化がみられなかったことも，母親のとまどいを大きくしました。

　混乱しながらも，母親はなんとか自分自身を落ち着かせようとしながら，子どもの話を聞こうと努めました。母親が子どもをとても心配していることがわかります。しかし，子どもが話す内容に衝撃を受けた母親は，やりきれない思いが募り，思わず苛立った口調で問いつめてしまいました。母親としては，子どもにそんな目にあってほしくなかった，一人で苦しみをかかえてほしくなかったという気持ちでいっぱいだったのでしょう。それは，子どもへの愛情にほかなりません。ですが，そのことで，子どもは責められたように感じたのか，それ以降，被害について口をつぐんでしまいました。

　母親のこころのなかには，子どもが性被害を受けたことへの衝撃だけではなく，子どもに被害を打ち明けてもらえなかった悲しみや怒り，おそらく情けなさや恥ずかしさ，さらに，子どものつらさに気づけなかった自分に対する腹立たしさや自責感，無力感，そして日ごろのしつけに対する後悔など，さまざまな気持ちが渦巻いています。

　こうした気持ちの根底には，加害者への強烈な怒りや恨みもあるのですが，最初のうちは
それらの気持ちに触れることなく，漠然としたイライラや不快感だけを語る人が少なくありま
せん。加害者への恐怖感や嫌悪感によって，相手のことを考えたり話したりすること自体
が回避されるからです。その結果，本来，加害者に向かうべき怒りが目の前の子どもに向い
てしまいやすくなります。あるいは，子どもの心境や状態よりも加害者の状況ばかりに関心
が向き，苛立ちを隠せない場合もあります。これもまた子どもを軽んじているわけではなく，
わが子が心配であるがゆえに子どもに向きあえないのでしょう。

　保護者が傷つき，うまく子どもに関われなくなると，育児に対する自信も失われてしまい
ます。つらい気持ちを夫婦間や家族内で共有できればよいのですが，実際には，お互いの気
持ちにズレが生じたり，ときに意見の衝突や対立が生まれてしまうことも少なくありません。

　この女児の家庭では，次のような状況が起きていました。

事例 7-1-2

「相手はだれだ！」 父親の怒りと夫婦間の葛藤

　娘から話を聞いた晩に，夫に伝えました。夫は血相を変えて，「相手はだれだ！」と
息巻いてわたしに詰め寄ってきたんです。もう夜中だというのに，今すぐにでも相手の
家に怒鳴りこんでいきそうな勢いでした。娘に聞かれたらいけないと思い，その場は必
死で夫をなだめたのですが……。

　夫の気持ちはよくわかります。わたしも，相手の中学生や親御さんのことは許せませ
んから。でも，怒鳴りこんだりして近所の噂にでもなったら，傷つくのは娘です。それ
に謝ってもらっても，娘が受けた被害はなくなりません。夫は「どうしてうちが泣き寝
入りしなければならないんだ」と納得いかない様子ですが，わたしとしては相手の家庭
には一切関わってほしくないんです。

　夫はがまんしているようですが，あれ以来いつもイライラしていて，お酒の量も増え
ました。最近では，「そもそもお前が子どもをちゃんとみていないから，こんなことになっ
たんじゃないのか」と責めるような口調で言うんです。それを言われると，わたしもつ
らくて……。

●夫婦・家族間の認識のズレ

　わが子が被害にあったと知ったときの傾向として，母親が自分を責めてしまうことが多い
のに対して，父親は加害者側への怒りをあらわにすることが少なくないようです。加害者の
みならず，十分な対応をしてくれない学校や行政，ときに支援者に対しても，強い怒りや不

信感を向ける父親もいます。子どもや家庭を守らなければならないという社会的な性役割観（ジェンダー）から，自分自身を奮い立たせている場合もあるかもしれません。

　当然のことながら，父親も大きなショックを受けています。なんらかの方法で解決の糸口を見つけたいと模索しているのでしょう。しかし，その解決方法は，必ずしもほかの家族の望みと一致するとは限りません。たとえ，家族が同じ方向性をめざしていても，「今はそれどころではない」などタイミングやペースが異なることもあります。子ども本人や家族も，いずれは被害届や訴訟について考えるかもしれませんが，それらを望む時期は同じ家族であってもさまざまなのです。

　父親のなかには，子どもの性被害を「たいしたことではない」と軽視したり，対応を母親まかせにするケースもあります。母親としては，そんな父親の態度に怒りや不信感をもったり，大変なときに夫婦で問題を共有できない孤独感や心細さなどを感じたりします。内心では，父親も子どもを心配しているのですが，性被害を受けたわが子に対して，父親としてどうふるまってよいのかわからなかったり，自分が加害者と同性であることにとまどいを感じている人もいます。男性である自分が関わることを娘はいやがるのではないか，自分が娘を怖がらせてしまうかもしれないと悩む人もいます。これまでの親子関係が一変し，子どもと距離ができてしまったという喪失感をいだくこともあります。

　とりわけ夫婦間で性暴力に対する認識のズレが起こりやすいのは，男児が被害を受けたときかもしれません。小学生の息子が，同じクラスの男児数名に羽交い絞めにされてズボンを下ろされたという母親は，夫婦間でのやりとりについて次のように話しました。

事例
7-2

「男ならだれだって経験しているよ」
男児の性被害に対する誤解と偏見

　夫は「そんなことは，男ならだれだって経験しているよ」と言うんです。「プロレスごっこみたいなものだろう」って。わたしは男の子のことはよくわからないんですが……。でも，うちの子は体格も小さいし，おとなしい性格なので，いやだと言えなかったんじゃないかしら。あれ以来，学校に行き渋るようになったのも心配です。ちゃんとケアを受けさせたほうがよいと思ったのですが，夫は「そんな必要はない。お前が甘やかしすぎるからいけない」と言うばかりで。担任の先生に相談してもかまわないものでしょうか。

●男児の性被害への理解をうながす

　男児が性被害を受けた場合，保護者はまず「これは性暴力なのか，性的な遊びなのか」という点で悩むことがあります。性暴力は性別にかかわらず起こるものですが，一般には，男

児の性被害はただの遊びとみなされやすく，性暴力として正しく認識されにくい傾向があります。

　幼児期の子ども同士が性器を見せあったり，触りあったりすることは，発達の過程で自然にみられるものです（第3章参照）。しかし，この事例では，同年齢の子ども同士ではあるものの体格差があり，複数の子どもが一人を押さえつける暴力的な手段がとられています。もし，羽交い絞めにされてズボンを下ろされたのが女児だったなら，それを性暴力だととらえることに疑いの余地はないでしょう。男児であれ，無理やりプライベートパーツを見ようとした同級生の行動は性暴力です。実際，この子どもは学校へ行き渋るようになりました。このできごとが，どれほどの恐怖や無力感，恥の気持ちをいだかせるものだったかは，本人にしかわかりません。たとえ保護者であっても，「たいしたことはない」と，一方的に決めつけるべきではありません。

　この事例では，まずは男児の気持ちをよく聞き，相手の行動がルール違反であることを説明し，「あなたは悪くない」と伝える必要があります。そして，安全に楽しく学校生活が送れるようになるにはどうしたらよいか，学校の教員を交えて話すことが望まれます。こうした取り組みをしていくには，夫婦間で共通認識をもち，家族全体で子どもを支援していこうという姿勢が欠かせません。そのためにはまず，父親が性暴力について理解する機会をもつ必要があります。男児の性被害を遊びであるかのように矮小化すると，被害児をさらに傷つけるだけでなく，「これは遊びなんだ」「やってもかまわないこと」という誤った学習をさせてしまうことにもなりかねません。

　そもそも父親が「だれだって経験している」と言っているのは，父親自身も性的な被害や加害の体験があるからかもしれません。おそらく父親も，これまでケアや教育を受けることなく，「これは遊びなんだ」と思うことで苦痛や罪悪感を否認してやり過ごしてきたのでしょう。父親になった今，妻の心配に対して共感的に関われないばかりか，苛立った様子で話題を回避しようとすることから，それがけっして子ども時代の楽しい思い出ではなく，整理されない感情を伴うできごとであることが推察されます。父親が母親と協力して息子を支えていくためには，父親自身の過去の性暴力のケアが必要な場合もあります。

　このように，被害を受けた子どもをとりまく家族の思いは，重なりあいながらも，それぞれ異なっています。まったく違う気持ちもあれば，同じ気持ちであっても表し方が違う場合もあります。子どもを心配する気持ちや回復を願う思いは共通していても，心配の仕方や回復のイメージが異なることはよくあります。こうした家族間のズレや不一致は葛藤を生みやすく，適切な介入がなければ，お互いの溝や対立を深めてしまいます。保護者がストレスを溜めることで，アルコール依存や**ドメスティックバイオレンス（DV）** などの新たな問題が派生することもあります。家族全体に対するサポートが必要です。

＊ドメスティックバイオレンス（DV）　配偶者間の暴力や支配のこと。配偶者からの暴力の防止および被害者の保護に関する法律で，その定義や被害者の保護，加害者への罰則などが定められている。

③　性的虐待が起きた家庭の保護者の気持ち

　性暴力の加害者が家族や親族である場合，非加害親である保護者は，より複雑な心境や立場に置かれます。性的虐待を知った非加害親（多くの場合は母親）は，ショックによる感情や感覚の麻痺や否認が生じ，怒りや憎しみの気持ちがわきます。虐待の事実がわかった途端，周囲の関心は子どもと加害者に向き，母親の感情やニーズは二の次になってしまうことが多いため，母親が自分を価値のない存在だと思ってしまうこともあります。さらに，罪悪感や自責の念，傷つきや裏切られた思い，被害を受けた子どもへの嫉妬，加害者に拒絶されたという気持ちや加害者をかばいたいという思い，一方で加害者への拒絶感などをもつことで，混乱や自己懐疑が起こります（バイヤリー，2010）。

　性的虐待に薄々気づいていたという母親もいますが，まったく気づかなかったという人もいます。事態を隠ぺいするための加害者の手段が，非常に巧妙であることが一因です。被害児も加害者から口止めされており，「言ったら大変なことになる」など脅されて口止めされているため，だれにも打ち明けることができません。加害者への恐怖や「何をしてもムダ」という無力感，さらに被害児自身の否認により，被害のことは考えないようにして日常を送ろうと努める子どももいます。そのため，外から性的虐待に気づくのは容易ではありません。子どもも性暴力自体は苦痛であっても，家族である加害者には「いや」と「好き」といった相反するアンビバレント（両価的）な気持ちをいだくことがあり，被害認識をもちにくいために周囲に助けを求められないのです。

　家族内での性暴力のうち，中学生の兄が小学校高学年の妹に自分の性器を触らせたり，舐めさせたりしていたことを知った母親の言葉を聞いてみましょう。

> **事例 7-3**
>
> ### 「どうしてこんなことが……」
> ### きょうだい間の性暴力を知ったときの母親の気持ち
>
> 　どうしてこんなことが起きたのでしょう……。このことを知った日から，ずっと考えています。何がいけなかったんだろうって。育児がいけなかったのか，夫婦の離婚の影響なのか，いろいろ考えましたが原因はわかりません。
>
> 　どちらかというと妹のほうが気が強くて，兄は物静かで小さいころから手のかからない子でした。兄が妹を風呂に入れたり寝かしつけたりしてくれて，仲のよいきょうだいだとばかり思っていました。成長するにつれ，妹は反抗的になり，遅くまで出歩くようになったので，「お兄ちゃんを見習いなさい」と怒ったんです。すると，妹が泣きなが

ら「お兄ちゃんはね……」と数年間のできごとを打ち明けたのです。わたしは頭の中が真っ白になって，最初は娘が何を言っているのかわかりませんでした。

　今は妹を祖母宅に預けて離れて暮らしています。妹には気の毒ですが，兄の学校のこともあり……。わたしは兄のカウンセリングにも同行しています。親としてできることをしなければと思って。娘からは，「お母さんは，お兄ちゃんのことばっかり」と言われるのですが，わたしにとっては，それは娘のためにしていることで……。わたし自身，子どものころから母（祖母）との関係がよくなくて，早く家を出たくて結婚したほどです。こうして今，祖母に頼らないといけないのもつらいです。

●家庭内での性暴力の影響

　きょうだい間での性暴力が起こると，保護者は被害児と加害児の両方のケアに追われます。気持ちの整理をつける間もなく，児童相談所や相談機関などに通いながら，被害児の安全を確保するための環境調整をしなければなりません。

　性暴力の背景にはさまざまな問題があり，何か一つの原因や理由によって起こるものではありません（第3章参照）。しかし，保護者は「どうして」という思いをいだき，これまでの生活をふり返りながら自問自答する日々が続きます。自分を責める気持ちから抑うつ的になったり，不安や怒りの気持ちのコントロールができなくなったりして，日常生活を送ることすら困難になる場合もあります。

　家族内の性暴力の場合，母親もまた，かつて家族から性暴力を受けていたということが少なくありません。子どもから性被害を打ち明けられても，「忘れなさい」と聞き流したり，無反応だったりする母親のなかには，子どもの性被害の話が自分自身のトラウマを思い出させる**リマインダー**になり，否認や回避が生じていることがあります。感情的になって，嘆いたり怒ったりするのも過覚醒による反応かもしれません。また，母親自身が育った家族と折り合いが悪く，日頃から育児で親族を頼れなかったりすると，こうした危機が起きたときに，親族との関係性の葛藤が再燃したり，大きくなったりすることもあります。

　家庭内での性暴力が明らかになると，家族の生活は一変します。あまりの大変さに，保護者が「何も知らずにいたかった」「何もなかったことにしたい」と考え，子どもに拒否的な態度をとってしまうことがあります。それほど，保護者が受ける衝撃は大きなものなのです。しかし，そうした保護者の態度が，性暴力よりもつらかったと述べる子どももいます。

　さらに，保護者（多くの場合は父親）が加害者であった場合，家族全体が問題に直面することになります。非加害親や家族は，心理的なショックはもとより，転居や離婚など生活全般に及ぶ影響を受けることになります。

＊リマインダー　過去のトラウマにまつわる記憶を思い出させる刺激。被害体験と類似したできごとや状況，被害時の感覚（たとえば接触，音，におい）など。子ども時代に性被害を受けた親は，自分の被害時の年齢になった子どもの姿や子どもの性被害のエピソード，ケアを受ける子どもの様子などがリマインダーになりやすい。

事例 7-4

「娘のことは心配。でも……」
夫の性的虐待を知った母親の気持ちとその後の生活

　夫が娘にしていたことを知ったとき，さすがに家を出るしかないと思いました。これまでわたしへのDVもありましたが，わたしだけならがまんすればすむことでした。でも，娘にまで手を出すなんて……。

　なんとか二人で家は出ましたが，わたしはうつで治療中のため働けません。娘は夫のことを「あんなやつには会いたくない」と言いながらも，金銭面で不自由のある今の暮らしに文句ばかり。家にも寄りつかず，アルバイト先で知り合った男性の家を転々としているようです。高校だけは卒業してほしいと思っているのですが。

　夫が娘の写真を撮るのは，ずいぶん前からでした。娘やわたしの前でアダルトビデオ（AV）もよくみていました。いやでしたが，男性とはそういうものだと思っていたんです。ふざけて娘に触るのも，最初は気になりましたが娘も何も言わなかったですし，正直，わたしも夫が機嫌よくしていてくれるとほっとしたので……。

　娘のことは心配しています。でも，毎晩遊び歩いて，わたしには文句ばっかり。わたしのことを恨んでいるなんて言うんです。わたしは娘のことを守ろうとして家を出たのに。娘はそんなに傷ついているようにみえないし，小さいころは自分から「パパと一緒に寝る」となついていたんですよ。

●性的虐待による深刻な影響と回復に向けた支援

　この母親は自分の夫が，娘をレイプしていたのを知り，それをきっかけに家を出る決心をしました。長年，夫からDV被害を受けていた母親にとって，その決断はとても大きなものだったはずです。まさに，「娘を守ろうとした」行動にほかなりません。転居をしたものの，うつ症状で働けない母親は，精神面や身体面，さらに経済的にも苦しい状態です。娘のために新たな生活が始まりましたが，母子関係はうまくいっていません。母親は娘の態度に不満を感じており，性的虐待に対しても疑いの気持ちをもちはじめています。

　子どもの側からすれば，これまで父親からポルノの被写体にされたり，AVをみせられたり，からだを触られるという性的虐待を受け続け，母親に助けてもらえなかったという思いがあるでしょう。母親がDVを避けるために，子どもである自分を父親に差し出したと感じているのかもしれません。その結果，母親と娘は，お互いに怒りや不信感を向けあうようになってしまいました。

　こうした状況では，母親の責任が問われたり，あるいは奔放な性行動をとる娘が問題であるととらえられがちです。しかし，DVも性的虐待もどちらも暴力をふるった父親の責任に

ほかならず，父親が引き起こした問題です。母親と娘に必要なのは，非難ではなく支援です。

　家族内の性暴力は，さまざまな種類の暴力が絡まりあって起こります。妻への DV と娘への性的虐待は，別々に起きているわけではなく，家族（女性）に対する支配や甘えとしての父親の暴力であり，DV によって母親自身の力や娘を守る力が奪われていくというつながりがあります。母親は家族の前で AV をみるといった夫の不快な行動を「男性とはそういうもの」と思っており，男性の性的言動を受け入れるしかないと認識していました。両親の行動や価値観は，それぞれ子どものころからの育ちのなかで形成されたものです。

　母親への支援では，DV や性的虐待について説明をしながら，母親が娘の気持ちや行動を理解できるような情報提供を行います。母親自身の性に対する態度や価値観をふり返るのもよいでしょう。もちろん，DV の影響から回復するための支援も必要です。母親自身が回復する姿は，子どもにとってよい人生のモデルになります。性的虐待が子どもに及ぼす影響は深刻であり，長期にわたる支援が求められます。思春期の子どもに関わることは容易ではありませんが，子どもにとって安全と安心を感じられる家庭環境にしていくことが大切です。

　支援では母親が性的虐待の影響を理解するのに加えて，児童期から思春期に向かう子どもの発達上の変化や親子関係のあり方などを話しあうのも役立ちます。

第2節
保護者への心理教育

1　保護者に必要な心理教育とは

　性被害を受けた子どもの保護者に対しては，まず，保護者自身のショックや悲しみ，怒りなどのさまざまな気持ちを十分に聞き，そうした感情や反応が起こるのは自然なことであると伝えます。そのうえで，性暴力の実態や子どもに及ぼす影響について説明します。このように，性暴力によって保護者や子どもに生じた影響を説明し，正しい理解や適切な対応を学んでもらうことを心理教育といいます（表7-1）。

表 7-1　保護者への心理教育の内容

（1）性暴力の定義や特徴を説明し，子どもや保護者には落ち度がないことを伝える
（2）子どもが性暴力を受けたことによる保護者の心身への影響について説明する
（3）性暴力が子どもの心身に及ぼす影響を説明し，子どもの気持ちや行動の理解をうながす
（4）子どもを責めず，話をよく聞き，安心感を高めるような具体的な関わり方を話しあう

　近年，事件や事故，災害のあとに「こころのケア」が必要であることが広く知られるようになりましたが，性犯罪や性暴力に関しては，まだまだ正しい知識が周知されておらず，誤

解や偏見が少なくありません。思い込みに基づく対応は，子どもに二次被害を与え，回復を阻害するものになるため，保護者には性暴力に関する正しい知識と適切な対応について理解してもらう必要があります。

　心理教育は，子ども本人だけでなく，保護者やきょうだい，教員など，被害者に関わるさまざまな人が対象となります。子どもの状態を理解し，今後の見通しをもつことで，不安を軽減させることができます。とくに保護者は，性暴力による子どもへの影響を心配し，どう関わればよいのかとまどいを感じています。しかし，そんな不安はだれにも話せないと思い，孤立感をいだいています。心理教育によって，本人や保護者が安心感をもち，何もできないという無力感から，「できていること，できることがある」というエンパワメント（有力感）を体験できます。

　心理教育をするときは，口頭で説明するだけではなく，リーフレットやプリントなどの教材を活用するのが効果的です。不安なときや緊張しているときは集中力が下がり，話を聞いただけでは内容が頭に入らないからです。教材をもち帰ってもらうと，落ち着いたときに読み直したり，ほかの家族と情報を共有したりすることができます。また，教材があることで「社会的にも問題になっていることなのだ」と性暴力に対する認識が広がり，孤立感も軽減されます。

　一例として，保護者向けの心理教育リーフレット（図7-1）を示します（子どもの性の健康研究会，2010）。性暴力の説明や心身への影響などの内容が含まれています。

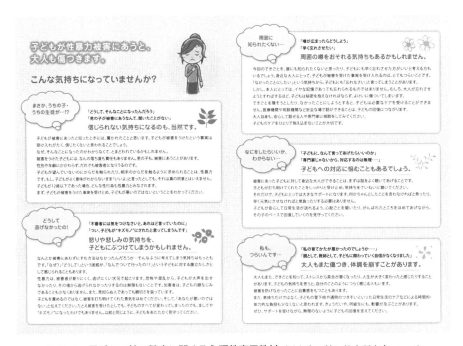

図7-1　子どもの性の健康に関する心理教育用教材（子どもの性の健康研究会，2010）

2　性暴力についての保護者への説明

　性暴力に対する保護者の誤解や偏見は，子どもへの二次被害になるだけでなく，保護者自身の苦しみにもつながります。たとえば，被害を受けたのは子どもの落ち度だと考える保護者は，自分のしつけが悪かったと思うかもしれません。あるいは，子どもを守れなかった親のせいだと考えていると，親として至らなかったと自分を責めてしまいがちです。

　また，保護者が性暴力を性的な遊びだと誤解していると，子どもはケアが受けられず，さらに「これはふつうのことなのか」と誤った学習をして，結果的に加害に転じてしまうこともあります（第 3 章参照）。子どもに必要なケアと教育を提供するためにも，保護者に性暴力の定義や特徴に関する正しい理解を求める必要があります（第 1 章参照）。

　説明をするなかで，保護者が性暴力に対して非常にネガティブな態度を示すことがあります。たとえば，子どもが「キズモノにされた」とか「汚れてしまった」と感じて，どうしても否定的なまなざしで子どもをみてしまうとか，子どものサポートに消極的になってしまうというものです。このような場合，保護者の気持ちや考えをよく聞くと，保護者自身が子どものころに性被害を受けた経験があり，性やからだに対してネガティブなイメージをもっていたり，「自分はだれにも助けてもらえなかった」という悲しみや怒りの気持ちが子どもをサポートすることへの抵抗感につながっていたりすることがあります。

　心理教育では，一方的に情報を教えようとするのではなく，相手の話をよく聞いて，やりとりをしながら必要な情報を提供していきます。どんなときでも，保護者の気持ちをよく聞くことが大切です。

3　保護者の心身への影響

　性被害を受けた子どもの保護者にみられる感情や反応には，次のようなものがあります（表7-2）。

　否認や麻痺・回避といった心理は，事実を知った直後に起こりやすいものですが，なかには長いあいだ，現実に直面するのが難しいこともあります。こうした保護者の反応は自然なものですが，ネガティブな反応が強すぎたり，長引いたりする場合は，保護者自身が過去に性被害やなんらかのトラウマ体験をもっていたり，メンタルヘルスの問題をかかえていたりすることも考えられます。

　こうした保護者の気持ちは，面接のなかで話すことで次第に落ち着いていくものです。しかし，子どもの性被害についてだれにも知られたくないとか，世間体など周囲の反応に不安を感じている保護者は，なかなか相談に来ることができません。相談したいと思っても，配偶者や祖父母がとめる場合もあります。また，性的な内容に触れることに抵抗感をもつ保護

表7-2　性被害を受けた子どもの保護者の一般的な反応

加害者が家族以外であるとき

驚　　　　き：「信じられない」「えぇっ……！」
怒　　　　り：「（加害者を）許せない」「（子どもに）どうして逃げなかったの」「（社会は）何もしてくれない」
自　責　感：「子どもを守ってやれなかった」「あのとき，〜すれば（しなければ）よかった」
否　　　　認：「子どものうそか勘違いではないか」
無　力　感：「何をしてあげればよいかわからない」
恥・抵抗感：「だれにも知られたくない」「世間体が気になる」「性の話は気づまり」
喪　失　感：「わが子がキズモノになった」「以前と同じように子どもをみられない」

加害者が家族であるとき

混　　　　乱：「大変なことが起きた」「信じたら生活のすべてが崩れてしまう」
否　　　　認：「まさか」「早く忘れなさい」
無　力　感：「気づけなかった」「何も考えられない」
自　責　感：「わたしが（加害者を）見抜けなかったせいだ」
怒　　　　り：「（加害者も被害者も）許せない，裏切られた」
嫉　　　　妬：「子どものほうが夫（兄）を誘ったに違いない」

者もいます。保護者の態度を「非協力的」だとか「子どもに冷たい」などと否定的にとらえるのではなく，「何が不安なのだろう」「抵抗を生じさせているのは何だろう」という関心を向けながら，保護者のかかえる課題を理解していきましょう。

　支援者は，保護者の不安を受けとめ，個人情報の扱いや支援の目的などをていねいに説明することで，保護者の安全感を高めていきます。性的な内容への抵抗感が強ければ，どんな不安や懸念があるのかをよく聞きながら，性暴力は性行為とは異なる暴力や犯罪行為であると伝え，相談することの意義を伝えるようにします。

④　子どもに対する理解をうながす

　保護者が家庭で子どもにサポーティブに関わることは，子どもの回復を支える基盤となります。性被害が子どもに及ぼす影響を説明し（第1章，第2章，第4章参照），子どもの状態について理解をうながすための心理教育を行います。

　保護者は，子どもの症状を誤解していることがあります（表7-3）。たとえば，子どもが被害の話に触れたがらない様子をみて，「忘れているのだろう」「もう大丈夫」と考えたりします。これは保護者の願望に偏った解釈であり，実際にはさまざまな可能性が考えられます。なかには，被害のことをあまり気にしていない子どももいるでしょう。子どもの年齢や被害の内容，周囲の対応によっては，子どもの**回復力（レジリエンス）**によって，被害の影響が

＊回復力（レジリエンス）　困難な不利な状況に対して，人がもっている精神的回復力や復元力のこと。

表 7-3　子どもの反応に対する保護者の誤ったとらえ方の例

・被害について話さない【回避】	→ 「子どもは被害のことを忘れている」「もう大丈夫」
・平然としている【麻痺】	→ 「子どもはもう立ち直った」「何も傷ついていない」
・過度な甘え，ぐずり，夜尿【退行】	→ 「わがまま」「応じると甘えグセがついてしまう」
・よく泣く，落ち着かない【情緒不安定】	→ 「育てにくい子，手がかかる子，わがまま」
・性への過度な関心や性行動 　【被害による性的言動の変化，再演】	→ 「性への興味や性欲が強い」「加害者に恋愛感情があった」 　「性非行」

残りにくいケースもあります。しかし，子どもが被害について話さないのは，恐怖や混乱から「話せない」という回避症状である可能性も考えられます。保護者に心配をかけないために，気丈にふるまっているのかもしれません。判断するためには，子どもの様子をよくみて，子どもの話をていねいに聞く必要があります。

　子どもの状態に対する保護者の理解を深めるために，支援者は家庭や学校での様子を聞きながら，子どもにみられやすい反応や症状を説明したり，アセスメントの結果を伝えたりします。

⑤　子どもへの適切な関わり方

　保護者が子どもの状態を理解できるようになると，子どもに対して共感的に関われるようになります。支援者は保護者に，子どもの気持ちや状態に寄り添いながら話を聞いてほしいと伝えます。

　子どもが自分から被害体験について話してきたら，「本当なの？　気のせいじゃないの」などと否定したり，「そんなことはもう忘れて，前向きにがんばろう」と励ましたり，急に話題を変えたりせずに，じっくり子どもの話を聞くようにします。あれこれ質問するのも避けて，子どものペースで話せるようにしながら，子どもが「わかってもらえた」と実感できるような聞き方をすることが大切です。

　子どもが話さないならば，無理に話をさせる必要はありません。被害の話にこだわらず，今の生活の様子や困っていることなどを聞き，問題解決の方法を子どもと一緒に考えるようにします。

　性被害を受けた子どもによくみられる生活上の問題と，問題解決法の例を挙げてみます(表7-4)。これらは一例であり，子どもの年齢や状態に合わせた関わり方を工夫しましょう。子どもの安心感が高まるような働きかけをすることが肝要です。子どもが無理なく，少しずつ日常生活を取り戻せるように，**スモールステップ**の課題を組みます。子どもが主体的に取り組み，自己肯定感や自己効力感を高めていけるようにすることが大切です。こうした育児

＊**スモールステップ**　少しずつ，できそうな課題から挑戦していくこと。徐々に課題の難易度を上げていくことで，失敗なく達成感が得られるため，自信を取り戻しやすい。

表7-4　子どもの生活上の問題と問題解決法の例

・怖くなる，不安になる ・泣きそうになったり，気分が不安定になる ・イライラする，ものや人にあたりたくなる	・ゆっくり息を吐く呼吸法をしてリラックスする ・ストレッチや全身の緊張を緩める筋弛緩法をする ・落ち着くものを手にする ・信頼できる大人に，自分の気持ちを話す
・眠れない ・暗がりが怖い ・一人でいられない	・しばらくの間，保護者が添い寝をする ・寝つくまで部屋の明かりをつけておく ・保護者が寄り添い，少しずつ離れる練習をする
・性器いじりやマスターベーションが増える ・性的な話をしたり，他者のからだに触れる ・性的な情報やセックスに過度な関心をもつ	・叱らずに，子どもが気持ちを鎮めてほかのことに関心が向くように声をかけ，一緒に過ごす ・境界線の説明など，年齢に応じた性教育を行う

上の工夫を**ペアレンティング**といい，保護者がよりよいペアレンティングができるように，支援者は一緒に考える姿勢が求められます。

　就学前の幼児をもつ母親へのカウンセリングの一場面を取りあげましょう。子どもは公園で見知らぬ男に声をかけられ，男がマスターベーションをするのを見ているように言われました。カウンセラーは保護者の気持ちを受けとめながら，ペアレンティングについて母親と話しあいます。

**事例
7-5**

「お母さんができること」
ペアレンティングについての話しあい

母親：ふだんはとくに変わりなく過ごしているのですが，急に「おじちゃん，息が苦しそうだった」とか「病気なのかな」なんて言うんです。わたしはドキッとしながら，「心配してあげているのね。でも，もう大丈夫だからね」って言って，抱っこしてあげているのですが……。

カウンセラー：お子さんの話をていねいに聞いてあげていますね。とてもよい関わりだと思います。抱っこしてあげると，お子さんはいかがですか。

母親：落ち着くようです。でも，あれ以来，わたしのほうが公園に行くのが怖くなってしまって。ちょっと目を離した隙のできごとだったんです（涙を流す）。

カウンセラー：お母さんにとっても，とてもつらいできごとでしたね。お母さん自身が

＊ペアレンティング　養育態度や養育方法のこと。子どもの心情や状況を理解し，適切な関わりをすることで，子どもの発達や回復をうながすことができる。

　　　　　いやなことを思い出して怖くなってしまうので，公園に足が向かなくなってし
　　　　　まったわけですね。

母親：はい。自分でも神経質になりすぎていると思うのですが，ちょっと娘が離れただ
　　　けで，「そっちに行っちゃだめ！」と声を上げてしまい，娘が怖がってしまって。
　　　最近は家の中でばかり遊んでいます。

カウンセラー：お母さんが心配になるのも，もっともだと思います。でも，ご自分でも
　　　　　神経質になりすぎていると思っておられますね。確かに，親が心配しすぎると子
　　　　　どもも不安になるものです。どうしたら，お母さん自身が安心して外に出られる
　　　　　でしょうか。

母親：そうですね……。ほかの親御さんたちも遊びに来ている昼の時間なら，大丈夫だ
　　　と思います。

カウンセラー：なるほど。まずは，お母さんが安心して公園で過ごせるようにしましょ
　　　　　う。では，お子さんが安心するために，お母さんができることはありますか。

母親：子どもが不安がるときには，そばにいてあげようと思います。それから，「そっ
　　　ちに行っちゃだめ！」と叱るのではなく，「こっちにおいで」と言ったほうがい
　　　いかもしれません。

カウンセラー：それはいいですね。お子さんの不安をあおるのではなく，こうすれば安
　　　　　心だと具体的に伝えるのはとてもよい言い方です。お母さんも安心できますね。
　　　　　ほかには……？

母親：何かおかしいなと思ったら，すぐに声を出して逃げるようにと娘に教えようと思
　　　います。

カウンセラー：いいアイデアです。実際にはあらゆるところに危険はあります。どうす
　　　　　ればよいのか知っているだけでも，お子さんは自信がもてるでしょう。改めて，
　　　　　今回のできごとはお子さんはもとより，親御さんの不注意で起きたことではあり
　　　　　ません。そのうえで，より安全に生活するために，親子で一緒に声を出す練習を
　　　　　するのもいいですね。もちろん声を出せなかったり，逃げられなかったりするこ
　　　　　ともありますから，どんなときでもお子さんが「だれかに言おう」と思えること
　　　　　が大切です。

母親：今回も，娘はわたしに話してくれました。「よく話してくれたね」と娘に言って
　　　あげたいです。わたしも，娘とまた公園にも行けそうな気がします。

●安全感と信頼感を回復する取り組み

　性暴力は，子どもだけではなく，保護者の安全感も奪います。外出が怖くなったり，他人
のことが信用できなくなったりします。そうした保護者の不安や不信感はもっともなことだ
と受けとめながら，どうしたら保護者と子どもが再び安心できるようになるかを一緒に考え

ていきます。もちろん，周囲に対する信頼感を回復させるためには，まず，支援者との信頼関係を築くことが土台となります。また，保護者のストレスを軽減させるために，保護者自身が落ち着くためのリラクセーションなど，セルフケアの方法を教えるのも役立ちます。

⑥　保護者への心理教育が難しいケース

　性暴力を受けた子どもの支援において保護者との協働は重要ですが，心理教育を受け入れられない保護者もいます。そもそも支援の窓口につながらない，相談に来られないという保護者も多いでしょう。たとえ，教員などの勧めで相談機関を訪れたとしても，「うちにはかまわないでください」と今後の関わりを断りに来ただけという場合もあるかもしれません。

　支援者としては，子どものことが気がかりで，なんとか保護者の理解や協力を得たいと焦ったり，逆に，保護者抜きで支援を進めたほうがよいと判断することもあるのではないでしょうか。しかし，関わりが難しい保護者こそ，「何が起きているか」を理解するトラウマインフォームドケアの視点が求められます（第1章参照）。性暴力に関する心理教育を受け入れない保護者にも，そうならざるをえない状況や事情があるかもしれません。いくつかの例を挙げながら，保護者の心情や態度の背景について考えてみましょう。

●「もうけっこうです」

　子どもの性暴力の話をしたがらない，支援者の説明を遮る，支援を拒否するといった保護者がいます。支援者が「いや，でもお子さんは……」と無理やり支援の必要性を伝えようとすると，押し問答になり，かえって保護者の抵抗を高めてしまいます。たとえ，それが重要な情報だとしても，一方的に説明をされた保護者は「何も話を聞いてくれない」と感じるでしょう。この場合，問題なのは「性暴力の話をしたがらない」保護者ではなく，「性暴力の話しかしたがらない」支援者のほうかもしれません。

　まずは，保護者が安全や安心を感じられるようにすることが大切です。性急に話を進めるのではなく，子どもの性被害について話したくないにもかかわらず来談した保護者を十分にねぎらい，今の気分や保護者の思いを自由に話してもらいます。子どもの性被害を「たいしたことではない」「過ぎたことですから」と矮小化するような発言を聞いた支援者は，つい保護者の認識を正そうとしてしまいがちです。そんなときも，保護者の考えを否定するのではなく，「そのように考えておられるんですね」と受けとめながら，「もう少しお聞かせください」と聞いてみることもできます。

　話を具体的に聞いていくと，夫や祖父母が相談のために外出することによい顔をしないといった家庭の状況や，過去にとらわれずに前向きになってほしいという願いから出た言葉だとわかったりします。そうであれば，妻（嫁）の立場で苦労している母親の心情に共感しながら，その生活のなかでいかにして子どもの安全や健康を守れるかを話しあうことができま

す。どんな保護者の気持ちにも事情や背景があります。共感から始まる関係性こそ，保護者にとって子どもへの関わりのよいモデルになります。心理教育を性暴力の情報を伝えるものと狭くとらえるのではなく，相手の話をよく聞き，困りごとや望みを理解して支援する態度そのものが，保護者にとって心理的な安全を高め，教育的な効果をもたらすと考えましょう。

●「そんなことより……」

　来談自体はいやがらないものの，子どもの性被害のことよりも，「子どもの非行に手を焼いている」「受験生なのに勉強に身が入らない」といった訴えが多い保護者もいます。性被害については「かわいそうなことだと思いますが……」と口にするものの，保護者の関心は「そんなことより……」と別のことに向いているようにみえるので，支援者は「（そんなことより）性被害のケアでしょう」と非難したくなったりするかもしれません。非行であれ学力低下であれ，それらは性被害による影響である可能性も考えられ，表面上の問題を何とかしようとするよりも，根底にある性被害をケアするほうがよいのは確かでしょう。とはいえ，「どちらを優先すべきか」という点で保護者と対立するのは避けなければなりません。

　保護者の関心が子どもの性被害に向いていないようにみえても，子どもの行動や生活の改善を望んでいるのは確かです。子どもが「非行」から離れ，「勉強」に取り組める力が発揮できるようになるには，子どもの安全や健康を高める必要があり，性被害からの回復支援がめざすものと変わりません。実際，子どもの行動にわずらわされたり，心配していたりする保護者の苦労は大きなもので，保護者のニーズはまさにそこにあるのです。保護者のニーズを理解し，回復の方向性を共有することで，保護者との信頼関係が少しずつ深まっていきます。

　信頼関係ができたうえで，改めて「非行」にみえる行動が，性被害による他者不信感，自己否定感，自暴自棄な態度によるものかもしれないなど，トラウマの観点からとらえなおしていきます。夜遊びが不眠症状を契機として始まり，苦痛な感情をまぎらわすための行動だったとわかれば，保護者の見方も変わってくるはずです。このように保護者の視点を転換させていくには，まずは支援者が保護者の視点を尊重した関わりをしていくことが求められます。

　勉強や成績にとらわれる保護者には，そのこだわりについて尋ねて，子どもに何を望んでいるのか，なぜ勉強が大事なのかを一緒に理解していきます。なかには，保護者もまた，親から勉強を強いられてきたという場合もあるでしょう。保護者の育ちをふり返り，自分が子どもだったときの気持ちに向きあうなかで，わが子の気持ちを考えられるようになることがあります。

●「この子ばっかり……」

　子どものケアに対して抵抗や反発を示す保護者もいます。あるいは，性被害を受けた子どもよりも，保護者の精神的不調が大きく，子どもを支援機関に連れてくることができなかったり，支援者との関係が築けなかったりする場合もあります。そのなかには，保護者自身に

深刻なトラウマがあり，精神疾患の診断を受けて治療中であったり，子どもの被害体験を聞いたり，子どもにつきそって支援機関に来たりすることが保護者にとってリマインダーになっており，具合が悪くなっている場合もあるでしょう。

　子どもの性被害を知って，それまで忘れていた，もしくは考えないようにしていた保護者自身の性被害体験が思い出されることは少なくありません。保護者の心身の状態をアセスメントするために，「お子さんの話を聞いて，過去の性被害体験を思い出される方もいます」といった一般的な心理教育をしてから，これまでのトラウマ体験の有無や諸症状を確認するのも有効です。必要に応じて，保護者を医療機関などにつなぐことも役立ちます。自分が子どものケアが思うようにできないことで自責感をいだく人もいるので，保護者にもトラウマがあるのはめずらしいことではなく，ときに育児やケアが困難になることがあるのはもっともであるという心理教育をします。

　長年，虐待などのトラウマを受けながら，ケアを受けられずに一人で生き抜いてきた人は，わが子がケアを受けることに対して両価的な思いがわくようです。子どもにケアが必要なことをだれよりも痛感しながら，放置されてきた自分自身の不憫さへの悲しみや恨みの気持ちなどが，わが子や支援者への怒りとして表れるのです。こうした保護者の不安定な言動や激しい行動化は，ともすれば「困った保護者」という否定的な評価や態度につながります。トラウマ体験のある保護者は，そうした支援者の姿勢にとても敏感です。

　保護者の支援はあくまでも子どものケアの一環として行われるものでありながら，実際には，保護者のケアを別途，行わなければならない場合もあります。だれが，どんなふうに家族全体を支えていくか，十分な連携を図りながら取り組んでいくことが望まれます。

まとめ

保護者の力を信じ，協力関係を築く

　性暴力を受けた子どもとともに保護者への支援をすることはとても大切ですが，まだまだ十分に行われていないのが実情です。家族に対する支援について，社会的な啓発や積極的な情報提供をしながら，支援者が適切に介入することが求められます。

　支援につながった保護者に対しては，それまでの保護者の苦労や努力をねぎらい，保護者が相談をすること自体が子どものサポートになると伝えます。どの保護者も，だれかに相談しようと決めるまでは多少なりとも葛藤やためらいがあったはずです。それを乗り越えてきた保護者の力を信じ，子どものために一緒に取り組んでいくための協力関係を築くことが大切です。

医療との連携について

花房昌美

ここでは児童精神科医の立場から，医療機関の役割や薬について，よくある質問にお答えする形で説明します。

Q1 どんな場合に医療機関受診が必要でしょうか？

A1　たとえば，眠れない日が続く，いつもイライラして落ち着かない，学校に行けない，死んだほうがいいと思う，などの症状が長く続き学校生活や家庭生活に支障が出る場合，治療を受けることによって症状が緩和されます。治療は医療機関以外でも，カウンセリング機関でもできる場合があります。医療機関でしかできないこととしては，薬物療法や入院治療，それから必要時に診断書を発行することです。

Q2 医療機関といってもどこに行けばいいのでしょうか？

A2-1　病院とクリニック：病院とクリニックの違いは法律（医療法第1条）で定められており，「病院」は20床以上の入院施設をもっている医療機関です。「クリニック」は無床もしくは19床以下の入院施設のある医療機関です。「診療所」や「医院」などというところもあるかもしれませんが，「クリニック」と違いはありません。病院の場合，入院機能を有するほかに，医療ソーシャルワーカー，精神保健福祉士や臨床心理士，公認心理師などの専門職がいて，幅広い支援ができる側面があります。

A2-2　診療科の違い：「小児科」はご存じのとおり，子どもの病気を専門に診る科です。小児科のなかでも「子どもの心相談医」や「子どものこころ専門医」という資格をもった医師はこ

ころの問題をみられますので，受診先の一つと考えてよいかと思います。おおむね15歳までを対象としていますが，日本小児科学会は「成人するまで見守ります」と提言しています。それぞれの医療機関によって，対象年齢を定めていることが多いので確認が必要でしょう。

「精神科」（メンタルヘルス科など）はこころの病気を専門に診る科で，多くは大人を対象にしているところが多いかと思います。児童思春期を専門とする「児童精神科」を受診先と考えてもらえるとよいと思いますが，まだまだ児童精神科医の数は少なく，地域によってアクセスのしやすさに大きな差があり，受診までの待機期間も長くなっていることが全国的に問題となっています。

「心療内科」はストレスなどで身体に症状が現れる心身症を主な対象とする科のことで，本来は精神科とは別の科ですが，精神科・心療内科と両方を標榜しているクリニックも多くあり，そこでは精神科医が診療していることが多いと思います。児童思春期年齢も診てくれる心療内科であれば受診先と考えてもらってよいでしょう。ちなみに，「神経科」は精神科と似たように思いがちですが，手足のしびれや麻痺など，脳や脊髄，神経，筋肉の病気を診る内科ですので，性暴力を受けた子どもの受診先としては対象外です。

Q3 精神科ではどんな治療をするのでしょうか？

A3-1　外来治療：精神科医が面接を通して人間関係の改善や社会適応能力の向上を図るための指示や助言などを行うのが一般的です。必要

な場合は薬の処方をします。カウンセラー（心理士）による心理療法（カウンセリングなど）を行う機関もありますが，保険診療外で有料となることもあるので確認が必要です。

A3-2　入院治療：症状が重くて，外来治療では治療効果があがらないとき，保護的な環境で十分な休養が必要なとき，自殺などの危険があるときなどには入院が必要となります。

　精神科の入院には主に，患者本人の同意による「任意入院」と，患者の同意がなくても自傷他害の恐れが強い場合に強制的に入院させる「医療保護入院」とがあります。子どもの医療保護入院の場合は，親権者の同意が必要で，施設入所している子どもであっても親権者の同意が必要となるため，児童相談所との連携が重要となることが多いです。なお，令和5（2023）年4月から，医療保護入院の同意を行う家族から，虐待を行った者は除かれるという法改正がなされました。虐待を行った家族のほかに家族がいない場合には，市町村に同意を求めることになります。

A3-3　薬物療法：子どもの向精神薬（精神に関する薬）の使用について，注意が必要なことは，ほとんどが適応外使用だということです。2022年3月現在，日本の医療保険で小児への適応が認められている向精神薬は，抗てんかん薬，ADHD治療薬，自閉スペクトラム症に対するアリピプラゾール，リスペリドン，神経発達症に伴う入眠困難に対するメラトニン，強迫性障害に対するフルボキサミン，統合失調症に対するブロナンセリンのみです。

　トラウマ症状に対して，薬物療法は補助的な手段にすぎません。不穏興奮が激しいときや睡眠障害が強いときなどは，症状の改善を期待して向精神薬が処方されます。通常，小児には適応外使用であることを本人，保護者に説明し同意を得たうえで，少量から処方していきます。すぐに効果が出る薬と，続けることによって効果が出る薬もありますし，不用意な中断により症状の悪化を示す薬もありますので，処方医の指示に従って服薬してください。

Q4 受診後の連携について注意すべきことは何でしょうか？

A4　学校や児童相談所など，関係機関に対して医療機関が情報提供することは，保護者の同意がないなかでは守秘義務違反にあたるため，できません。ただし，要保護児童対策地域協議会の内部で情報提供することは，守秘義務違反にあたりません。

　医療機関によっては医師と直接やりとりするのではなく，医療ソーシャルワーカーや外来看護師など，窓口となるスタッフがいることがあるため，連携する医療機関の担当者がだれかを把握しておくとよいでしょう。

その他

　地域の医療機関の情報を得るためには，まずは保健所，市区町村保健センターや精神保健福祉センターに相談してみるとよいでしょう。

　また，子どものこころの問題を専門とする医療機関の情報を得るためには下記のホームページも参照されることをお勧めします。

- 子どものこころ専門医
  http://kkskokoro.jp/senmoni/doctor_list.html
- 日本小児科医会：子どもの心相談医
  https://jpeda.or.jp/cgi/web/index.cgi?c=member-counseling_list
- 日本児童青年精神医学会認定医
  https://child-adolesc.jp/nintei/ninteii/
- 全国児童青年精神科医療施設協議会　正会員施設一覧
  jccami.jp

性的トラウマに焦点をあてた支援の実際

第8章

亀岡智美

第1節
性的トラウマとは

　トラウマとは，自分では対処できないくらいの圧倒的なできごとを体験したときに被る心的外傷，いわゆる「こころのケガ」を意味します。そのなかでも，性的トラウマによるこころのケガは，もっとも大きく深くなりやすいと考えられています。たとえば，重篤なトラウマを体験した児童青年の約16%が，心的外傷後ストレス障害（posttraumatic stress disorder: PTSD）を発症することが報告されていますが，強制性交などの対人間トラウマを体験した場合は約25%，つまり，4人に1人の子どもがPTSDを発症することが示されています（Alisic et al., 2014）。

　PTSDを発症すると，性的トラウマの記憶が，自分では思い出したくないのに繰り返し想起され，できごとを体験しているときと同様の心身の苦痛が生じるという「侵入症状」や，できごとを思い出させるような人・場所・もの・機会・会話などを避けようとする「回避症状」，自分自身や他者，世の中全体のとらえ方がゆがんでしまい，否定的な感情に圧倒されるようになる「認知や気分の否定的変化」，性的トラウマを体験したときの恐怖に起因する身体の興奮がいつまでもおさまらず，イライラ・ビクビク・注意集中困難・睡眠障害などが出現する「覚醒と反応性の変化」などの症状が出現します（American Psychiatric Association, 2013）。このようなPTSDの症状は，大変つらく，日常生活に支障をきたすことも少なくないため，なんらかのケアが必要になることが少なくありません。

　さらに，家庭内で起きる性的虐待のように，長期にわたり慢性反復性に被害が繰り返されると，複雑性PTSDのような病態に陥り，先述のPTSD症状（侵入症状，回避症状，覚醒と反応性の変化）に加えて，感情制御の困難や否定的な自己概念，さまざまな対人関係上の困難を示すようになります（飛鳥井, 2021）。

　PTSD以外にも，図8-1に示すように，トラウマによる中長期的な影響は，さまざまな領域に及びます（亀岡, 2020b）。とくに，性的トラウマを有する子どもは，「自分は汚れている」

認知	自分が悪い，自分なんか生きている価値がない，自分は穢れている，わたしは恥ずかしい存在だ，どうせがんばっても無理だ，世の中は不公平だ，まわりはみんな敵だ，世の中は危険だ
情緒	感情調節の困難，感情認知の困難，ストレスへの過敏性，恥や罪悪感，過剰な心配，絶望感，孤立無援感，自己効力感の欠如
行動	自己コントロール困難，ひきこもり，攻撃性，衝動性のコントロール困難，危険な行動／違法行為，性的な行動化，若年での妊娠，薬物／アルコール乱用
対人関係	アタッチメントの問題，社会的な交流を理解することの困難，友人関係をつくることの困難さ，恋愛関係における問題，虐待やネグレクトの世代間伝達
身体	睡眠障害，食行動の問題，免疫機能不全，循環器系の疾患，短命
脳の発達	脳のサイズの萎縮，非効率な処理，ストレスに対する反応の低下，遺伝子発現の変化，学習準備性の障害，問題解決が困難，言葉の遅れ，集中困難，学業成績が低い
精神健康	抑うつ，不安，PTSD，自殺念慮，摂食障害，物質依存

図 8-1　虐待によるトラウマの中長期的影響 （亀岡，2020b）

「自分は恥ずかしい存在だ」などの**スティグマ**をいだいていることが多いため，子どものその後の人生に，さらに大きな悪影響を及ぼしていきます（第 4 章参照）。

　また，性的トラウマを有する子どもの，いわゆる「問題行動」の背景に，トラウマの影響が潜在していることが多いこともわかっています（第 3 章参照）。それだけに，性暴力を受けた子どもに対しては，トラウマを念頭においた支援であるトラウマインフォームドケアが不可欠となります。

第 2 節

模擬事例にみる性的トラウマ

　性的トラウマを有する子どもへの支援者には，長期間の忍耐強いケアを提供する必要があることを覚悟している人が少なくないでしょう。とくに，慢性反復的に繰り返される性的虐待が起きるような家庭では，虐待以外にもさまざまな問題をかかえていることが多いですし，性的虐待が繰り返されているあいだの子どもの健康な発達が阻害されてしまうという問題もあります。

　次に，支援の現場でよく出会う模擬事例をお示しします。

＊**スティグマ**　トラウマ体験後に，周囲の人たち，あるいは，被害者本人が感じるネガティブなレッテル。

事例
8-1　実父から身体的虐待と性的虐待を受けていたマキさん（亀岡, 2003）

　マキさんは，両親と弟の4人家族です。マキさんが小学校に入学したころから，父は，母やマキさんらの行動を監視し支配していました。休日に，マキさんや弟が遊びに出ようとすると，だれとどこに行くのかをしつこく聞き，外出時間は1時間と決められました。決められた時間よりも帰宅が遅くなると，父から激しく叱責され叩かれるため，マキさんも弟もだんだん遊びに出ることはなくなりました。

　マキさんが小学校の高学年になったころから，夜自室で眠っているマキさんのところに父がやってきて，胸や性器を触ったりキスをしたりするようになりました。マキさんは最初夢うつつで何が起きているかがわかりませんでしたが，薄目を開けてそれが父であることがわかった途端，「また殴られる」と思い，からだがこわばって動けませんでした。それから，父が来るたびに，早く終わることを祈りながら寝たふりをしていました。そのうちに父の行為はエスカレートし，強制性交に及ぶようになりました。最初マキさんは，激しいからだの痛みに耐えかねて抵抗を試みましたが，父に恐ろしい力で組み伏せられ，「殺されるかもしれない」という恐怖を感じ，その後はなすがままになっていきました。

　マキさんはなんとか登校をしていましたが，いつもからだがだるく，授業中は集中できずぼんやりしていました。当然学業成績はふるいませんでした。また，何をしても楽しいとは思えず，他児の遊びにも加わらなくなりました。放課後や休日に他児と遊ばないマキさんは，そのうちに，クラスメイトから無視されたり命令されたり，いじめを受けるようになりました。マキさんが言いなりになっているため，いじめはますますエスカレートしていきました。担任教師は，いじめの実態を把握していなかったため，マキさんのことを「積極性が足りない」と評価し，「もう少しやる気を出そう」と指導していました。一方，自宅では，父の身体的・性的虐待は続いており，テストの点数が悪いと激しく叩かれ，強制性交は毎晩のように行われていました。

　中学に入学すると，マキさんは頻繁に手首自傷をするようになり，いつも死にたいと考えるようになりました。この「問題行動」を心配し寄り添ってくれる養護教諭に，マキさんはとうとう家庭内で虐待を受けていることを開示しました。その後児童相談所が介入し，父は逮捕され，実刑を受けることになりました。

　父がいなくなった自宅で，マキさんはやっと身体的・性的虐待から解放されました。それなのに，マキさんはひどい不眠に悩まされていました。父がいないはずなのに，父がやってくるような気がして怖くて目をつぶることができなかったのです（覚醒と反応性の変化）。やっとうとうと眠ったとしても悪夢が襲ってきました。夢の中では以前と

同じように父から性的虐待を受けているのです（侵入症状）。昼間でも，父と似た容貌の人を見かけたり，父が乗っていた車と同じ車種の車を見かけたりすると，性的に虐待されていたときの記憶が生々しくよみがえり，強いめまいと吐き気に襲われました（侵入症状）。このような状態が続き，マキさんは徐々に不登校状態に陥り，自宅に引きこもるようになりました（回避症状，認知や気分の否定的変化）。

●性的トラウマの気づかれにくさ

　この模擬症例のように，トラウマの観点からみていくと，マキさんがいかに過酷な環境のなかで生き延びてきたか，そして，父がいなくなったあとも，さまざまなトラウマ反応やPTSD症状に苦しんでいたことがわかるでしょう。しかし，これほど苦しい状態に置かれていても，本人がなかなか訴えられないことがあります。なぜならば，マキさん自身も，自分に何が起きているのかわかっていないかもしれませんし，できごとについて話すことさえ苦痛なために話さないようにしている（回避症状）かもしれないからです。

　また，周囲の大人が，性的トラウマの存在に気づかず，意欲の低下や同年代の対人関係にうまく溶け込めないこと，自傷行為，不登校など，目に見える部分のみを取りあげて，「問題行動」ととらえてしまうと，マキさんのこころのケガを見落としてしまい，マキさんにさらなるトラウマを与えてしまうことにもなりかねません。

第3節

トラウマフォーカスト認知行動療法

　事例8-1のようなケースを目のあたりにすると，どこからどのように支援を展開していけばよいのか途方に暮れてしまう支援者もいることでしょう。また，支援の経過中に，次から次へと明らかになるさまざまな症状や「問題行動」に圧倒されてしまい，無力感をいだいてしまう支援者もいるかもしれません。

　一方，トラウマに焦点化した認知行動療法の技法が，性的トラウマから生じる諸症状に有効であることが示されています。それが，米国で開発されたトラウマフォーカスト認知行動療法（trauma-focused cognitive behavioral therapy: TF-CBT）です（Cohen et al., 2017）。TF-CBT は，もともと性的虐待を受けた子どもを対象に開発された治療プログラムであり，子どものトラウマに関連する疾患への治療として，すでに四半世紀以上の歴史を有する治療モデルです。

　このプログラムは，アタッチメント理論・精神発達的神経生物学などの原理に基づき，家族療法やエンパワメントの要素など，さまざまな治療技法を取り入れて構成される複合的なプログラムです。欧米の子どもの PTSD への治療ガイドラインでは，TF-CBT が強く推奨されるプログラムであるとされており（Forbes et al., 2020），わが国で実施されたランダム

化比較試験によっても，その有効性が実証されています（Kameoka et al., 2020; 亀岡・飛鳥井, 2021）。

　TF-CBT は，毎週 1 回，約 50 ～ 90 分，8 ～ 20 回の構造化された枠組みで実施されます。性的トラウマを有する子どもは，トラウマ記憶に向き合い，自分に何が起きたのか，それはどのようなできごとだったのかを正しく知ることによって，さまざまな否定的な感情や認知を修正していくのです（Cohen et al., 2017）。

　表 8-1 に示すように，TF-CBT では，子どもが段階的にトラウマ記憶に向きあうことができるように，まず，適切なアセスメントを実施したうえで，さまざまなスキルを習得する要素（トラウマの心理教育，リラクセーション，感情表出と調整，認知コーピング）に取り組みます。この際，養育者も治療に参加し，子どもと同様のスキルを学ぶことにより，養育者自身のストレス対応能力やペアレンティングスキルの向上をめざします。

表 8-1　TF-CBT の治療構成要素 "A-PRACTICE" (Cohen et al., 2017)

アセスメントとケースの概念化（Assessment and case conceptualization）
- 子どものトラウマとトラウマリマインダーについての心理教育
  （Psychoeducation about child trauma and trauma reminders）
- ペアレンティングスキルを含む養育に関する要素
  （Parenting component including parenting skills）
- 子どもと養育者それぞれへのリラクセーションスキル
  （Relaxation skills individualized to child and parent）
- 子どもと家族に合わせた感情表出と調整のスキル
  （Affective expression and modulation skills tailored to youth and family）
- 認知コーピング：認知の三角形
  （Cognitive coping: cognitive triangle）
- トラウマナレーションとプロセシング
  （Trauma narration and processing）
- 実生活内での段階的曝露
  （In vivo mastery of trauma reminders）
- 親子合同セッション
  （Conjoint child-parent sessions）
- 将来の安全と発達の強化
  （Enhancing future safety and development）

　プログラムの中核的要素は，子どもがトラウマ記憶に向きあうトラウマナレーションとプロセシングの要素です。子どもは，話す，書く，絵で表現するなど，さまざまな方法で，トラウマ記憶を表現し，そこで明らかになった非機能的認知（自分が悪かったからこのようなことが起きた，抵抗しなかった自分は弱虫だなど）を修正していきます。

　終盤では，親子合同セッションがもたれ，完成したトラウマナレーションを親子で共有し，トラウマに関する親子のコミュニケーションの強化を図ります。また，これまで習得したスキルを統合し，プログラム修了後にも習得したスキルを実践し続けることができるように支

援されます。

　TF-CBT を修了した日本人の子どもは，さまざまなトラウマによる PTSD 症状やうつ症状が有意に改善することが報告されています（Kameoka et al., 2020; 亀岡・飛鳥井, 2021）。

第 4 節

TF-CBT 実施後の模擬事例

　TF-CBT の概要を知った支援者のなかには，「深刻な性的トラウマを有する子どもが，これほどの短期間で回復するとはにわかに信じがたい」とか「1 回きりの性的トラウマならば回復するかもしれないが，慢性反復性の複雑なトラウマを体験したケースには効果が望めないだろう」と思う人も少なくないかもしれません。

　しかし，日本の児童相談所で取り組んだ TF-CBT の実践例においても，重篤な複雑性 PTSD に苦しむ子どもたちが，治療後に大きな改善を示したことが報告されています（亀岡, 2021）。また，海外の報告においても，複雑性 PTSD の病態を示す子どもを対象に実施した TF-CBT の効果は，シンプルな PTSD 症状を示す子どもと同様に改善したことが報告されています（Forbes et al., 2020）。

　事例 8-1 で紹介したマキさんも，専門機関でアセスメントを受けて PTSD と診断されました。そして，今の苦しい状況が自分のせいで起きているのではなく，トラウマ（こころのケガ）が原因であったことを告げられると，治療を受けてみたいと思うようになりました。最初にさまざまなスキルを習得し，治療者から肯定的に評価され続けると，だんだんトラウマに向きあう勇気がわいてくるようでした。

　性的虐待について語るときにはつらかったけれど，全部吐き出すように話してみると，マキさんはいくつかの矛盾点に気づくようになりました。治療者と話しているうちに，性的虐待は自分の落ち度で起きたのではなく，加害者の父親に 100％の責任があること，性的虐待の最中にマキさんは死の恐怖を感じ，からだが動かず逃げられる状態ではなかったことなどが確信されるようになったのです。この段階を過ぎると，マキさんの PTSD 症状は急速に改善していきました。その後のマキさんは，性的虐待の記憶の蘇りに苦しむことがほとんどなくなり，体調も回復しました。そして，少しずつ登校も試みるようになりました。

第 5 節

トラウマインフォームドケアの必要性

　先述のように TF-CBT は，子どもの PTSD や関連する病態に対して，国際的に有効性が確立された治療法ですが，治療を必要とするすべてのケースが TF-CBT にアクセスできるわけではありません。その理由の一つは，需要と供給のアンバランスです。TF-CBT を提

供できる臨床家は，日本でも年々増えてきていますが，まだ専門機関であればどこでも
TF-CBT を提供してもらえるというわけではありません。専門的な技術を習得した臨床家
の人材育成が，今後の課題となっています。

　しかし，もう一つの理由は治療の受け手の側にも存在します。実は，PTSD を発症した人
のうち，なんらかの治療を受けた人は 50% 未満しかいないことが報告されています（Forbes
et al., 2020）。このなかには，どこでどのような治療を受けたらよいのかわからない，とい
う人もいるかもしれません。あるいは，おぞましい性的トラウマの記憶を抹殺したい，二度
と思い出したくない，という人は，トラウマの記憶に向きあうような治療を，すぐには望ま
ないでしょう。

　一方，PTSD を発症した人が治療を受けないままに半年以上が経過すると，症状が慢性化
し，自然に回復することがほとんど望めなくなることが報告されています（Forbes et al.,
2020）。模擬事例で紹介したマキさんも，「問題行動」の背景に何かあるのではと気づいてく
れた養護教諭がいなければ，性的虐待についてその後もずっと開示できていなかったかもし
れません。また，もし治療を受けていなかったら，今もなお性的虐待の記憶によって，虐待
され続けているのと同じ苦しみが続いていたことでしょう。

　それだけに，性的トラウマに苦しむ子どもへの支援においては，見えないトラウマを「見
える化」するケアが何よりも必要になります。それがトラウマインフォームドケア（Trau-
ma-Informed Care: TIC）です。TIC は，1990 年代の米国で，レイプや DV 被害のサバイバー，
物質使用障害から脱することができない人やホームレス生活に陥っている人たちの支援現場
で提起された支援のあり方です。つまり，これらの人たちの困難の背景に，トラウマが存在
するということを理解して支援していこうとする基本的な支援の枠組みのことを意味します
（亀岡ら, 2018）。

　性的トラウマは目に見えないために，支援者や周囲の大人だけではなく，本人さえも，こ
ころにケガをしていることに気づきにくい場合が少なくありません。TIC の考え方では，過
去のトラウマから派生してきた問題の末端に位置する心身の健康不全や社会行動上の不適応
のみに目を向けて対応するのではなく，その人のトラウマ歴と現在認められている症状や問
題との関連に目を向けることこそが重要になります（Substance Abuse and Mental Health
Services Administration, 2014）。

　TIC は，支援者が被害者を傷つけること（再トラウマ化）を防ぐために発展してきた概
念でもあります。再トラウマ化とは，性的トラウマを有している子どもや成人に，再びトラ
ウマとなるような行為をしてしまうことを指します。注意したいことは，支援者が提供した
通常業務としての介入が，被害を受けた子どもや成人にとっては再トラウマとなってしまう
ことが少なくないということです（亀岡, 2020a）。すなわち，支援者自身も気づかぬうちに，
よかれと思ってしていることが，相手のこころを再びケガさせてしまうことがあるのです。

　先述の模擬事例においても，虐待が開示されていない段階でマキさんが示した，注意集中

困難や身体の疲労感，意欲の低下や学業不振などに対して，通常の助言指導や説諭のような対応がなされていました。通常の教育現場では，このような対応は一般的なものですし，それによって，発達が促進されていく子どももいるかもしれません。しかし，性的トラウマを有しているマキさんは，もしかしたら，「どうせわたしが悪い」「だれもわたしのことをわかってくれない」「何もかもうまくいくはずがない」などの否定的なとらえ方（認知）を強めてしまい，さらに，自暴自棄になっていったかもしれません。こうなると，周囲の支援者とマキさんとの関係は，より不安定なものになり，支援が暗礁に乗り上げてしまうことも少なくありません。

　TICでは，「トラウマがよく見えるメガネ」をかけて，トラウマの観点から支援を展開していきます。このような「トラウマメガネ」はどうしたら手に入るのだろうと不安になる支援者もいるかもしれませんが，トラウマやPTSDについてよく学び，「もしかしてこの子は，こころのケガが痛くてこのような反応を示しているのかも」という視点で子どもを見る癖をつけていけば，案外，だれでも「トラウマメガネ」を取得することができるものです。

第6節
支援現場でできる TIC

　TICは，トラウマの影響を理解しそれにしっかりと対応するための新たな支援の枠組みであり，トラウマに特化したTF-CBTのような治療プログラムではなく，支援を展開する際の幅広い基本概念を示すものです（Substance Abuse and Mental Health Services Administration, 2014）。したがって，医療だけではなく，教育，保健福祉，司法など，子どもを支援するさまざまな領域で仕事をする人たちにも実施可能なものなのです。

　TICを実践すると，被害を受けた子どもや家族の身体面・心理面・感情面の安全感やコントロール感が強化され，エンパワーされる機会が増えていきます（Harris & Fallot, 2001）。このようなTICは，それぞれの地域や現場の実情に即して，柔軟に展開されると，最大の威力を発揮するでしょう。次に，TICに最低必要だと考えられる要素を挙げています。

1　心理教育

　繰り返しになりますが，こころのケガは目には見えないものであるだけに，性的トラウマを有する子どもと家族（非加害養育者）に対して，心理教育を実施することは何よりも大切です。ただし，この段階で必要になるのは，表8-2に示すような，一般的なトラウマの心理教育や性的トラウマについての心理教育です。ときどき，「通常の性教育」がなされている例を散見することがありますが，これは子どもにとっての再トラウマとなる場合もあるため，注意が必要です。

　なぜならば，「通常の性教育」は，命の大切さを説き，赤ちゃんはどうやって生まれるか
を解剖学的に説明し，自分のからだは自分のものであるということを教え，自分のからだを
守ることの大切さを説くという流れで行われることが多いように思われます。しかし，性的
トラウマとなるような強制性交やわいせつ行為は，性暴力なのであり，通常の健康な性行為
とはまったく別のものです。性暴力被害を受けた子どもが，このような「通常の性教育」を
受けると，「自分はやはり大切なものを失ったのだ」「自分を守ることができなかったわたし
は悪い子だ」というように，ますます否定的な考え（認知）を強めてしまうかもしれないか
らです（亀岡・飛鳥井，2021）。

　この段階で実施されるべき，一般的なトラウマや性的トラウマについての心理教育では，
多くの子どもがさまざまなトラウマとなるできごとを体験しているという正しい疫学情報を
伝えること，その体験は子どもの落ち度ではないこと，そのできごとによってさまざまな反
応が出現してもそれは当然のことであること，トラウマによる反応にはどのようなものがあ
るのかということなどです（表8-2）。子どもにトラウマのことをわかりやすく伝えるため
の絵本シリーズなども，有効な心理教育のツールになります（Jessie, 1991; Holmes & Pillo,
2000; Link & Büchner, 2021）。そして，「通常の性教育」は，子どもに十分なケアや治療が
なされ，子どもが回復したあとに実施するとよいでしょう。

表 8-2　心理教育に含むべき要素（亀岡，2014）

- **トラウマについての一般的な情報提供**
  - どのようなタイプのトラウマがあるか？
  - どのくらいの子どもがトラウマを体験するのか？
  - トラウマによる影響，トラウマ反応について
- **トラウマのタイプに特化した情報提供**
  - （例）性的トラウマ（虐待）とは？
  - （例）なぜ性的トラウマ（虐待）は起こるのか？
  - （例）なぜ子どもはその体験を話そうとしないのか？
  - （例）性的トラウマ（虐待）を受けた子どものトラウマ反応について
- **トラウマ反応への対処法**
  - さまざまなリラクセーション法など
- **治療や利用可能なサービス機関についての情報提供**

2　気づきとパラダイムの転換

　その次に大切になるのが，被害児やその家族（非加害養育者）がトラウマについてのとら
え方を転換させることです。あなたがダメなのではなく，こころにケガをしていたからうま
くいかなかったのだということを共有し（図8-2），過去は変えられないけれども，これか
らの生活はあなたの力でコントロールしていける可能性があることを説明します（図8-3）。
この部分は，TIC のなかでも，もっとも重要な部分です。なぜならば，性的トラウマを有

図8-2　見立ての共有（亀岡，2020a）

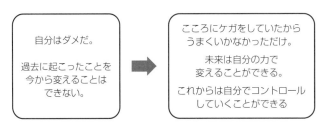

図8-3　パラダイムの転換（亀岡，2020a）

する子どもは，「どうせ何も変わらない」「何をやってもムダだ」のように，あきらめや無力感をいだいていることが多いからです。このような子どもに対して，最初から，問題解決を話しあったり，新たなスキルを教えようとしたりしても，うまくいかないことが多いかもしれません。なんとか，前を向いて生きていこうとする小さな希望の灯をともすことが何より大切だと思われます。

③　トラウマのメカニズムを理解する

　その次になすべきことは，図8-4に示すような「トラウマの三角形」のメカニズムを共有し，子ども自身の理解をうながすことです。自らが体験した性的トラウマとなるできごとによって，どのような反応や症状が出現しているか，その症状は今の生活のなかのどのような刺激（リマインダー）や状況で出現しやすいのかということを，一緒に分析していくことが大切です（亀岡，2020a）。たとえば，先述の模擬事例では，夜という時間帯・父と容貌の似た男性・父が乗っていた車と同じ車種の車などがリマインダーとなり，トラウマ症状が出現

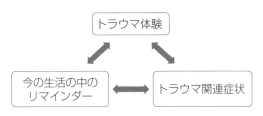

図8-4　トラウマの三角形（亀岡，2020a）

するということを，マキさん自身が理解できるように支援する必要があります。このような
作業を通して，マキさんは，あらかじめリマインダーとなる刺激や状況を予測することがで
きるようになりますし，たとえトラウマ症状が出現したとしても，それがこころのケガによ
る症状であることを知っていることは，本人のコントロール感を高め，安全感の向上につな
がるのです（図8-5）。

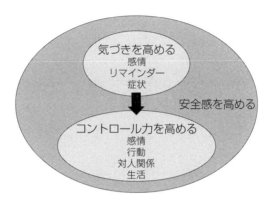

図8-5　トラウマインフォームドケアの基本目標（亀岡, 2020b）

　支援者のなかには，子どもの体験した性的トラウマのつらい話を「聞いてあげる」，そし
て「わかってあげる」ことがトラウマケアであるととらえている人が多いかもしれませんが，
その前に，トラウマの仕組みと自分に起きていることを子ども自身が正しく知ることができ
るような支援を忍耐強く繰り返していくことが不可欠です。そして，これがTICの基本で
あるといえます。

④　養育者へのTIC

　一般的に，わが子が性的トラウマを受けたという非加害養育者（通常は母親）の心理的苦
痛には，計り知れないものがあります。ほとんどの養育者は，なぜもっと早くに気づいてや
れなかったのかという自責感，こんなことはだれにも話せないという恥の感情，わが子の一
生は台無しになってしまったという絶望感などを訴えています。また，加害者が自分の夫や
パートナーであった場合は，悲しみや喪失感，裏切られ感などが強くなり，加害者や被害児
に対して両価的な感情をいだくことが多いとされています（Regehr, 1990）。性的トラウマ
を受けた子どもの非加害養育者が，うつや不安症状を訴えることが多いという報告もありま
す（Lewin & Bergin, 2001; Mannarino et al., 2007）。

　一方，このような非加害養育者の心理的苦悩が，性的トラウマの被害児の精神医学的症状
に大きな影響を与えることや，非加害養育者である母親の反応が，子どもの短期的・長期的
な心理的適応を予測するという報告もなされています（Elliott & Carnes, 2001; Spaccarelli

& Kim, 1995）。さらに，非加害養育者の支持的な反応は，性的トラウマを有する子どもの精神症状や社会生活機能の改善と関連しており（Lovett, 2004），子どもの外在化症状や非行行動が有意に少なかったことも報告されています（Bolen & Lamb, 2007）。

　TIC によってサポートされていた非加害養育者は子どもに対して支持的な反応ができるということから，性的トラウマを有する子どものケアでは，非加害養育者自身のトラウマにも配慮し，TIC を提供することが，子どもの回復を促進すると考えられているのです（第7章参照）。

支援者にも必要な TIC

　性的トラウマを有する子どもやその非加害養育者への支援は，支援者にとっても精神的重労働となります。また，ときには支援者自身も支援業務のなかで二次的にトラウマを受ける可能性があることが知られています（第5章参照）。その場合，支援者にも，性的トラウマを有する子どもが示すのと同様のトラウマ反応が現れます。

　性的トラウマを有する子どもと話すことがつらくて，支援者自身が動揺してしまうこともあるでしょう。支援が長引き，従来どおりの対応がうまくいかない，どうすればよいのかわからない，というような状態が続くと，支援者は無力感でいっぱいになり，あきらめの境地に陥るかもしれません。さらには，自分は支援者失格だ，というような否定的な考えが強くなり，そのうち，同僚や機関同士のコミュニケーションもうまくいかなくなり，孤立無援の状態になってしまうことも少なくありません。支援者に現れるトラウマ反応は，このように形づくられていくことが多いのです（Reece et al., 2014）。

　このような支援者のトラウマ反応は，支援者個人のみならず組織全体に大きな影響を与えることが知られています。それにもかかわらず，多くの職場では，これらのリスクに配慮した対応がなされているとはいい難い状況です。このような職場環境では，職場全体のパフォーマンスが低下してしまい，支援者の離職や休職という大きな損失につながることもあります。場合によっては，支援者個人の責任に帰され，退職を求められるケースもあるかもしれません。対人支援サービスに携わる人が，仕事に関連するどんなストレスや苦悩にもうまく対処しなければならないという暗黙のメッセージを引きずってしまうと，支援の経過のなかで窮地に陥ったときにだれにも相談できずに，悪い結果を招いてしまうことも多いのです。

　TIC では，支援者自身も，トラウマの観点から守るべき存在であるとみなされます。支援者が子どものトラウマ反応に気づき，さまざまな反応をうまくコントロールできるようにサポートするのと同じ方法で，自分自身についてのトラウマ反応に気づき，それが支援の過程で生じる当然の反応であることを理解し，それをうまくコントロールできるようになることが大切です（Reece et al., 2014）。さらに，「トラウマのメガネ」をかけて，子どもの状態

や支援のプロセスが可視化できるようになると，困難な状態においても，今何が起きている
のかが理解できるようになるため，混沌としたなかで手探りの支援をするときのような不安
や疲労は軽減されるかもしれません。TIC は，子どもと養育者，そして支援者すべてのト
ラウマに優しいケアであり，支援現場全体の安全感を高めるものなのです。

まとめ
トラウマを理解した支援への期待

　性的トラウマに関わる人たちには，本章で述べたように，さまざまなリスクが伴いますが，
トラウマの性質をよく理解し，適切な予防策を講じながら業務を遂行すれば，そのリスクを
最小限にすることができると考えられています。気づきを高め，コントロール力を強化する
という TIC の基本原則は，性的トラウマに苦しむ子どもとその家族だけではなく，支援者
にとっても有益なのです。

レジリエンス・PTG

高田紗英子

1）トラウマへの反応と個人差

　トラウマティックな体験をしたあとに，PTSD（心的外傷後ストレス障害）などのメンタルヘルス上の問題をかかえる人がいる一方で，同じようなつらい経験をしても，回復し，そこから立ち上がり，以前よりも人間的に成長できる人もいます。このような「こころの回復力・弾力性」のことをレジリエンスといいます。レジリエンスとは，トラウマを経験したり，常にストレスにさらされているような過酷な環境であっても適応できる力のことをさしています。

　レジリエンスの概念は，ストレスの概念と同様，物理学に由来します。元々は「外から加えられた力による歪みを跳ね返す力」という意味です。ゴムボールを指で押さえたところを想像してもらうとわかりやすいかもしれません。

　トラウマはわたしたちがそれまでいだいてきた他者や世界への信頼感をゆさぶります。近しい人からの暴力，凄惨な事件事故への遭遇，あるいは大切な人を失ったことなど，トラウマとなるできごとに遭遇したあと，わたしたちはそのできごとを反芻し，何が起こったのかをあてもなく考え，あたかもそのときに戻ったかのような鮮明な記憶にさいなまれます。まるで予知が難しい地震のように，トラウマ体験時に覚えた恐怖感や無力感が，ふいに強烈に襲いかかってくることもあります。ですが，それらは「非常時に対する正常な反応」です。

　「状況を変えることができなくなったとき，わたしたちは自分自身を変えることに挑戦する」。オーストリアの精神科医であるヴィクトール・フランクル（2002）の言葉です。非常にショッキングなトラウマ体験をしたあとで，人は回復することができるのか，あるいは同じような体験をしても症状に差があるのはどうしてなのか，これらの問いはトラウマ臨床に携わる人なら一度はいだいたことがあるものでしょう。

2）トラウマ後の成長

　近年，トラウマ領域ではこの逆境を活かそうとする心理的プロセスが解明されつつあります。それが「レジリエンス」と「心的外傷後成長（posttraumatic growth：PTG）」と呼ばれるものです（Tedeschi & Calhoun, 2014）。二つは混同して考えられがちですが，厳密には定義が異なります。レジリエンスはトラウマのもとになるようなストレスを跳ね返すものであるのに対し，PTGはトラウマ経験をはじめとする逆境や精神的苦痛に耐えた人々にみられる前向きな変化と成長として理解されています。トラウマ体験がその人の世界に入る亀裂とするならば，亀裂が入っても割れないだけの土壌の強さや豊かさがレジリエンス，そしてその亀裂が新たな成長の源となり，最終的には自らや他者，周囲の世界との関わり方を向上させることによって経験することのできる変化がPTGともいえるでしょう。

　「苦難が成長の糧になる？　まさか！　とんでもないです！　お断り！」そんな声が聞こえてきそうです。けれどもわたしたちは知っています。人生は何が起こるかわからない。愛する

対象を喪ったり，災害に見舞われたり，健康が
損なわれたり，経済的な安定を失ったり，ある
いは2020年から続く世界的なパンデミックな
ど，わたしたちが自分の人生で経験したことが
ある困難について考えてみてください。人生に
は，悲嘆に暮れたり苦痛に打ちのめされたよう
に感じることがあるでしょう。わたしたちがそ
のような経験から立ち直ることができれば，と
きにはそのチャレンジングな時期がわたしたち
自身の人生に価値と意味を付加することがある
のです。

　ところで日本には，割れたり欠けたりした部
分を漆で接着し，金粉などで装飾して修復する
金継ぎという技法があります。金継ぎのゴール
は元どおりにすることではありません。壊れる
前の姿に戻そう，傷跡を隠そうとする復元では
ないのです。傷を隠すどころか，傷さえも恥で
はなく，生まれ変わった誇りとなるのです。損
なわれた部分を修復し，そこで癒えた傷が，新
しい意味をもって生まれ変わる，つまり傷から
生まれる新しい調和の形をめざすこのアプロー
チは，レジリエンスやPTGの文脈で考えてみ
ると共通点がみえて
くるのではないで
しょうか。
　レジリエンスと
は，わたしたちが人
生で経験した苦痛や

困難をふり返り，その経験から学んだことが，
現在のわたしたちのあり方にどのように貢献し
ているかを認識し，へこたれない強さを身につ
けることです。PTGはもう少し複雑な過程を
要します。困難を単に克服するだけでは十分で
はありません。その過程で何かを学ぶ必要があ
ります。骨折したあと，元の骨折部位より強く
なることがあるように，あるいは金継ぎのよう
に，経験した困難に意味と価値を見出すことで
新たな自分を生き，ひいてはそれが周囲を照ら
すことになるのです。

3) 回復と成長に向けて——他者の重要性

　人間には，だれにも回復力があります。レジ
リエンスを身につけ，PTGをめざすことは可
能です。ですが，それはあくまで状況次第。回
復力をどのように生み出すのか，鍵になるのは
周囲にいる人のサポートです。先ほどの金継ぎ
には，呼び継ぎという別の方法もあります。こ
れは割れた器の破片が足りない場合に，似た形
状のほかの器の破片を使って継ぐ技法です。
ぴったり合うものを探すのには根気が要るで
しょう。喪った部分を補うために，ほかから力
を借りる——それによって修復が可能となるの
です。SAMHSAによるガイドラインにも，ト
ラウマから回復するために必要なものとして，
「他者との有意義なつながり」「信頼できる他者
からのサポート」「他者の役に立つ機会」「他者
があなたの話に耳を傾けてくれること」など，
「他者」というキーワードがたくさん出てきま
す。また，「樹木たちの知られざる生活」の著者，
ペーター・ヴォールレーベン（2017）は，何百
年も前に切り倒された木の切り株の例を挙げ，
その切り株は孤立していないからこそ生きなが
らえていると説いています。つまり，近くの樹
木から根を通じて栄養を得ており，それがコ
ミュニティを生成しているというのです。
ヴォールレーベンはこうも言います。「社会の
真の価値は，そのなかのもっとも弱いメンバー
をいかに守るかによって決まる」と。傷つけら
れたこころに寄り添う他者がいてはじめて，こ
ころの回復力が芽生えるのです。

　人は脆く，傷つきやすい。人生は予測不可能
です。こころの傷を負ったとき，とくにそれが
同じ人間から自分の尊厳や誇りを傷つけられた
とき，わたしたちは他者を信じることが難しく
なります。ですが，信頼できる他者とともに傷
を隠さず，ともに生きることで，その経験が土
台としてのレジリエンスになり，あるいは
PTGへとつながることもあるのです。

第9章　チーム学校による支援のあり方

松浦正一

　現在の教育問題は複雑化・多様化しているだけに，教職員の得意とする教育問題と不得意とする教育問題が出てきています。たとえば，LGBT や性暴力被害，子どもの貧困への対応といったことは多くの教職員が不得意とする教育問題といえるかもしれません。こうした不得意とする教育問題は学校をある種の危機状態にします。危機状態に陥ると学校機能の一部あるいは全体が機能不全に陥ります。こうした危機に対応するための支援体制としてチーム学校が機能することが期待されます。

　本章では，さまざまな性暴力被害においてチーム学校がどのように機能するのかについて，事例を用いながら検討します。その前にチーム学校について簡単に概要を説明します。

はじめに
チーム学校とは

　子どもの支援体制の充実のためには，学校・家庭・地域の連携，そして，教師・スクールカウンセラー（以下，SC）・スクールソーシャルワーカー（以下，SSW）などの連携の必要性が認識されています（文部科学省, 2017）。たとえば，中央教育審議会（2008）は，「SC は，子どもに対する相談，保護者や教職員に対する相談，教職員などへの研修のほか，事件・事故や自然災害などの緊急事態において被害を受けた子どものこころのケアなど，近年ではその活動は多岐にわたっており，学校の教育相談体制において，その果たす役割はますます大きくなっている」と報告しています。同様に，内閣府（2017）の子どもの貧困対策会議では「すべての子どもの安心と希望の実現プロジェクト」において，貧困家庭への支援を行ううえで SSW を活用し，子どもが置かれたさまざまな環境への働きかけや問題解決のための体制整備，貧困対策のための重点加配など，配置の拡充を行うとしています。

　今や学校でこれらの専門職を活用していくことは，教育問題に取り組んでいくうえでは必要不可欠になっているといってよいでしょう。そのために中央教育審議会（2015）では「チームとしての学校の在り方と今後の改善方策について」（答申）が出され，学校の専門スタッフとしてこれまで学校教育に関わってきた SC や SSW などを**教職員定数**に入れる方向性が示されました。教職員とは，教員（校長，教頭および教諭など）のほかに養護教諭，栄養教

論，事務教員などの学校職員をさします。方向性が示されただけで実現されているとはいい難いのですが，これが子どもの支援体制の充実のための「チームとしての学校（以下，チーム学校)」です。

チーム学校の実現のために

　中央教育審議会（2015）は，チーム学校を実現するために「専門性に基づくチーム体制の構築」「学校のマネジメント機能の強化」「教職員一人ひとりが力を発揮できる・環境の整備」という三つの改善方策を示しています。まず，この三つの改善方策とそこでの専門職としての役割について考えていきます。

❶　専門性に基づくチーム体制の構築

　これまで教育現場では教育問題に対して教員が中心となり課題解決にあたっていました。しかしながら，先に述べたように教育問題が複雑化・多様化してきたため，心理職や福祉職といった教員とは異なる専門性をもつスタッフの力を借りながら支援体制を組む必要が出てきました。実際に SC は，いじめ・不登校の問題解決にあたり教育相談体制の充実を図るために 1995 年度の「スクールカウンセラー活用調査研究」を経て，学校へ配置されるようになりました。また，文部科学省は児童生徒の問題行動などの背景に家庭，友人関係，地域，学校など児童生徒の置かれている環境に問題があるとして，2008 年度から「スクールソーシャルワーカー活用事業」が始まりました。

　文部科学省はこれらの事業をさらに進めて，こうした専門職を学校職員として配置し，教職員の指導体制の充実と業務の分業を行う取り組みを検討しています。こうすることにより養護教諭なども含めた教職員がそれぞれの専門性を活かして，学習指導や生徒指導などの多様な教育活動をチームとして取り組めるようにしようとしています。これまで SC や SSW は外部の専門家としてとらえられることが多かったのですが，今後は教職員として学校教育の向上と教員が不得意としてきた教育問題の解決に貢献することが期待されています。そのためには，校内において有機的に機能するように役割を明確にし，従来の教職員との連携や分担体制について検討していくことが求められています。

　また，心理職である SC や福祉職である SSW は，教員があまり得意としない教育問題に対して，その専門性を活かすことになります。たとえば，SC は児童生徒の個別の面接やアセスメント，保護者や教員に対する子どもとの関わり方についての助言や心理教育（第 7 章

＊**教職員定数**　都道府県ごとに置くべき義務教育諸学校の教職員の総数を算定するもので，都道府県はこれを基準にして教職員の定数を条例で定める。

参照），管理職に対して当面のこころのケアについての個別の支援計画の助言を行っていくことが考えられます。また，SSW は性暴力被害にあった児童生徒と子どもを取り巻く環境について情報を収集し，アセスメント（課題やニーズの把握）を行い，それらの強み（ストレングス）を活かした具体的な支援策を考えることになります。その際，個別支援会議（カンファレンス）を開催し，校内だけでなく家庭，地域（関係機関を含む）との連携と協働を図ることになります（図9-1）。この地域にある関係機関は警察や児童相談所，医療機関などが含まれます。場合によっては児童館や子どもの習い事先も含まれます。

　このように学校は学内のスタッフとの連携だけでなく，家庭，地域と連携し，協働して一つのチームとして機能することも求められています。

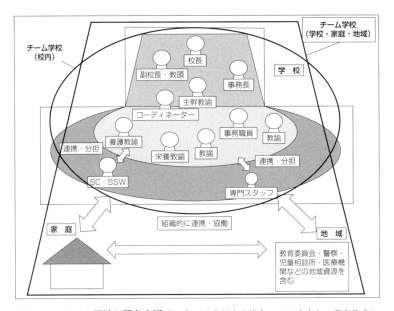

図 9-1　チーム学校と緊急支援チーム（中央教育審議会，2015 をもとに著者作成）

② 学校のマネジメント機能の強化

　学校が家庭，地域と連携し，協働して一つのチームとして機能するためには，校長のリーダーシップがきわめて重要となります。校長は学校経営と学校管理の最高責任者であり，学校を管理運営するうえで必要なすべての事項は，校長の権限と責任においてなされることになります。河野（2006）は，危機対応時に校長がリーダーシップを発揮するために求められる重要なこととして危機対応の目的や目標をはっきりさせておく必要があることを述べています（表9-1）。対応に迷ったときに，危機対応の目的や目標に立ち戻ることで，対応のブレを防ぐことができます。

　ただ，教育問題が複雑化・多様化してきたことで，校長だけの判断では意志決定をするこ

表9-1　危機対応の目的と達成目標（河野, 2006）

危機対応の目的（例）	危機対応の達成目標（例）
1) 子どもと職員の体と心を守る	1. 子どもと職員の安全が守られる 2. 二次被害の拡大が防止される 3. 心に傷を受けた人に支援が提供される
2) 教育等学校本来の機能を維持する	4. 学校の日常活動が平常に運営される
3) 子ども, 保護者, 社会からなお信頼を保つ	5. お互いの信頼が保たれる
4) 危機からも学び, プラスに変えていく	6. お互いに気遣い, 助け合う関係が育まれる 7. 危機管理態勢が向上する

とが難しくなってきています。そのため，副校長あるいは教頭や事務長，主幹教諭も含めて学校のマネジメント機能を強化することが求められています。SC や SSW はそれぞれの専門性を活かして子どもの援助に関わる学校のマネジメント機能に貢献できる存在として期待されています。

　また，これまで教員があまり得意としない教育問題において，SC，SSW の専門性に基づくコンサルテーションが対応の鍵となってきます。こうした問題において対応が後手にまわるようなことがあると学校全体が機能不全を起こし，通常発揮できる学校の対応能力が大きく損なわれることになります。そのため，学校のマネジメント機能の高低がチーム学校で取り組む初期対応の善し悪しを決め，その後の機能不全を回避するのか，助長するのか，につながります。

3　教職員一人ひとりが力を発揮できる環境の整備

　チーム学校を実現させるための 3 番目の改善方策としては，教職員一人ひとりが力を発揮できる環境の整備が挙げられています。そのために人材育成や業務環境の改善，教育委員会などによる学校への支援の充実が求められています。SC は，人材育成のための研修において専門性を活かして研修講師として関わることで貢献できるでしょう。また，業務環境の改善においても専門性は活かせます。たとえば，学校職員のストレスチェックを養護教諭と協力しながら実施し，結果の分析を担当することで環境改善のための具体策を提案することができます。

　また，大岡ら（2020）によるとトラウマインフォームドケアを踏まえた性暴力被害に関する研修を行った結果，研修前後で性被害・加害の子どもや保護者への対応ができる効力感が 2 倍前後に増し，トラウマに対する認識も向上したという報告があります。このように SC はこころの健康教育の企画・実施・評価に関わることが求められています（石隈, 2019）。

表 9-2　SSW の配置形態 （教育相談等に関する調査研究協力者会議，2017 をもとに著者作成）

派遣方式	SSW を教育委員会に配置し，学校からの要請に応じて派遣する
巡回方式	SSW を教育委員会に配置し，複数校を定期的に巡回する
単独校配置方式	特定の学校に SSW を配置する
拠点校配置方式	SSW を拠点校に配置し，近隣校を巡回する

　子どもを巻き込む性暴力の問題において SC は，教職員に対して性暴力被害について心理教育や個別面接を行ったり，養護教諭と連携してメンタルヘルスに問題のある，あるいは，リスクの高い教職員への対応を検討したりすることで貢献できるでしょう。

　また，SSW は問題をかかえる子どもとそこを取り巻く環境をアセスメントすることで，個々の支援ニーズをとらえ環境改善に努めることができるでしょう。また関係機関などとのネットワークの構築と連携・調整を行います。そして，SSW の配置形態にはいくつかの形態があります（表 9-2）。著者の知る限り SSW は派遣方式や巡回方式で配置や活用が行われています。まだ 1 校 1 人の配置は難しいことが推察されますが，教育問題の複雑化・多様化に対応していくためには，さらに SSW を増員することが望まれます。

第 2 節
チーム学校における危機対応チーム

　危機対応チームとは，学校内で児童生徒がかかえる問題に対して実態把握や支援のあり方などについて検討し，支援を実行し，支援が適切であるかどうかを評価します。学校によって名称が異なることもありますが，同様の機能を有する会議や部会なども同様のものと考えてよいでしょう。学校心理学においては，子どもの支援のためにチームで援助を行うことをチーム援助と呼びます。チーム援助では子どもの 4 領域（学習面，心理・社会面，進路面，健康面）における問題状況を援助することを目的にして，教師とコーディネーター（生徒指導担任，教育相談係，養護教諭など）が保護者と連携して校内支援体制を構築します（石隈・田村，2018）。こうしたチーム援助の手法を危機対応チームにおいても援用していくとよいでしょう。つまり，子どものいいところや気になるところ，これまで行ったことや現在行っている援助を 4 領域に基づいて整理し，援助方針や具体的な援助案（どのような援助をだれがいつからいつまで行うのか）を考えていきます。そして，このような危機対応チームで検討された支援計画は個別の支援計画として，管理職や関係職員で共通理解を図っていきます。校内にこのような危機対応チームがあることで，子どもの問題を担任が一人でかかえ込まず，さまざまな立場の関係者が協力して，必要な情報を共有し，適切な対応を考え出すことができるようになります。

　また，学内には 3 層の援助サービスのシステムがあります。学校心理学では，①特定の児

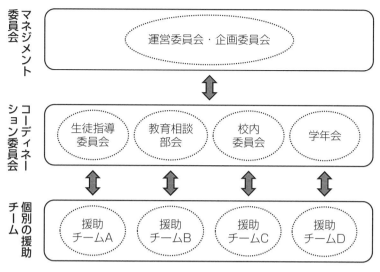

図 9-2　3 層の援助サービスのシステム (家近, 2019)

童生徒に対して編成される個別の子どもへの援助チーム（田村・石隈, 2013）, ②学校の校務分掌などに位置づけられ恒常的に機能するコーディネーション委員会（家近・石隈, 2003）, ③学校全体の教育システムの運営に関するママネジメント委員会（山口・石隈, 2007）の 3 層があると考えています（図 9-2）。そして, コーディネーション委員会は組織の教育システムの横のコーディネーションの場であり, マネジメント委員会は組織の教育システムの縦のコーディネーションの場となります。管理職が参加するコーディネーション委員会は, 縦と横のコーディネーションをつなぐ場であり, その重要な機能の一つがマネジメントの促進ということになります（石隈, 2016）。

　これら 3 層の援助サービスのシステムを包含する形で危機対応チームがあるのではないかと考えます。危機対応チームは, 管理職, 教育相談担当, 生徒指導主事, 養護教諭, 各学年の教育相談担当, SC といった立場の異なる学校職員で構成されます（図 9-3）。管理職である校長は, 学校全体としての支援体制を築くためにリーダーシップを発揮することが求められます。たとえば, 学外の専門機関との連携だけに限らず, 虐待における児童相談所との連携や非行問題における警察との連携などや虐待の通告や校内暴力における警察の通報といった場合も含め, 校長が学校全体としての意思決定を行います。

危機対応チーム

管理職（校長・副校長など）
子どもの状態を把握し，校内の支援体制がうまく機能しているのかを常に見直し，いじめ・不登校対策委員会などが機能するようにリーダーシップを発揮する。外部専門機関との連携の窓口となる

生徒指導主事
子どもの問題行動に関しての情報を得られやすい立場から，各援助者と連携を図り，子どもの指導にあたる

教育相談コーディネーター
校内の支援体制を中心となってまとめ，教職員や子どもとSCをつないだり，外部専門機関と学校をつなぐなど，コーディネーターとしての役割を果たす

養護教諭
子どもの心身に関する情報が入りやすい立場から，子どもの変調にいち早く気づくことができる。校内の各援助者に情報を発信し，連携を図り，対応する。保健室に来室する子どもの内面をよく把握し，安心できる場を提供する

スクールカウンセラー
子どもや保護者のカウンセリングやアセスメントを行い関係する教員と情報交換を行いながら対応について助言する。いじめ・不登校対策委員会や外部機関との連携の場では，専門家として臨床心理学の知見を伝え，援助に反映させる

各学年の生徒指導・教育相談担当
各学年の子どもの情報を，学級担任と連絡を通して常に把握しておく。いじめ・不登校対策委員会で検討した対応策について学年の教職員集団に伝えるなど，委員会と学年とのつなぎ役となる

各学年の教職員
日頃から子どもの状態に気を配り，わずかな変調に気づくことができる。一人でかかえ込むことなく，早めに各援助者と連携し，ともに対応する。場合によって，家庭訪問や電話連絡を定期的に行う

図9-3　危機対応チーム（いじめ・不登校対策委員会など）の組織と各援助者の役割
（四日市市教育委員会，2005を一部加筆）

第3節
チーム学校による性暴力被害への対応

　性暴力被害という子どもの危機において，チーム学校による危機対応で危機対応チームがどのように関わっていけるのか，専門職がどのような働きや連携を行っていけるのかを事例に基づいて検討を行います。なお事例は，学校での支援について検討するための架空の事例です。

事例9-1　犬の散歩中に被害にあった事例

　中学校1年生の女子生徒ミサキさんが夕方に犬の散歩に出かけました。向こうから男性が歩いてきて，すれ違いざまにミサキさんにキスをしました。ミサキさんは驚いて，からだが固まってしまいました。ただ，その男性は，それ以上のことは何もせずに，その場から立ち去りました。我に返ったミサキさんは，急いで家に帰って，そのことを母

● 親に話しました。母親は警察と学校に連絡をしました。ミサキさんはショックを受けて
● いましたが，一夜明けると学校には登校し，日中はとくに問題なく学校で過ごせていま
● す。
● 　しかし，夕方以降の外出は怖くてできなくなり，親と一緒でも男性が前から来ると母
● 親の後ろに隠れるようになってしまいました。母親は子どもの怖がり方が気になって，
● SC に面接を希望しました。事件から 1 カ月が経とうとしていましたが，SC は面接で
● 事件のことを初めて知りました。

●専門職が情報共有の輪に入る重要性

　「学校で問題なく過ごしているから」「もう忘れて次のことに向かっていそうだから」といった判断から，事件・事故のことが学校から SC に知らされないまま時間が過ぎていくことがあります。周囲の大人が子どもの話を聞くこともなく観察だけでそのような判断をすることは危険です。このようなことが起こる背景には，できごとによる本人のショックを学校が軽く見積もることで，無意識に自分たちの衝撃を弱めようとしたり，苦手な対応から目を背けようとしたりしていることがあると考えられます。これは保護者にもいえることです。被害者本人から話を聞くと食欲が落ちていたり，眠れていなかったり，生理が遅れていたり，気分が悪くなることが多くなっていたり，心身の不具合（身体症状）が語られることがよくあります（第 1 章参照）。

　子どもに性暴力被害を思い起こさせ，本人を動揺させてしまうことを恐れて学校側や保護者が支援の導入を断ることがあります。声をかけないことで生じるデメリットよりも，たとえ声をかけ動揺したとしても，その後のメリットを考えてほしいと思います。メリットのひとつが，声をかけたときの反応によって被害者のアセスメントの手がかりが得られることです。被害の程度に対して動揺が少なければ，否認や回避，抑圧といった防衛的なこころの働きが影響している可能性があります。動揺が大きければ，医療につなげていくことも視野に入れてケアを行っていくことになります。声をかけなければこれらのことが何ひとつつかめず，こころの傷を放置してしまうことになります。

　また性暴力加害者がだれかわからない，あるいは，犯人が捕まっていない状況は，被害者にとっては，いつ，どこで，再び被害にあうのかがわからない状態だといってもよいでしょう。加害者に脅されたりしていたなら，その恐怖は余計に増します。

　本事例の場合は，SC が管理職に性暴力被害にあった被害児童生徒に対する支援の重要性を話して，保護者の面接後に危機対応チームによる支援を検討することを提案しました。まずは SC が母親との面接を行い，聞きとりによる子どもの心理アセスメントを行うと同時に母親に心理教育を行います。被害児童生徒や保護者に対して心理教育を行う際には，心理教育用のリーフレットなどを用いると内容が伝わりやすくなります。リーフレットについてはダウンロードできるものもあるので事例に合わせて活用するとよいでしょう（子どもの性の

健康研究会，2022）。そして，性暴力被害にあったときの子どもの心理について理解してもらい，母親の許可のもと面接に担任を入れて三人で今後の対応について検討しました。また，SC は次の来校日に被害生徒と面接できるように母親と担任に調整をお願いしました。これらのことについて学年主任と生徒指導専任と情報を共有します。

　さらに学校での生活では問題がみられないとしても，誘因なく恐怖や不安感が生じることがあるため，担任や養護教諭にトラウマ反応についての理解をうながしたり，気持ちが落ち着かなくなったときに本人から話を聞いたりする校内の人的資源として動いてもらうことにしました。学年主任と生徒指導専任には，支援体制について話し合ったことを校長に提案し，了承を得てもらうことをお願いしました。

　このように学校のマネジメント機能を強化することが求められているため，チーム学校の一員となる SC や SSW は専門性を活かして校長及び教職員へ助言することやケアプランを策定することが求められています。あわせて，校長が学校経営と学校管理の最高責任者であるため，校長への報告，連絡，相談といったことも常に行う必要があります。

事例 9-2　ソーシャルネットワークを通じて犯罪被害にあった事例

　中学 3 年生の女子生徒ナギさんは，ソーシャルネットワークのアプリで知りあったファッション雑誌の編集者という男性と雑誌の取材ということで，会うことになりました。少し話をしたあとに「よかったら明日，雑誌モデルのオーディションがあるから書類審査だけでも受けてみないか」と男性から言われ，芸能の仕事にあこがれていたナギさんは「書類審査だけなら」と軽い気持ちで承諾しました。すると男性は近くの撮影スタジオでオーディション用の写真を撮らせてほしいと言ってきました。ついて行くと履歴書のようなものを書かされ，いきなり「裸になれ」と言われました。いやがると男性は態度を豹変させ，大声を上げ，ナギさんを殴るふりをしました。怖くなったナギさんが仕方なく服を脱ぐとからだや性器を触られたり，写真を撮られたりしました。このことを話したら撮った写真をネットで公開すると言われましたが，帰宅後，怖くなって母親に話したところ警察に通報することになりました。

　警察の取り調べによると，スタジオという場所がレンタルルームであったことから，借りた人物の特定が難しく，犯人逮捕までしばらく時間がかかりそうだということでした。ナギさんは履歴書のようなものを書いたときに住所なども記載したため，見張られたり，襲われたりするのではないかと思い，その恐怖から外出もままならなくなってしまいました。ナギさんは警察の被害者支援を受けていましたが，保護者が被害について担任に連絡したことで学校も事態を把握することになりました。学校長は生徒指導専任

を通して警察と情報を共有し，ナギさんが安心して通学ができるようになるために何ができるのか検討するために，危機対応チーム（副校長，生徒指導専任，学年主任，担任，養護教諭，SC）を組織しました。

　担任が家庭訪問をしてナギさんと話をしたところ，被害者支援の心理職から心理教育を受け，自分の心理状態や現在安全であることは理解できていましたが，頭ではわかっていても，いざ外出しようとすると足がすくんでしまうということでした。担任は SC にナギさんの状況を相談しました。SC は外出できないナギさんに対してオンラインで面接を行い，ナギさんが少しずつ外出できるように認知行動療法に基づくプログラムを実施しました。また学習の遅れや受験に対する不安があることもわかりました。

　同時に SC は，ナギさんが支援に対して受け身で依存的になっていることが気になりました。性暴力は災害と同じで，自分がそのような災いにあいたくてあうものではありません。そのため自分で何かを選択して生きていくという力が削がれてしまいます。

　そこで，ナギさんの登校について支援会議を開いた際に，ナギさんの保護者や本人にもオンライン会議に参加してもらい，保護者ができることや学校でできること，ナギさんができることや支援してもらいたいこと，してほしくないことについて話しあい，当面は保護者が送迎することや校門付近で教員が対応することを決めました。また SC の作成したプログラムに基づいて外出のトレーニングを行いながら，定期的に SC との面接をすることになりました。

　学習面に関しては 3 年生の各教科担任が協力してオンラインなどを利用して学習支援をすることが検討されました。SC の助言をもとにプリントを中心とした自習形式も含め，いくつかの学習プランを提示してナギさんが選択できるように準備しました。生徒指導専任は学校付近の交番勤務の警察官とナギさん宅を訪問して見回りの強化を行っていることや「**子ども 110 番の家**」の存在を教えました。よく遊びに行く友だちの家が「子ども 110 番の家」であることを知り，驚きました。ナギさんは警察が引き続き見守ってくれていることや自分が知らないだけで地域に頼ってよい場所があることがわかり，安心感が高まりました。

　送迎は 2 週間ほど続きましたが，だんだん友だちと一緒に登下校すれば大丈夫になっていき，2 カ月経つころには以前と変わらない状態になりました。

●子ども参加型チーム援助

　ソーシャルネットワーク・アプリを利用して，子どもが犯罪に巻き込まれることが増加しています（コラム 5 参照）。はじめは興味本位でアプリを利用してコミュニティサイトに参加するのですが，ネットの中でコミュニティが形成されていて，そこに取り込まれてしまう

＊子ども 110 番の家　犯罪などの被害にあった，あるいは，あいそうになって助けを求めてきた子どもや地域住民を保護し，警察への通報などを行う子どもを守るボランティア活動の一つ

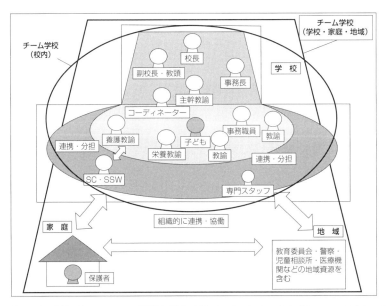

図 9-4　本人と保護者を加えたチーム学校と緊急支援チーム (中央教育審議会, 2015 をもとに著者作成)

のです。そうして, 子どもがコミュニティサイトを通じて知り合った面識のない人に脅されたり, 言葉巧みにだまされたり, 自分の裸体を撮影したうえ, メールなどで送信する形態の児童ポルノ製造被害が増加傾向にあります (警察庁, 2022)。

　また本事例では支援会議にナギさんを参加させ, 本人の不安や心配, 何をしてほしいのか, といったことを確認しました。これはナギさんの NEED と WANT を把握するための取り組みでした。NEED とは, 「したいこと・したくないこと・してほしいこと・してほしくないこと」のことで, WANT は「ある目的 (教育・成長, 問題解決における援助) のために必要なこと」です。学校心理学ではこうした子ども参加型チーム援助を推奨しています。こうすることでチームの主役である子どもが, 自分の願いやしてほしい援助を伝える権利をもち, そのことを実行する責任を負うことになります (田村・石隈, 2017)。こうすることでチーム学校の図に学校の主役である児童・生徒が加わることになり, 援助を受ける主体でありながら, 援助するチームの一員になれるのです (図 9-4)。

事 例 9-3

同性からの性暴力を受けた事例

　小学校 2 年生の男児レンさんは学校敷地内にある学童保育に通っていました。そこでは低学年のころに学童保育に通っていた小学 5 年生の男児がときどき遊びにきて, 指導員に話をしたり, 子どもたちの面倒をみたりしていました。複雑な家庭に育つこの

小5男児を指導員も気にかけていたので，様子を確認するうえでもこの男児が来ることを歓迎していました。とくにレンさんは男児になついているようでした。ある日，男児はレンさんをトイレに連れていき，オーラルセックスを強要しました。男児は「このことは二人だけの秘密」と言って口止めしたようですが，その日，学童保育から男児が帰ったあと，レンさんが泣き始めたことで性暴力被害が発覚しました。

●男児の性暴力被害と支援の流れ

　性暴力は女性だけが被害にあうわけではありません。男性が被害にあうこともあり，女性が被害にあうのと同様に自尊心が大きく損なわれます。また思春期以降になると被害にあったこと自体が男性としてのアイデンティティに大きなダメージを与えることがあります（コラム4参照）。近年ではLGBTの男子が出会い系サイトを利用し，被害にあうということもあるため注意が必要です（コラム10参照）。また2017年の刑法の一部改正によって性犯罪の重罰化が図られました。同時に被害者の性別に関して限定がなくなりました。つまり，男性（男児）が被害を受けることや同性間での性暴力も被害とみなされるのです。

　この事例の場合，学校の敷地内でのできごとではありましたが，学校の管理下で起きた事案ではありません。ただ，レンさんと男児は同じ小学校に通っているので，被害児童と加害児童が同じ場所にいることになります。被害児童が学校で安全で安心して過ごせるために支援体制を整えていく必要があります。

　校長はマネジメント委員会を開き，危機対応チームのメンバーを決定し，早急に被害児童の支援にあたります。副校長や児童指導主任，被害児童と加害児童の学年主任や担任，養護教諭，SCによって支援会議を開きました。学校生活のなかで被害児童と加害児童が対面することはないか，授業による教室移動や集会で移動する際の動線の確認や登下校時の接触の可能性とその際の対応について検討しました。これらの対応についてはレンさんの保護者にも伝えて，安心して学校へ送り出せる体制を整えました。

　被害児童に対する支援を行うのは当然ですが，加害児童への支援ということも必要になります。しかし，加害児童の支援を学校が行う形は被害児童やその家族にとって学校がどちらに寄り添っているのかがわからなくなり反感をかうこともあります。被害者支援は学校が行い，加害者支援は外部機関に任せるのも一案です。この事例においては，加害児童には児童相談所が関わり，定期的に保護者とともに男児との面接を行うことになりました。学校は教育委員会からSSWを派遣してもらい児童相談所との連携を図り，加害児童の家庭についてのアセスメントや治療教育は児童相談所に任せることにしました。

　加害児童の家庭はひとり親家庭で，母親と5人のきょうだいがいました。男児は末っ子ですが，上のきょうだいとは父親が違っています。児童相談所とSSWが男児や母親と面接を重ねていくうちに，このきょうだいのなかで性暴力が行われていたことが明らかになりました。SSWは児童相談所に連絡をするとともに母親への心理教育をSCに依頼しました。児

童相談所はきょうだいを一時保護するとともに，家庭内を安全に過ごせる環境にしなければ子どもを家庭に返せないことを母親に伝えました。そして，家庭環境の改善のための調整は児童相談所の児童福祉司が中心で行うことになりました。

　SSW はきょうだい内で加害行為を行っていた兄を近所に住んでいる祖父母宅で生活させることを提案し，兄にもなんらかの性被害の可能性があるため，カウンセリングを受ける機関を紹介しました。児童相談所は男児が利用していることもあるので，地域にある子どものカウンセリングも行っている児童精神科やトラウマケアを行っている大学付属の臨床心理センターを紹介しました。さらにこの家庭を継続的に地域で援助するために，要保護児童対策地域協議会（以下，要対協）で取りあげるように校長に助言しました。

　こうした地域の支援機関を巻き込んだ支援がチーム学校には求められます。そのため，こうした地域の資源を整理して，日ごろから活用可能な関係性を築いておくことが必要です。

　本事例では，SC，SSW，そして教員がチーム学校としてそれぞれの専門性に基づいた支援や提案を行っています。SC は学校と本人や保護者に寄り添うことで気持ちに耳を傾け，支援のニーズを把握することや性暴力による情緒面と行動面への影響を学校側に伝え，子どものケアプランを提案しました。また SSW は保護者や関係者に話を聞き，課題を整理し支援ニーズを明確にして具体的な支援を考え，必要に応じて外部機関との連携や要対協への報告を提言しました。教員は，学習支援や学校復帰後に被害児童と加害児童の接触のないように配慮したり，援助チームによる支援体制を整えたりしました。

　これまでの事例でみてきたようにチーム学校による支援を行うことで，子どもや保護者の支援のニーズを把握して，学校との関係調整や環境調整，外部機関との連携，そして，中長期を見据えた支援を検討することが可能となってきます。また，学校では，子どもの問題に対して個別の援助チームが立ち上げられます。さらに校長の判断により援助チームが危機対応チームとなることもあります。支援を進めるにあたって個別の援助チームでの援助内容などをコーディネーション委員会（本事例では学年会や生徒指導部）で情報共有したりして，今後の対応や方針を決めていきます。このときに管理職や生徒指導主事，教育相談担当，特別支援コーディネーター，養護教諭，SC など，校内のさまざまな立場から相互コンサルテーションが行われます。相互コンサルテーションとは，援助チームの話しあいにおいて，それぞれが相互にコンサルタント（助言者）とコンサルティ（助言を受ける人）となり，互いの関係が一方向だけでなく双方向となりうる関係のことをいいます（田村・石隈，2013）。

　本章では教員のメンタルヘルスについて十分触れられませんでしたが，教員が過去に性暴力被害や暴力的な被害にあっていることもあります。また事例 3 のように学校内に加害生徒と被害生徒がいる場合，各担任に大変なストレスや複雑な感情が生じます。これらの教職員へのケアも必要です（第 5 章参照）。加えて，事態が収束したあとに学校での対応についてふり返りながら現在の教職員の心身の状態の確認や体験の共有を行い，教員自身の学びや成長を考える機会をもつことも大切です。

チーム学校に期待されること

　中央教育審議会（2015）は，チーム学校を提言し，専門性に基づくチーム体制の強化を求めています。SC と SSW は学内でも専門スタッフとして，学校職員として法令に位置づけられ，職務内容などを明確化され，質の確保と配置の充実が進められるとされています。つまり，学校における教育と危機対応を一体的に行うのは，チーム学校になります。

　前節において事例を用いながら性暴力被害におけるチーム学校の取り組みの実際について検討しました。チーム学校が，まだ事業化されているとはいえない状況のなかで実態と異なるところが出てくるかもしれませんが，それぞれの専門性に基づいて多面的で多様な視点から情報収集が行われることで，アセスメントに基づき具体的な支援へと結びついていくと考えます。特に多職種で対応することにより，これまで教員が苦手としてきた教育問題や事件・事故に対して効果的な支援が行えることが期待されます。

　そして，チーム学校の実現には，学校内の連携と学校・家庭・地域の連携が必要になります。チーム学校は学内のチームという意味と家庭，地域との連携という意味が含まれます。危機による衝撃の強さなどによっては，学外の人や関係機関と連携する危機対応チームを組織して対応していきます。そのため，学外にどのような活用できる資源があるのかを日ごろから整理し，関係づくりをしておく必要があります。

　また子ども参加型チーム援助を行うことにより，チーム学校に児童・生徒が加わることになります。こうした子ども本人がチーム援助に加わることが子どもの権利を守るばかりでなく，子どもの成長や責任，自分の問題に取り組み解決する力をはぐくむことが期待できます。こうしたチーム学校のあり方も考えていく必要があります。

セクシュアルマイノリティの子どもの性被害

野坂祐子

1）セクシュアルマイノリティとは

　セクシュアリティとは，性別（セックス）やジェンダー，セクシュアル／ジェンダーアイデンティティ，性的指向のほか，エロティシズムや愛情，生殖等，性にまつわるあらゆる面を含むものです。どんな対象に恋愛感情を向けるかという性的指向（sexual orientation）と性別の自認であるジェンダーアイデンティティ（gender identity）の頭文字をとってSOGI（ソジまたはソギ）とも表されます。自分自身の性に対する感覚は人によって異なります。恋愛対象や性行動を考えればわかるように，セクシュアリティのありようは千差万別で多様なものです。

　セクシュアルマイノリティとは，こうした多様な性のありようのなかでも，社会的に認識されにくく，少数者とみなされる人たちのことをいいます。しばしば，LGBTQ+ などの表現で表されたりします。セクシュアルマイノリティの例として，レズビアン（L），ゲイ（G），バイセクシュアル（B），トランスジェンダー（T：生まれたときの性別とは別の性で生きる人），クエスチョニング（Q：性的指向や性自認が定まっていない／定めない人）を挙げており，このほかにも，さまざまな表現があることを「＋（プラス）」で表現しています。

　こうした表現が知られるようになったことで，これまで社会でみえにくい存在だった人々やその人々の生きづらさが認識されるようになってきました。一方，セクシュアリティといえばLGBTQ+ などで表される人たちをさし，特別な「少数者」を理解するかのようなとらえ方もみられます。しかし，SOGIの概念には，異性愛者（ヘテロセクシュアル）や，生まれたときの性別と一致した性で生きる人（シスジェンダー）なども含まれ，あらゆる人のありようを包括する概念です。

　「異性を好きになるのがふつう」とか「こころとからだの性別が異なることはない」「性とは男と女だけをさす」といった考えを前提にする社会がある限り，セクシュアルマイノリティの子どもは，自分らしく生きるという，その当たり前のことにも大きな困難をかかえざるをえません。個々が尊重される社会がめざされつつあるとはいえ，まだまだ社会のジェンダー規範は根強く，ほとんどの社会制度が異性愛を前提としています。セクシュアリティの多様さが周知されてきた昨今においても，セクシュアルマイノリティへの偏見や無理解，さらに，攻撃や差別は少なくないのが実情です。

2）セクシュアルマイノリティのトラウマと性被害

　こうした社会の差別的な文化のなかで，セクシュアルマイノリティの子どもはより暴力を受けやすく，学校や地域での安全が損なわれていることが指摘されています。海外の調査では，セクシュアルマイノリティの子どもはいじめやヘイトクライムなどのさまざまな暴力被害を受けやすく（Mckay et al., 2019），異性愛者の若者と比べて 1.6 ～ 3.9 倍，PTSD（心的外傷後ストレス障害）のリスクが高いといわれています（Roberts et al., 2012）。

　国内においても，2019 年にセクシュアルマイノリティ 1 万 769 人を対象としたオンライン調査（日高，2020）で，回答者の 38.1％がレイ

プやセクシャルハラスメントなどの性被害経験をもつことが明らかにされました。被害内容（複数回答）では，「性器や胸，尻など体に触られた」がもっとも多く22.4％，「性的な言動でからかわれた」17.3％，「無理やりキスされた」11.5％などであり，「肛門への挿入行為」6.6％，「口腔性交を強要された」5.6％，「膣への挿入行為」2.7％でした。性被害を受けた人は，トランスジェンダーが多く，MtF（生まれたときに割りあてられた性別が男性で女性として生きている人）が57％，続いてレズビアンが52.2％，FtM（生まれたときに割り当てられた性別が女性で男性として生きている人）が51.9％と過半数が性被害を経験しており，バイセクシャル女性が47.3％，ゲイ男性が32.3％，バイセクシュアル男性が31.9％でした。

3）セクシュアルマイノリティの児童期・思春期の性被害

児童期や思春期の性被害については，6921人のゲイ・バイセクシュアルなどの男性を対象にしたオンライン調査（生島ら，2017）で，「12歳以前に，年上の相手から性行為を求められたり，強制されたりしたことがある」と回答した人が11.9％（1回6.5％，2回以上5.4％），「思春期以降」の同様の性被害は14.7％（1回7.8％，2回以上6.9％）でした。また，「セクシュアリティを理由に，バラすと脅されたりしたことや，金銭を要求されたりしたことがある」というアウティング（同意なくセクシュアリティを広める行為）や恐喝の被害は，全体の5.8％の人が経験していました。男性の性被害も多く，未成年の時期から「性行為の強要」の被害を受けていることが明らかにされています。

4）偏見や性差別の壁と支援

とはいえ，これらの被害率は，実際に起きているものの氷山の一角にすぎないかもしれません。一般に，性被害は本人が打ち明けない，も

しくは被害児が気づいていない場合があり，統計データに反映されない被害件数である暗数が多いことが知られています。女児に比べると，男児の性被害は見過ごされやすく，本人も性被害を受けたことを否認する傾向があります。

セクシュアルマイノリティの子どもも，同性（集団）からのいじめやコミュニティでの性的搾取を性被害であると身近な大人に理解してもらえなかったり，それどころか「なよなよしているからだ」「男か女かわからないような格好をしているせいだ」など，子ども自身の態度が問題であるかのようにいわれたりすることがあります。ときに，教員までも子どもを性的なからかいの対象にしたりします。

性被害を受けても，相談窓口がなかったり，支援者がセクシュアリティについて理解がなく，性別や性的指向を決めつけたりするようでは，子どもは一層，被害や困りごとを打ち明けにくくなるでしょう。セクシュアルマイノリティの子どもがデートDVや性暴力を受けた場合，子どもは事実を説明するために，自分のセクシュアリティをカミングアウトしなければならない負担もあります。医療や警察・司法機関などは，さまざまな可能性や状況を考慮しながら対応することが求められます。

セクシュアルマイノリティの子どもの性被害は，家庭や学校，地域社会の性差別や偏見のなかで起こるものともいえます。生活の場が安全ではなく，排除されて孤立してしまうことが子どもの脆弱性を高めるからです。自分のアイデンティティやセクシュアリティに悩みながら，家庭や学校に居場所がなければ，見知らぬ人との出会いやインターネット上の交流を求めて，犯罪に巻き込まれるリスクも高まります。

性被害の予防を講じることは，一人ひとりの人権を守る取り組みを行うことにほかなりません。学校や社会の文化や慣習を見直し，教員自身のジェンダー規範を問い直しながら，子どもに寄り添う支援をしていきましょう。

第10章　性暴力被害に学校やスクールカウンセラーがどう関われるか

土岐祥子

- -

はじめに
相談先として重要な学校・スクールカウンセラー

　18歳以上を対象とした「子供の性被害防止対策に関する世論調査」（内閣府，2018）によると，子どもが性被害にあった場合の相談先として，「警察」（66％）や「家族・親族」（45％）に続き，「学校関係者（教員，養護教諭，カウンセラーなど）」に相談すると回答した人は30％でした。さらに，性被害にあった子どもへの十分な支援を行うための対策として，「学校における支援担当者（カウンセラーなど）の増加など体制の充実」と回答した人が48％いました。子どもの性暴力被害に関する学校への期待の高さがうかがえます。また，児童相談所における児童虐待相談の経路別データ（図10-1）をみてみますと，虐待全体（身体的虐待，性的虐待，心理的虐待，ネグレクト総数）では，「学校等（保育所，認定こども園を含む，以下同じ）」は，「警察」（51％），「近隣・知人」（13％）に続き8％であるところ，性的虐待では，「学校等」が相談経路のトップで23％となっています。児童虐待のなかでも顕在化しにくい性的虐待においては，学校がその発見において重要な役割を果たしているといえます。

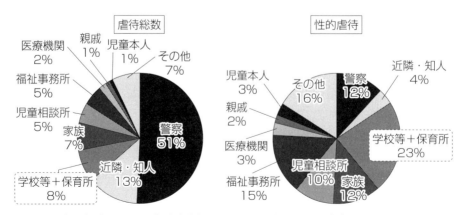

図10-1　児童相談所における児童虐待相談の対応件数（令和2年度）児童虐待相談の相談種別×児童虐待相談の経路別（厚生労働省，2021をもとに著者作成）

　子どもの性暴力被害は，子ども自身からは言い出しにくいものです。そこには被害にあってしまったことへの怖さや恥の気持ち，言っても信じてもらえないのではないか，言うと自分が責められるのではないかといったさまざまな気持ちがあります。また，被害が子どものからだやこころに与える影響は，長期間続くこともめずらしくありません。適切な対応が行われずに，大人になってもその影響に苦しむことも少なくありません。そのような子どもの性暴力被害に，学校やスクールカウンセラーがどう関わっていけるのかを，「性暴力被害発見のためにできること」「被害発見時にできること」「継続的な支援としてできること」，そして最後に「予防のためにできること」に分けて，事例を踏まえながらみていきたいと思います。以下に示す事例は，実際の事例をいくつか組合せ，修正を加え，再構成した架空の事例です。

第 1 節
子どもの性暴力被害発見のためにできること

**事 例
10-1**
かすかな SOS に気づいた事例

　中学校 2 年生女子のアキさんは，ふだんから遅刻や欠席が多く，頭痛や腹痛などの体調不良を訴えて保健室を利用することも多い生徒でした。授業中もボーッとしていることが多く，宿題などの提出物も滞りがちで成績も芳しくありませんでした。休み時間などは男子生徒と話していることのほうが多く，男子生徒との距離が近いということで女子生徒の間では孤立しがちでした。そんなアキさんのことを教員たちは「無気力でやる気がない」「怠け癖がついている」「怠学傾向にある」などと思っていました。中学 2 年から担任になった A 先生もアキさんのことは気になる生徒ではあるが，どのように理解してよいかわからずにいました。

　ある日，ふだんは話しにこないアキさんが A 先生のところにきて，ボソッと，「お父さんがお風呂上りに裸で家の中をうろうろしているのがいやだ」とつぶやきました。A 先生は「あれ？　どうしたんだろう。もしかして？」と思い，アキさんの話をゆっくり聞いたほうがよいのではないかと考えました。そして養護教諭と一緒に別室に移動したうえで，「どうしたのかな？　よければ先生に話してみて」と切り出しました。そこで，アキさんはポツリポツリと実父から性暴力を受けていることを打ち明けました。

●ふだんと違う子どもの様子に気を配る

　事例 10-1 の A 先生は，以前に性暴力被害を受けた子どもの症状について校内で研修を受

けたことを思い出し，アキさんのつぶやきに即座にアンテナが反応し，アキさんのSOSを見逃すことなく発見につなげることができました。

━━━━━━━━━━━━━━━━━━━━━━━━━━━━━━━━━

事例 10-2

自傷行為の背景に過去の性暴力被害があった事例

　中学校3年生男子のナオさんは，陸上部に所属するスポーツが得意な生徒でした。ある日，体育の時間にナオさんの太ももに横一線に切り傷の痕（あと）のようなものがあるのを，担任で体育教師のB先生が見つけました。授業後，ナオさんに，「ケガでもしたのか？」と聞いたところ，「別に何でもないです。ちょっと引っかけただけです」と答えました。しかしその後の体育の授業には，今までのハーフパンツではなく長ズボンのジャージを履いてくるようになりました。B先生は，どうしたのだろうかと気にはなりましたが，しばらく様子をみることにしました。その後，ナオさんは，体調不良を理由にときどき遅刻や欠席をするようになったため，B先生は養護教諭と相談し，保健室でナオさんから話を聞くことにしました。

　保健室に来たナオさんは緊張した面持ちで，「最近，体調がよくないみたいだけど？」という先生たちの問いかけにもすぐには答えませんでした。先生たちも，ナオさんが話をするまで，根気強く待ちました。すると，ナオさんは「もう，どうでもいい，たえられない」と話し始めました。「夜になると眠れなくて自傷行為をしてしまう」「いやなことを思い出してしまう」「どうしていいかわからなくなる」などをポツポツと話したあと，最後に，小学校時代に，所属していた校外野球チームのコーチから性暴力を受けていた話を打ち明けました。

●はじめは性暴力とはわからないことも

　事例10-2のB先生は，最初から性暴力被害の可能性を考えていたわけではありませんが，切り傷の痕やその後のナオさんの様子から，自傷行為を疑い，その背景に何かつらいことがあるのかもしれないと思い，話を聞くことに至りました。子どもの様子をいつも見守っている先生がSOSを見逃すことなく対応したことで，その背後にある性暴力被害について発見できたケースです。

事　例　10-3

過剰適応に気づけなかった事例

　中学校の卒業生（高校 1 年生）女子のレナさんは，中学校では，学業優秀で吹奏楽部の副部長もつとめていた生徒でした。クラスでもしっかり者で通っていて，まわりのクラスメイトや部活の後輩の面倒見もとてもよく，担任の先生たちからの信頼が厚い生徒でした。体調不良のクラスメイトがいると，その子に付き添って，よく保健室にも顔を出していました。中学 3 年生になると保健委員になったこともあり，昼休みにはときどき保健室に来て，養護教諭（C 先生）のお手伝いも積極的にしていました。C 先生は，「本当によい子だ。助かるわ」と思いつつも，あまりにも何事にも一生懸命なので，「あんまりがんばりすぎないで」と少し心配していました。

　志望の高校に合格し，高校生になったあとも，ときどき帰り道に中学校によってはC 先生たちと話をしていました。そんなある日，いつものように中学校に来たレナさんとC 先生が保健室で話をしていたところ，レナさんが，「先生，実は，わたしね……」と，中学時代に通っていた塾講師からの性被害について語り始めました。そして，「中学校のときから，自分が自分じゃない気がする」「自分は生きていても意味がない」「つらかったけどがんばらないといけないと思っていた」と，涙ながらに打ち明けました。

●よい子すぎる言動に注意

　事例 10-3 の C 先生は，レナさんが何事にもがんばりすぎることを心配していたものの，その背後になにかつらいことがあるのではないかとまでは思いが至らず，とくにレナさんに声かけをしたり，話を聞くということまではしませんでした。レナさんから打ち明けられたあと，C 先生は以前，研修で，「**過剰適応**（よい子すぎる言動）も性暴力被害などのトラウマの反応」と聞いたことを思い出しました。それなのに，その SOS に気づくことができず，レナさんに申し訳ない思いでいっぱいになりました。

　このような過剰適応は，前述のアキさんやナオさんが呈した体調不良，遅刻・欠席，自傷などに比べ，SOS のうちでも発見が難しいもので，このケースのように見逃してしまう場合も少なくありません。よい子すぎる子どもの背景にも，性暴力被害（あるいは，そのほかのトラウマとなるようなできごと）があるかもしれないという視点を忘れないことが大切です。レナさんの場合は，C 先生との関わりのなかで，「C 先生ならわかってくれるかもしれない」という思いをいだき，勇気を出して打ち明けたものです。

＊**過剰適応**　トラウマティックな環境や関係性のなかを生き抜くために，過剰に周囲や相手に合わせてがんばるトラウマ反応の一つ。自分のことより他者を優先しがち。

●子どもの SOS を見逃さない学校づくり

　子どもの性暴力被害を発見するには，まずは子どもの SOS を見逃さないことが大切です。そのためには，教職員が「子どもの性暴力被害は自分の身近でも起こりうることだ」という意識を常に忘れないことが必要です。子どもの性暴力被害というと，大人の側は，「そんなことは起こってほしくない」「自分の身近にはそんなことはまずないだろう」と思いたいものです。また，子ども自身も前述のようなさまざまな気持ちからなかなか言い出しにくいものです。子どもの側はアキさんのように話を聞いてもらうきっかけを提示していたり，ナオさんのように話を聞いてもらう機会を待っていたりすることもあるのです。

　そのうえで，教職員が，「性暴力被害を受けた子どもの反応」を知っていることも必要となります。ふだんとは違う子どもの様子や，被害を受けた子どもの反応のような言動をみかけたときは，「もしかしたら，背景に性暴力被害があるのではないか」という視点を忘れないことが重要です。また，B 先生のように，性暴力被害の可能性を疑うわけではなくとも，ナオさんの言動から何か訳があるのではないか，トラウマとなるようなできごとがもしかしたらあるかもしれないという視点を常にもち続けること（トラウマインフォームドケア）も，とても大切なことです（第 1 章，第 8 章参照）。

　そのためには，スクールカウンセラーが中心となって，子どもの性暴力被害についての教職員対象の校内研修を定期的に実施することが有効です。研修では，可能であれば，実際に受講者が生徒役や先生役をそれぞれ担って，“もし○○といった子どもの言動をみかけたときに，どのように子どもに対応するか”などを実際に演じてみるという「ロールプレイ」を取り入れると，受講者が自分ごととして考える機会になるでしょう。また，ケース会議など校内でさまざまな子どもが呈する気になる言動や不適応行為について検討する際に，性暴力被害の可能性を視野に入れて話しあうことも有効です。結果的に，性暴力被害が背景になかったとしても，気になる言動や不適応行動の背景に性暴力被害（あるいはそのほかのトラウマとなるようなできごと）があるかもしれないという前提で対応を検討することを習慣づけることは大切です。

　現状では，一部の自治体や私立学校を除き，スクールカウンセラーが一つの学校に常駐す

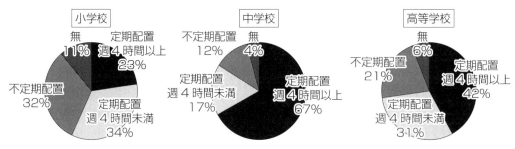

図 10-2　スクールカウンセラー配置状況（令和 2 年度，全国ベース）（政府統計の総合窓口 e-Sstat, 2021 をもとに著者作成）

るということはまれです。図 10-2 に示すとおり，小中高でバラツキはあるものの，定期配置されていたとしても週 4 時間未満であったり，不定期配置であったり，配置がない学校もあります。現実的には，スクールカウンセラーの来校日のタイミングに子どもが SOS を発することよりも，それ以外のタイミングで SOS を発することが多いと思われます。このような現状のなかでは，子どもの性暴力被害を発見する糸口は，毎日子どもに接する教職員であることが大半です。スクールカウンセラーができることは，まずは，子どもの性暴力被害について校内研修を実施したり，ケース会議の際に性暴力被害の視点を確認したりすることで，学校全体の性暴力被害に対するアンテナを高くすることでしょう。そのうえで，性暴力被害に限ったことではありませんが，日頃から「困ったことがあれば一人でかかえ込まず相談していいんだ」という校内風土を醸成するための働きかけを，子どもたちや先生方に行うことも大切です。事例 10-3 のケースは，このような校内風土から，レナさんからの相談につながったケースといえます。

第 2 節
子どもの性暴力被害を発見したときにできること

事　例 10-4

子どもからの突然の告白にとまどった事例

　小学校 5 年生女子のミユさんは，ときどき腹痛を訴えて保健室で休むことがありましたが，30 分ほど休むと自分から教室に戻っていきました。養護教諭（D 先生）は，ミユさんについては，対人関係や学業成績も良好でとくに問題行動はなかったため，保健室でときどき休憩が必要な子どもなのかと思って対応していました。ある日，いつものように保健室に来たミユさんは 1 時間経っても教室に戻る気配がなく，D 先生がそれとなく「今日はどうしたの？」と声をかけると，「兄（中学 2 年生）から，夜，寝ているときにからだを触られる。すごくいや。これってセクハラなの？」と性暴力被害について話し始めました。D 先生は，突然の告白に動揺しましたが，ミユさんの話を遮らずに静かに聞きました。ひととおり話し終わったミユさんに対して，「話してくれてありがとう。それはいやだったね。ミユさんがこれ以上いやな目にあわないように，先生たちで考えたいから，ちょっと時間をくれるかな？」と伝えました。ミユさんは最初，躊躇していましたが，D 先生から，「ミユさんがこれ以上いやな目にあわないようにするのはとても大事なことで，そのためには先生一人じゃなくて，ほかの先生の力も借りたほうがよいと思うの」と言われて，了承しました。
　その後，D 先生は，学校管理職と協議したうえで児童相談所に通告しました。

●性暴力被害を打ちあけられたときの対応

　事例10-4のD先生は，卒業生であるミユさんの兄を知っていたということもあり，ミユさんの突然の告白に，「まさか，信じられない，どうして」という気持ちがわき上がり，動揺してしまいました。子どもの性暴力被害の告白を受けて，大人が動揺するのはごく自然なことです。まして，加害者のことも知っていたとなればなおさらです。しかし，大人がその動揺をみせてしまうと，せっかく勇気を出して話し始めた子どもは「やっぱり話してはいけないことだったんだ，先生を困らせてしまう，どうしよう」などと思いを巡らし，話をすることをためらってしまいます。したがって，子どもの話を聞く際には，内心は動揺していたり，怒りの感情が湧いてきたとしても，それを表に出すことは控え，子どもが話してくれたことをねぎらって，落ち着いて話を聞くことが大切です。もし教員自身がうまく感情のコントロールができないと思った場合には，「大事なことなので，○○先生にも一緒に聞いてもらおうね」などと，子どもに断ったうえで，子どもが信頼するほかの教職員に同席してもらう（あるいは代わってもらう）という対応でよいでしょう。

　また，このD先生のように，「話してくれてありがとう」と伝えることや，「あなたは悪くない」と伝えることも，子どもに安心感を与えるために大切です。

　さらに，事例10-1，事例10-2のように，子どもの言動から性暴力被害あるいはなんらかのトラウマ経験の可能性が疑われる場合は，子どもが安心でき秘密が守れる場所に移動して話を聞くことや，子どもが信頼できる複数の教職員で聞くことも大切です。

　最初の聞きとりでは，「だれに，何をされた」ということだけわかれば十分ですので，無理に詳細を聞き出そうとしたり，あれこれ質問したりせずに，子どものペースで子どもが話すままを聞くことが大切です。その後どのように対応するかによって，必要に応じて，専門機関など（事例10-4の場合なら，児童相談所）が詳しい聞きとりをすることが多いので，子どもに何度も同じ話をさせる負担や**記憶が汚染される可能性**に配慮しなければなりません。聞いた内容は，子どもの話を要約せずに，聞く側がどのような質問をしたのか，子どもがどんな言葉で話したかをそのまま記録しておくことが重要です。

　子どもから「だれにも言わないで」と言われることもありますが，「あなたを守ってくれる大人に伝えることは大切なこと」と伝え，告白を受けた教職員一人で対応するのではなく，ほかの大人と相談することについて子どもの同意を得ることは，今後の対応に関して，子ども自身の気持ちと離れたものにならないようにするために大切です。ただし，同意を無理強いすることはできないため，同意が得られない場合は，その背景にある子どもの気持ちを聞いて，今後の対応を検討することも大切です。

　事例10-4では，D先生は学校管理職と協議して，児童相談所に通告しましたが，場合によっ

＊**記憶が汚染される可能性**　被害の事実や内容を確認するための聞きとりにおいて，何度も同じことを話していると，記憶が変わってしまう可能性が生じること。

ては，学校が児童相談所への通告を迷うケースもあるでしょう。その背景には，子どもの話が本当なのだろうか，家庭内のことで学校が通告したとなると今後の保護者対応が困難になるかもしれないなど，さまざまな葛藤があることが考えられます。しかし，まずは，子どもの安全を確保すること，そして性暴力被害は早期に支援を開始することが子どもの心身の負担を軽減する一番の道であることを念頭に置いて，児童相談所への通告などを優先していただければと思います。

事例 10-5

校内で対応方針が割れた事例

　小学校6年生女子のケイさんの体操服や上履きがなくなるということがたて続けに起き，その後，ケイさんの机の中に，わいせつな印刷物と一緒に性的な内容の手紙が入っているということが起きました。その手紙を見たケイさんは，体調を崩して学校に来られなくなってしまいました。複数の子どもたちの話からこうした行為をしたのは同級生男子のEさんではないかということが浮上したため，Eさんに話を聞いたところ，Eさんは，「ケイさんのことが好きだからやった」と認めました。ケイさんの保護者は学校に厳正に対処してほしいと繰り返し要望しました。

　校内で対応を検討しましたが，被害者・加害者双方が同じ学校の児童だということで，「ケイさんを守るために児童相談所に通告し対応するべきだ」という見解と，「Eさんも悪気があったわけではない。Eさんのことも考えておおごとにしないほうがよい」という見解に分かれました。対応に苦慮した管理職は，自治体の運営する「緊急支援チーム」（第6章参照）の派遣を要請しました。

　「緊急支援チーム」は，まず校内での意見調整をサポートしました。学校は「緊急支援チーム」から，「まずはケイさんの安心・安全を確保することが大切」「そのうえで，ケイさんの保護者からのEさんに対する処罰感情にも配慮しつつ，Eさんがなぜこのようなことをしたのかを考えていき，再発を防止することがEさんにとっても大切である」「そのためには，教育（指導）とケアという双方の観点からEさんに介入していくことが必要である」とのアドバイスを受けました。それらのアドバイスに基づいて，児童相談所，警察（青少年相談），医療機関と連携して対応することになりました。

●学校内だけで対応しようとしないことも大切

　子どもの性暴力被害は，加害者やその状況もさまざまで，被害にあった子どもへのケアのみならず，保護者対応や環境調整（当事者の一時保護など），場合によっては司法手続（被害届など），加害者が学校関係者の場合の対応など，さまざまな対応が必要になってきます。

そこで，学校だけで対応するのではなく，このケースのように「緊急支援チーム」の派遣を要請したり，児童相談所，警察，医療機関との連携が重要です。

　「緊急支援チーム」を要請する基準は，自治体によって異なるかもしれませんが，初期の段階で専門家を投入することはとても有効です。とくに，被害者と加害者が同じ学校内にいるといった複雑なケースは，対応が複雑になるため，なおのことです。危機対応の鉄則は，最悪の事態を想定するということですが，学校内だけで検討すると，知らず知らずのうちに甘い対応になりがちです。このケースのように加害者が同じ学校の子どもだと，加害者を守らなければと思ってしまう心理が働く場合もあり，冷静な対応がとれないこともあります。

　児童相談所や警察との連携は，家庭内の性的虐待では被害生徒の一時保護や非加害親のケア，司法手続の必要性を検討する場合の保護者への説明，加害生徒のケアなどのために大切です。医療機関との連携は，性暴力被害による外傷や感染症という身体的ケアのほかに，トラウマ反応へのケア，保護者のメンタルケアのためにも重要となってきます。

事例 10-6　教職員が加害者であった事例

　中学校1年生女子のハルさんは，夏休み明けからときどき保健室を利用するようになりました。最初は休み時間に少しの時間，養護教諭（F先生）と世間話をする程度でしたが，そのうちに，週に数回，1時間ほど保健室にいるようになりました。

　ある日，ハルさんが，「G先生がきらい，気持ち悪い」とF先生に訴えました。G先生は理科の担当教諭で，生徒たちからも「面倒見がよい」と評判の先生でした。F先生が，「どうしてそう思うの？」と聞いたところ，「話すときに，距離が近いし，からだに触れてくる，わたしの容姿についてもいろいろ言ってくるからいやだ。気持ち悪い。G先生の顔を見たくないから保健室にいさせて」と言うのです。保健室に来ていたのはG先生の授業のときで，顔を見たくないし声も聞きたくなかったからとのことでした。ハルさんは母親にも訴えたのですが，「いやな気持ちはわかるけど，おおげさに考えないで，気にしなければいい」と言われたとのことでした。

　F先生は管理職，担任，スクールカウンセラーと対応を話しあい，改めて，ハルさんと母親に話をすることになりました。ハルさんも母親も，「おおごとにはしてほしくない。でも，G先生の授業に行かないことは認めてほしい。ただ，理科は勉強したいから，G先生の授業のときは，保健室か別室で自習させてほしい」とのことでした。スクールカウンセラーはこの機会をとらえて，ハルさんと母親に，「ハルさんは悪くないこと」「このような体験をするとからだやこころに起こるかもしれないこと」「そのときはどのような対応をすればよいのか」などを伝えました。

　　学校は，ハルさんと母親の要望どおり，理科の授業時間は保健室か別室で自習することにしたうえで，ほかの理科教師が空き時間に勉強をみること，理科の試験は別室で受けられるようにしました。また，ハルさんと母親の了解を得たうえで，G 先生にハルさんの思いを伝え，ハルさんとは，今後，接触をしないようにと管理職が指導し，承諾を得ました。そのうえで，F 先生とスクールカウンセラーを中心に，ハルさんと定期的に面談し，継続的なケアを実施することにしました。

●学校内での子どもの安全・安心を確保したうえで継続的なケアを実施

　子どもにとって教員からの性暴力被害は，学校という場で子どもの尊厳が脅かされるということで，学校が子どもにとって安心・安全な場所ではなくなってしまうという深刻な事態です。加害者が教員という立場であるため，なかなか言い出しにくい被害でもあります。このケースのように，保護者が事態を過小評価して，「気にしなければいい」と表沙汰にしたがらないケースもあります。さらに，学校現場においては，加害者が同僚の教員であることから，教職員の動揺も大きく，対応に苦慮する場合も多いと思われます。

　このケースでは，被害生徒の訴えを学校が真摯に受けとめ，本人・保護者の意向を尊重し，本人の安全・安心の確保を優先して対応したものといえるでしょう。ただ，このような対応をして終わりというわけにはいきません。本人・保護者の心情や状況は，その後，変化することも十分に考えられます。したがって，このケースで養護教諭やスクールカウンセラーが実施したような，本人や保護者に対する継続的なケアが大切になります。そのなかで，本人・保護者の心情や状況に変化があれば，その都度，柔軟に，学校における対応を変更したり，必要に応じて医療機関や専門機関につなげるということを検討します。

　2021 年 6 月に「教育職員等による児童生徒性暴力等の防止等に関する法律」が公布され，教員による児童生徒への性暴力が法律上も禁止されました。この法律が，実際にどのように運用されるのかはこれからというところですが，教員からの性暴力被害にあった子どもの支援が十分に学校現場にも浸透することを期待するところです（第 6 章，第 11 章参照）。

　性暴力被害にあった子どもや保護者に「心理教育」（第 7 章，第 8 章参照）を行うことも大切です。このケースでは，スクールカウンセラーが子どもや保護者に話をする機会をとらえて行いましたが，場合によっては，養護教諭など教職員が行うことも想定されます。性暴力被害が発見された早い段階で「心理教育」を行うことにより，性暴力被害について正しく理解することができ，子どもや保護者が今後起こりうるさまざまな問題に対処できる力をつける助けとなります。また，リーフレット（たとえば，「はなしてくれてありがとう──性暴力被害からの回復に向けて」，子どもの性の健康研究会（2009, 2010）など）を使って説明することも有効です。このようなリーフレットがあらかじめ用意されていること自体が，子どもに「自分だけではない」という安心感を与えます。

性暴力被害にあった子どもの継続的な支援としてできること

> **事例 10-7**
>
> ## 安全が確保されてからトラウマ反応が現れた事例
>
> 　中学校1年生女子のユウさんは，おとなしくて，いつもニコニコと愛想のよい生徒でした。そんなユウさんが「クラスメイトの男子生徒から性暴力被害にあっているようだ」と母親から学校に連絡がありました。ユウさんは，小学校時代から数年間，クラスメイトの男子生徒から学校内や男子生徒宅でからだを触られたり，相手の性器を触ることを強要されたりといった性暴力被害にあっており，ずっとがまんしていたものの，中学入学後も続く被害に，ついに母親に「もういやだ」と告白したとのことでした。
>
> 　連絡を受けた学校は，警察や児童相談所に連絡しました。男子生徒は一時保護所に入所することになりました。ユウさんは，児童相談所で定期的な面接を受けるとともに，「眠れない」と訴えることもあったため医療機関にもつながりました。
>
> 　男子生徒が施設に保護されたあと，ほどなくして，ユウさんには，教室で急に泣き出す，被害を受けた特別教室での授業には行けない，保健室に来て被害の状況を繰り返し話す，男性教諭にベタベタするなどの反応が表れるようになりました。管理職，担任，養護教諭，スクールカウンセラーは，ユウさんが呈する反応にとまどいながらも，児童相談所や医療機関とも連携しながら学校での支援について話しあい，ユウさんや保護者の要望（特定の授業や行事に関する配慮，ほかの児童に対する説明，加害者を思い出させるものの撤去など）に配慮した対応をすることにしました。また，スクールカウンセラーが定期的に面接をし，ユウさんのそのときどきの気持ちを聞き，日々の学校での対応に反映させるとともに，児童相談所や医療機関とも共有することにしました。

●継続的支援のためにできること

　性暴力被害にあった子どもの支援は，通常，長期的なものとなります。スクールカウンセラーは，現状では性的トラウマに焦点をあてた専門的な支援（第8章参照）を学校現場で行うことはできません。そのような本格的なトラウマ治療は（治療の必要性の判断を含めて），医療機関や専門機関で実施することになります。よって，このケースのように，子どもが被害の影響と思われるトラウマ反応を呈している場合は，医療機関や専門機関につなげることは大切です。子どもや保護者が受診を躊躇しているような場合でも，性暴力被害が子どもに与える影響や早期の支援が大切であることをわかりやすく子どもや保護者に伝えて，医療機

関や専門機関につながるように支援していくことは学校としても必要になると思われます。

　また，性暴力が表面化し，加害者と分離され，子どもの安全が確保されてから，トラウマの反応が出てくる場合がよくあります。このようなときは，子ども自身やまわりの大人も，「反応が出る前の状態（このケースだと，以前のようにニコニコしていて，表面的に落ち着いてみえる状態）に戻ってほしい」と思ってしまいがちです。したがって，「さまざまな反応が表れるのは自然なことで，性暴力被害の影響から回復するために必要な第一歩である」という心理教育を，本人やまわりの大人に実施することも大切です。

　さらにこのケースのように，関係機関につないだあとも，スクールカウンセラーが子どもと定期的に面接を行い，そのときどきの子どもの心情や学校における状況を把握し，学校での継続的な支援のあり方を考えていくことも大切です。そのためには，まずは，関係する教職員間で，子どものそうした心情や状態に関することやトラウマ反応に学校ではどのように対応していくのかなどについて情報を共有するとともに，保護者や関係機関とも継続的に面談などを通じて連携していく必要があります。それらの共有や連携の橋渡しとして，スクールカウンセラーが機能することも期待されます。

　また，とくに支援が長期間にわたると，保護者や教職員にもトラウマの影響が出る場合があります（第5章参照）。保護者や教職員に対して，トラウマの影響について繰り返し心理教育（第7章，第8章参照）をすることや，定期的に心情をお聞きするという継続的な支援もスクールカウンセラーの機能として期待できます。

第 4 節
子どもの性暴力被害の予防のためにできること

　子どもの性暴力被害は，子どもが行為の意味がわからず被害という自覚がない場合や，いやなことをされたとは思っても恥ずかしさや怖さから言い出せない場合，混乱からどうしてよいかわからない場合など，被害が潜在化してしまうさまざまな要因があります。そのような性暴力被害については，まず，子ども自身がその発達段階に応じて，どういうことが性暴力被害なのか，もしそのような被害にあったらどう対応すればよいのか，もしそのような被害にあったらからだやこころにどのような影響があるのかなどについて，適切な知識を身につけるということが大切です。

　学校現場では，従来から一般的な事件や事故を想定した防犯教育がなされています。最近ではインターネット犯罪を想定した防犯教育も警察などと連携して実施されています。しかし，性暴力被害を想定した防犯教育を実施しているところはまだ限られているのが現状です。

　2021年4月に文部科学省は，子どもたちが性犯罪や性暴力の加害者・被害者・傍観者にならないための方策として，「生命（いのち）の安全教育」の教材を公表しました（文部科学省，2021）。「生命（いのち）の安全教育」は，学校現場において児童生徒を対象に実施す

ることが想定されており，その教材は，「幼児期」「小学校（低・中学年）」「小学校（高学年）」「中学校」「高校」「大学・一般」と，子どもの発達段階に分けて設定されています。発達段階ごとの主な教材の内容は図 10-3，教材例は図 10-4 に示すとおりです。それぞれの発達段階に応じた性暴力被害の説明（小学生（高学年）からは SNS による被害，中学生からはデート DV，高校生ではセクシャルハラスメントについても触れられています）や，被害にあったときにどうすればよいか，被害にあったとしても「あなたは悪くない」（中学校から），被害にあったときに起こる心身への影響（中学校から）などが含まれています。さらに，教職員向けの「指導の手引」には，児童生徒から相談を受けた場合の対応のポイントや，被害経験のある児童生徒への対応，保護者への対応についても記載されています。

　これらの教材を使って，子どもの性暴力被害を想定した防犯教育を実施することは，性暴力被害を未然に防ぐためにも，児童生徒や教職員が加害者にならないためにも，また，もし性暴力被害にあった場合でも「大人に相談してもいいんだ」と思ってもらい，適切な支援が早期に提供されるためにも大切なことです。ただ，防犯教育は万能ではありません。どんなに防犯教育を実施したとしても，子どもたちにはどうしようもないところで性暴力は起こってしまうものだからです。したがって，防犯教育をする際には，未然に性暴力被害を防ぐことだけでなく，もし起こってしまっても「被害者は悪くない」，もし起こってしまったら「信頼できる大人に相談する」というメッセージを確実に子どもたちに伝えていくことが大切です。

　さらに，保護者や地域に対しても，同様の情報を提供することも大切です。そうすることによって，性暴力被害について，子どもを取り巻く大人が同じ問題意識をもち，同じように対応することで，子どもにとってより安全・安心なコミュニティが形成されると思われます。

【幼児期】
・「水着で隠れる部分」は自分だけの大切なところ
・相手の大切なところを、見たり、触ったりしてはいけない
・いやな触られ方をした場合の対応　　等

【小学校】
・「水着で隠れる部分」は自分だけの大切なところ
・相手の大切なところを、見たり、触ったりしない
・いやな触られ方をした場合の対応
・ＳＮＳを使うときに気を付けること（高学年）　等

【中学校】
・自分と相手を守る「距離感」について
・性暴力とは何か（デートＤＶ、
　ＳＮＳを通じた被害の例示）
・性暴力被害に遭った場合の対応　　等

【高校】
・自分と相手を守る「距離感」について
・性暴力とは何か（デートＤＶ、ＳＮＳを通じた被害、
　セクシュアルハラスメントの例示）
・二次被害について
・性暴力被害に遭った場合の対応　　等
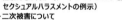

【高校卒業前、大学、一般（啓発資料）】
・性暴力の例
・身近な被害実態
・性暴力が起きないようにするためのポイント
・性暴力被害に遭った場合の対応・相談先　　等
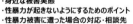

【特別支援教育】
・小・中学校向け教材を活用しつつ、児童生徒等の障害の状態や
　特性及び発達の状態等に応じた個別指導を実施。

図 10-3　生命（いのち）の安全教育より——主な教材の内容（文部科学省，2021）

小学生（低・中学年）向け 教材例

中学生向け 教材例

小学生（高学年）向け 教材例

高校生向け 教材例

図 10-4　生命（いのち）の安全教育より──教材例（文部科学省，2021）

おわりに
学校現場でよりよい支援を工夫するために

　子どもの性暴力被害に学校やスクールカウンセラーがどう関われるかについて，「性暴力被害発見のためにできること」「被害発見時にできること」「継続的な支援としてできること」「予防のためにできること」に分けてみてきました。性暴力被害はそれぞれのケースで状況が異なります。ここで挙げた事例はほんの一例です。それぞれの学校現場に合わせて，子どもや保護者のつらさを少しでも軽減するためによりよい方法を工夫することが大切です。

　子どもが多くの時間を過ごす学校現場において，性暴力被害についてのアンテナを高くして，相談しやすい学校風土を醸成することで，早期発見・早期支援につなげることができれば，被害自体はなかったことにはできなくても，被害が子どものからだやこころに与える影響を少しでも軽減することができます。そして学校だけで対応するのではなく，専門機関や専門チームと適宜連携を図り，また，保護者や地域とも問題意識を共有することで，コミュニティ全体として子どもを見守ることが必要です。

知的障がいのある子どもへの支援

伊庭千恵

支援学校や相談現場で知的障がいのある方たちに関わると，性暴力などの被害にあう子どもたちが少なくないことに気づきます。どうして被害にあうのでしょうか。どのようにして被害を早く発見し対応すればよいのでしょう。知的障がいの特性を理解しながら，性暴力被害にあった子どもたちへの対応を考えます。

1）障害の特性と被害の見つけづらさ

知的障がいの特性には，物事の理解や把握の仕方，記憶力，コミュニケーション力などに未熟さや偏りがあります。このような特性をもつ子どもが性暴力にあったとき，何が起きたのかわからず自分が被害にあっていることに気づかない場合があります。たとえば，加害者の笑顔をみて「優しくしてくれた」「楽しかった」と思ったりします。「みんなやってるよ」と言われると信じてしまいます。できごとを記憶し，時間を追って思い出すことも苦手なので，何があったのかを他者に正しく伝えることにも限界があります。このように知的障がいの特性が被害の見つけづらさにつながっています。

ほかにも，注意集中困難，多動，こだわりが強いなどの特性も併せてみられる場合があります。このような特性と被害による症状は混同されやすいところがあります。被害後に起こりがちな気分の高揚，衝動性，睡眠障害などは，知的障がいによる感情調整や表現の苦手さ，落ち着きのなさと受けとめられることがあります。被害にあった場所を避けたり外出をいやがることは，こだわりが強い，行動の切り替えが苦手ととらえられたり，フラッシュバックや解離の症状があっても，ボーッとしていて集中力が足

りないと誤解されがちです。また，性暴力被害後に，性的な情報に非常に敏感になったり，性的な行動に固執する子どももいます。これについても，もともとこだわりが強いから性的な行動をやめられないんだと考えてしまうかもしれません。

知的障がい児に関わるとき，障がいの特性を理解し，個々の子どものもつ特性に応じて関わることが大切です。しかし，日常と様子が違う場合や急に変化がみられたとき，「なんらかの被害がきっかけかもしれない」という視点をもち，生活全般を観察してみることが必要です。

2）子どもがふだんと違う様子のとき

もしも，子どもの様子にこれまでと違う点がみられたり，性暴力被害後に起こりやすい症状にあてはまる様子がみられたとき，被害体験があったかどうかスクリーニングを行うとよいでしょう。

「子ども時代のつらかった体験（ACEs）質問表」は，さまざまな被害体験に関する質問がそろっており，その有無を「はい」「いいえ」で回答するようになっています（本多・伊庭，2021b）。質問表を活用することで，被害かどうかよくわからない，うまく話すことができないという子どもからも回答を得ることができますし，被害を伝える際に子どもが感じる心理的な抵抗を低くして被害体験の有無を把握することができます。もちろん，子どもにとって質問の意味が理解しにくいならばわかりやすい言葉で補ったり，「はい」という回答があればその内容を具体的に確認する必要があります。知的障がい児から被害事実を客観的に聞きとること

は簡単ではありませんが，子どもの能力や特性を理解して，安心できる場でていねいに聞きとりましょう。

　気をつけておきたいことは，知的障がい児は性暴力以外にもさまざまな被害を受けやすいということです。複数の被害体験が長期間続いていることも考えられます。いじめ，障害への誤解や配慮のない関わり，たとえそれらが些細なできごとであっても本人にとってはつらい体験になります。性暴力だけにとらわれず他の被害の有無にも敏感になり，子どもの日常生活全般を理解する姿勢をもちましょう。

3）子どもが性暴力被害にあってしまったら

　性暴力があったことがわかったならば，その事実を調査したうえで，性暴力被害について「心理教育」を行い，子どもに正しい知識を伝えることが重要です（本多・伊庭，2021a）。性暴力にあったあとは，何が起きたのかわからないためますます不安が増大し，自分は変になった，大変なことをしてしまったなど，自分自身を否定的にとらえてしまうことがあります。あるいは，日常的に複数の被害にあっている場合は常に無力感を感じ孤立した状況にいる場合がありますが，そのような状況のなかでは，加害者が言葉たくみに優しく接した場合に性暴力を他者に受け入れられた体験ととらえたり，「たいしたことがない」「よくあること」と軽く考えようとするかもしれません。

　知的障がいがあっても被害後の症状は障がいのない子どもたちと同じように表れます。知的障がいの特性として自分の感情や感覚を調整することが苦手ならば，なおさら強く影響を受けるでしょう。知的障がい児にも，性暴力とは何か，そのため自分にどんなことが起こっているのか，どうすればよいのかなど，性暴力についての正しい知識をわかりやすくしっかり伝えてください。「自分は悪くない」と伝えられ，自身の心身の状態に気づき，落ち着かせる方法がわかれば，安全・安心を感じることができるようになるでしょう。

　子どもへの心理教育にはいろいろな方法があります。ゲームを通して知識を伝えたり，心理教育用の絵本を活用することもできます。キャラクターや動物が登場する物語を通して伝える方法もありますが，知的障がい児は他者の立場にたった理解が苦手な場合があることに注意が必要です。物語ではなく言葉の意味をわかりやすく説明したり，図や絵を用いて示すほうが理解しやすい場合もあります。子どもの発達レベルや特性に応じて理解しやすい方法を用い，重要な部分を何度も繰り返すなど，ていねいで根気よい関わりが大切です。

4）子どもの安全・安心のために

　知的障がいの特性により，子ども自身が被害を認識しづらいこと，周囲が被害を発見しづらいことを述べました。このことは，加害者側に「どうせバレないだろう」という考えを生み，知的障がい児への性暴力につながります。日ごろから子どもの発達の経過や特性を的確に把握して，子どもの様子の些細な変化に気づきがあれば，早期に被害を発見し適切なケアへとつなぐことができるでしょう。

　知的障がい児は，学校のほかにも，障がい福祉サービスを利用していることがあります。関係機関が連携することで被害後のケアや再被害の予防に役立ちます。性暴力に関する情報は非常にセンシティブなため，本人や家族の同意のもと情報共有には十分な配慮が必要ですが，性暴力被害の発見や被害後の対応のみならず被害を未然に防ぐためにも，家族，教員，スクールカウンセラー，障がい福祉支援者など子どもに関わる大人たちが日ごろから連携して，安全・安心を築くための関わりを続けることが望まれます。

子どもへの法的支援

笠原麻央

法律では，何が守られているのか？

　性暴力とは，性を手段とした暴力であり，「本人の意に反した言動」と定義づけられます。そこには，被害者が「いやだ」と言っているとき，あるいは，いやだけれど断れないとき，相手の求めることの意味がわからずに「いいよ」と言ってしまっているときも含まれます。

　子どもへの性暴力には，刑法や児童福祉法，**リベンジポルノ被害防止法**（私事性的画像記録の提供等による被害の防止に関する法律），児童ポルノ禁止法（児童買春・児童ポルノに係る行為等の規制及び処罰並びに児童の保護等に関する法律），ストーカー行為等の規制等に関する法律，青少年健全育成条例，迷惑防止条例などで処罰されるものから児童虐待防止法で禁止される虐待行為，いじめ防止対策等推進法で禁止される重大な「いじめ」とされるものまでが含まれ，相当な広範囲に及んでいます（図11-1）。

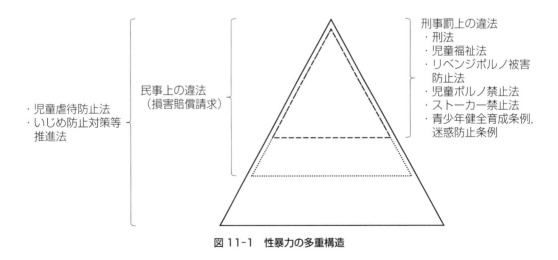

図11-1　性暴力の多重構造

＊**リベンジポルノ被害防止法**　この法律では，本人が第三者に見られることを承知したうえで撮影を許可したものは，含まれない。つまり，誰にも見せない前提で撮影された画像であるとか，交際相手だけに見せることを想定して撮影された画像，交際相手等に隠し撮りされた画像等が該当することになる。

法律が性暴力から守ろうとする個人の権利・利益は，一般的には，個人の「性的な自由」「性的な自己決定権」だといわれてきましたが，性暴力が，「魂の殺人」といわれるほどに深刻かつ重篤な「個の尊厳」に対する攻撃ととらえれば，より端的に「性的な人格権」や「人格的統合性」ととらえられるべきであることが提唱されています。

「個の尊厳」が傷つけられているときには，性暴力の被害としての対応をこころがけてください。

❶ 性暴力の被害があったかどうか，判断に悩むことはありませんか？

先ほどの性暴力の定義からすれば，被害者が嫌悪の感情をいだくことがあれば，それは，ただちに性暴力があったという前提で初期対応（初動）を開始してください。

この問題は，いじめの問題にも通じるところがあります。いじめ防止対策等推進法は，「この法律において『いじめ』とは，児童等に対して，当該児童等が在籍する学校に在籍している等当該児童等と一定の人的関係にある他の児童等が行う心理的又は物理的な影響を与える行為（インターネットを通じて行われるものを含む。）であって，当該行為の対象となった児童等が心身の苦痛を感じているものをいう。」（第 2 条）と定義しています。そのため，教育の領域では，被害者が嫌悪の感情をいだくことがあれば，性暴力はいじめにもあたることになります。そして，平成 29（2017）年 3 月に文部科学省で策定された「いじめの重大事態の調査に関するガイドライン」でも，「多くの生徒の前でズボンと下着を脱がされ裸にされた」「わいせつ画像や顔写真を加工した画像をインターネット上で拡散された」場合には，いじめの重大事態（第 28 条 1 項 1 号）に該当しうることが明記されています。

しかし，あくまでも外形的な行為はなければならず，たとえば，加害者が当時は旅行中でその場には存在し得なかった（現場不在）という場合は，除外されます。判断に悩むときには，加害があったかどうかではなく，「被害」（苦しみ）はすぐそこにあるという発想をもって，方針を立案してください。

加害者が自分がした性行為自体を認めたとしても，「相手はいやがってはいなかった」「むしろ相手から誘われた」「お互いにつきあっていた」「相手は自分に好意をもっていた」など，暴力性を認めなかった場合は，どうでしょうか。この場合，加害者の置かれている環境から，性に対する誤った考え方を学習していることが考えられます。何をもって被害者の同意があると考えたのか，被害者と加害者の力関係，被害者が置かれていた環境，前後の事実経過，被害者の態度や言動，性格・能力などから一つひとつを読み解き，「気持ちのズレ」「認知のズレ」を説明していくことが求められます。

ときとして，被害者の「**性的同意**」があったかどうかの難しい判断を求められることがあります。しかし，警察が犯罪事件として対応できないと判断したときには，その性暴力の被害はなかったことになってしまうのでしょうか。刑罰をもって処罰することができないのだ

としても，被害者の「個の尊厳」が傷つけられていることに変わりはありません。性暴力の「被害」としての対応をしてください。

○ ●

事 例 11-1

性事案で性的同意が争点になった事案

　　ある高校１年の女子生徒。好意を寄せているがほかに恋人がいる同級生の男子生徒を自宅の部屋に招き入れて，保護者が家内にいるなかで性的な関係をもちました。後日，女子生徒の保護者が「娘がレイプの被害にあった！」「娘をこれ以上，傷つけたくはないので直接に話を聞くのはやめてくれ」「警察は立件できないと言っている」と学校に相談しました。

　　学校が男子生徒に事情を聞いたところ，女子生徒との間で性的な関係をもったのは確かだが，相手の同意があったとの一点張りで反省した様子は認められませんでした。女子生徒は「今日も加害の男子生徒の姿を見るだけで元気がなくなりつらかった」と漏らす一方，男子生徒は「悪い相手につかまった。もう関わりたくない。二度と近寄ることもしない」と拒否的な態度を示しました。女子生徒には積極的な関わりをもとうとはしない様子から，再発の可能性はきわめて低いと考えられました。

　では「性的同意」の判断について，「被害者と加害者の力関係」＝「対等な関係」であったかどうかは，どのように考えられるでしょうか。

　ある性暴力の事象について学校から聞きとりをしているとき，加害生徒について，校長は「学力もあってリーダーシップもある優秀な子だと評価していました。ですから，（加害者だと言われて）非常にとまどっています」と話されることがありました。「なるほど。では，下級生に対する接し方，あるいは女子に対する接し方，同性であっても優位に立てるときの接し方は，どうでしょうか」と尋ねたところ，横にいた担任はハッとした様子で，「我を通そうとする面があって，威圧的であるのが気になっていました」と胸の内を語ってくれたことがあります。

　各人には「個性」がある以上，場面ごとに強みと弱みの組み合わせは入れ替わります。純粋な「対等の関係」というものがあるのかという問いを立て，むしろ対等でないことを知って当人が他者と相対しているのか（他者に対する"思いやり"があるのか，自身の優位性に気づこうとし，謙虚であるのか）に注視して，その関係をていねいにみていかなければなり

＊性的同意　性的同意をわかりやすく解説したものとして，イギリスの警察が公開した動画（https://www.youtube.com/watch?v=pZwvrxVavnQ&t=4s）に，Min（@mlookslike_）が字幕をつけ，Twitterで紹介したものも参考になる。

ません。これが法律の世界では，どのように議論されているのか，その一端を図11-2で示します。

> ●学校においては，教職員と児童生徒の立場の違い，すなわち大人と子ども，指導する者と指導を受ける者という立場の違いがあることが，スクール・セクハラを発生させる大きな原因となると考えられます（熊本県教育委員会，2007）。
> ●加害者と被害者に「指導する側」と「指導を受ける側」の関係があるため，教職員が気付くことがないうちに深刻な事態に発展してしまう危険性が大きいのです（長野県教育委員会，2008）。

■仙台地方裁判所平成11年5月24日判決（東北大学事件）

　前記認定の事実によれば，被告は，原告が修士課程二年次在学中の平成六年九月ごろ以降，原告の修士論文の指導を担当し，さらに修士論文の審査教官でもあった上，原告が博士課程に進学後は名実共に原告の指導教官となったもので，原告の成績を評価し，その研究者としての将来を左右できる立場にあったということができ，被告と原告との間には，教育上の支配従属関係があったと認められる。

　被告は，右のような支配従属関係を背景として修士論文の指導を行うに当たり，性的な冗談を言ったり，原告の顔を凝視し続けるといった原告に不快感を与える言動をし，原告が良好な環境の中で研究し教育を受ける利益を侵害したものである。

■「教育の特性」（松本，2001）

　研究指導を含む教育ということ自体が，一方が他方を指導するという「指導 - 被指導関係」を本質的に含んでいる。教育関係は専門知における教員の本来的優越性を内在しており（そうでなければ教えられない，指導できない），そのことに発生する「指導 - 被指導関係」は，それが合理的な内容をもつものであれ，権力的関係に転化しやすい。教員が「何時に研究室に来るように」と指示することの出来る権限を持つことは，教育上の指導 - 被指導関係がともすれば，教員と学生・院生間の「支配 - 従属関係」に転化しやすいことを示している。

図11-2　スクールセクハラの原因

② 性暴力に対する法的な対応とは？

　性暴力に対する法的な対応は，大きく分けると図11-3のように二つの方法があります。一つは，刑事手続きで処罰・処遇を求める方法です。もう一つは，民事手続きで損害賠償請求などを求める方法です。

　まず，刑事手続きでは，加害者が20歳以上である場合には，刑務所で懲役刑に服させたり罰金刑を科したりすることを求めることができます。加害者が20歳未満である場合には，児童自立支援施設や少年院送致，保護観察処分などの保護処分を下すことを求めることができます。

　具体的には，被害者が，被害届や告訴状を警察署・検察庁（捜査機関）に提出し，これらが受理されると犯罪捜査が開始されることになります。被害届と告訴状の違いですが，告訴状が受理されたときには，警察署は捜査を行い，その結果を検察庁に報告する義務を負う点にあります。被害届にはこのような義務はありません。加害者が14歳未満の場合は，警察が，加害者を触法少年として児童相談所に通告することになります。

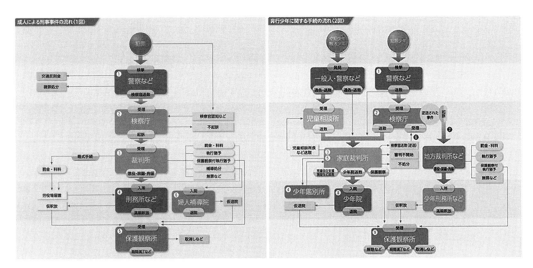

図 11-3　刑事事件手続きと少年事件手続きの概要（検察庁 a，検察庁 b）

　次に，民事手続きで損害賠償請求などを求める方法というのは，加害者本人やその親に対し，①損害賠償（治療費・通院雑費，交通費，引越費用，慰謝料など）を請求する，②引っ越しや接近禁止（通学路の変更，利用する駅・道路の制限，接近禁止，専門性のある団体・機関の治療教育の受講など），自宅謹慎や自主退学・退職など，事実上の対応を求める，③勤務先や在籍校による退学処分・解雇処分，自宅謹慎などを求めることがあり得ます。ただ，いずれも法的な根拠が必要であるため，そのすべての求めが容れられないこともあります。したがって，要求事項として，事件の重大性や被害の甚大さなどをていねいに伝えながら，交渉（話し合い）をしていくことで，その実現に向けて働きかけをしていくことになります。直接に交渉（話し合い）をもちにくい場合には，簡易裁判所に民事調停手続きや各弁護士会に置かれている**紛争解決センター**での紛争解決を申し立てることもできます。

③　刑事罰の対象となる性暴力とは？

　代表的なものとしては，**刑法**で定められている**不同意わいせつ罪**（刑法第 176 条），**不同意性交等罪**（刑法第 177 条），**監護者わいせつ及び監護者性交等罪**（刑法第 179 条）があります。刑法犯に該当するかどうかのポイントは，①同意しない意思を形成し，表明し若しくは全うすることが困難な状態にさせ又はその状態にあることに乗じているかどうか，②**被害者の年齢**（16 歳以上なのか，16 歳未満なのか）です。

　なお，②16 歳未満の者の同意があっても処罰されることから，「性的な同意」や「性交同

＊**紛争解決センター**　https://www.nichibenren.or.jp/legal_advice/search/other/conflict.html
＊**刑法**　改正刑法が 2023 年 6 月 16 日に可決成立し，同月 23 日に交付された。施行日は，交付の日から起算して 20 日を経過した日（2023 年 7 月 13 日）とされている。

意」の年齢は 16 歳であるといわれます。また，①監護者わいせつ及び監護者性交等罪（第179 条）では，被害者と加害者との関係に注目して，暴行・脅迫を要件とはせずに，これらの者から被害者が意に沿わない性被害にあった場合を処罰することにしています。ただ，「現に監護する者であることによる影響力があることに乗じて」ともされ，処罰する場面は限定的です。

　刑法犯では，処罰される行為の態様が「**わいせつ行為**」「**性交等**」に限定されていました。年齢に着目したときには，18 歳未満の者を「児童」「青少年」と定義し，刑法犯では処罰されない行為の態様（暴行・脅迫を不要とする）を処罰しています。たとえば，児童福祉法や児童ポルノ防止法，青少年健全育成条例では，「淫行をさせる行為」とするなど，性交若しくは性交類似行為にまで広げ，被害者を自身の性的欲望を満足させるものとしか扱っていない場合を処罰しています。また，情報通信技術や記録媒体の性能が進展・向上した社会活動のなかにあっては，写真や電磁的記録（録画機器，USB・DVD などの記録媒体に保存されたもの）で姿態・容姿を描写する方法で被害が発生・拡大しないようにすることも重要なことになってきます。これを**児童ポルノ法**が処罰するほか，迷惑防止条例では，被害者の年齢を問わずに，その撮影方法によっては処罰の対象としています。

　電気通信技術の進展・整備に伴う社会情勢の変化に応じて，ストーカー規制法についても，平成 28（2016）年 12 月 24 日改正では，法第 2 条 1 項 5 号の「メールの送信等」に，SNSを用いたメッセージの送信やブログや SNS の個人ページにコメントを掲載することも，規

＊**不同意わいせつ罪，不同意性交等罪**　従前は暴行・脅迫の要件が必要だとされていたが，性被害の実態として，暴行・脅迫がなかったとしても，そのときの恐怖で身体がこわばってしまったり，相手との関係性から事実上抵抗できなかったりすることがある。そこで，暴行・脅迫がなかったとしても，「同意がない」わいせつな行為，性交等が処罰されることになった。具体的には，①暴行・脅迫，又はこれらを受けたことによる影響があること，②精神的，身体的な障害を生じさせること，③アルコールや薬物を摂取させること，④眠っているなど，意識がはっきりしていない状態であること，⑤被害者が急に襲われる場合なども想定し，同意しない意思を形成等するいとまをあたえないこと，⑥被害に直面して凍りつきの心理状態になることを想定し，恐怖驚がくさせていること，⑦虐待による心理的反応があること，⑧教師と生徒，上司と部下など，経済的・社会的関係の地位に基づく影響力で受ける不利益を憂慮させていることと，処罰要件が拡充されています。また，⑨行為がわいせつなものではないとの誤信をさせ，若しくは行為をする者について人違いをさせ，又はそれらの誤信若しくは人違いをしていることに乗じるような，無知を悪用する態様も処罰されるようになった。
＊**監護者わいせつ及び監護者性交等罪**　親などの子どもと同居して面倒を見ている人が，暴行や脅迫を伴わなくとも，その強い影響力を用いて子どもに性交等を強制することがある被害実態に合わせて，新設された処罰規定である。
＊**被害者の年齢**　13 歳以上 16 歳未満の者に対するわいせつ行為，性交等は，5 歳以上の年長者が処罰対象となる。5 歳の差を設けているのは，交際している同級生同士の性交等を除外するための規定とされている。
＊**わいせつ行為**　プライベート・パーツを手で触れたり，着衣の上から手指で弄んだりすることなどをいう。
＊**性交等**　性交，肛門性交又は口腔性交又は膣若しくは肛門に身体の一部（陰茎を除く）若しくは物を挿入する行為であってわいせつなものをいう。
＊**児童ポルノ法**　児童ポルノ法では，児童ポルノを所持するだけで処罰されることになるが，「自己の性的好奇心を満たす目的」が必要とされているため，単純な所持自体を処罰しているわけではない。ただし，児童ポルノを所持する経緯からは，「自己の性的好奇心を満たす目的」が推認されることは十分にありうる。

制の対象とされるようになりました。また，令和3（2021）年5月26日改正では，従前には，住居や勤務先，学校など，被害者が通常いる場所の見張りやうろつきのみを禁止していましたが，短期間の滞在を予定するホテルなど，被害者が現にいる場所での見張りや押しかけ，うろつきも禁止されることになりました。ほかにも，GPS機能等を用いた位置情報の無承諾取得等も禁止され，時代の変化にも対応しようとしてきています。

　そのほかにも，風紀の乱れや犯罪に巻き込まれる端緒として社会から問題視される行為の態様があります。これに対しては，**青少年健全育成条例**（使用済み下着の買受等の禁止，夜間の連れ出し等禁止），**JKビジネス禁止条例**（店舗型・非店舗型有害役務営業の禁止）が，勧誘・斡旋や場所の提供なども含めて，大人の行動を禁止・抑制する範囲を広げ，未成熟な者が性的な搾取や性的な被害にあわないように処罰しています。また，2023年6月の刑法改正では，子ども達の身に起こっているインターネットやSNSを通じての性被害を防ぐことを目的とし，いわゆる「**性的目的で子どもを手なずけコントロールする罪**」を創設しています。

第2節

学校で性暴力が起こった場合の対応

　学校内で性暴力被害が発見されたときには，「疑い」があるにとどまる段階（例：被害者と加害者の言い分に齟齬が生じているために事実の認定・確定が困難であるときなど）であっても，いじめ重大事態として対応することになります。具体的には，①発生と発見の段階，②情報収集・共有（事実の聞きとり）の段階，③事実の認定・確認の段階，④方針（対応）を決定する段階，⑤対応の段階に分かれますが，②以降が組織（チーム）の対応になってきます（図11-4）。

　ただ，性暴力被害という特殊性から，いくつかの留意点があります。たとえば，②の段階で，被害者本人からではなく周囲の人々からのみの被害申告であった場合には，被害者本人に事実の確認をしてよいのかどうか，判断が難しいこともありうるでしょう。他方，相談を受けた学校が行動に移さなかったときには，被害申告をした周囲の人々をとまどわせてしまい，悩ませてしまう（かかえ込む）こともありうるでしょう。

　被害を打ち明けてくれた子どもに「相談してくれたことは大切なことだよ」と肯定的な言葉をかけてあげる配慮も必要です。とくに，被害者からの聞きとりにおいては，①環境づく

＊**青少年育成条例, JKビジネス条例**　たとえば大阪府青少年育成条例がある。同条例は，いわゆる「JKビジネス」禁止条項を含んでいる。

＊**性的目的で子どもを手なずけコントロールする罪**　わいせつの目的で，16歳未満の者に対して，①（1）威迫・偽計・誘惑を用いて面会を求めること，（2）拒否されても反復して面会を求めること，（3）お金を渡すことを約束して面会を要求することと②これらの面会要求をして実際に面会すること，③わいせつな映像を送信するよう要求することを処罰している。

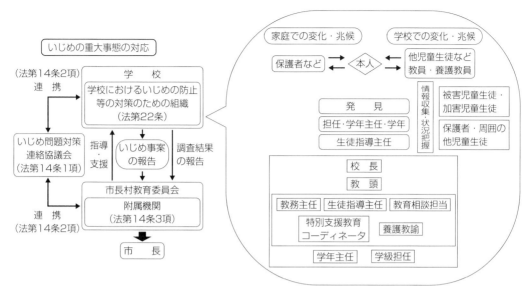

図 11-4　いじめの対応における組織図（イメージ）

り（電話や校内放送，人の出入りなどで話が中断しないようにするなど），②聞きとりの態度（怒ったり苛立ったり，動揺や不安，困惑をみせないようにするなど），③聞きとりの技術・方法（無理に聞きすぎない，「だれが」「からだのどの部分に」「何をしたのか」を優先して確認し，「いつ」「どこで」や回数などは最初の段階ではあえて聞かないようにするなど。また，誘導や暗示・示唆を避けること，迎合・誇張を誘発しないようにすることなど）が求められます。

　もちろん，加害者が被害の内容を一部または全部否定することもありますが，この場合，学校は，③④⑤まで進めないままに，加害者（保護者）から，「証拠もないのに犯人扱いするのは人権侵害だ」と学校の対応を非難・糾弾され，他方で，被害者（保護者）からは，学校が事実関係を明確にできないのならば，警察に被害届を提出するしかないと迫られることもあり，対応困難な事態に至ることもあります。

　しかし，警察署・検察庁で刑罰を科すことが可能かどうかを判断する過程とは別に，学校では，教育的配慮・措置や学習権の保障，学校生活の安全・安心の確保などが求められます。やるべき目的もやるべきこともまったく異なるわけですから，学校が「警察署・検察庁で捜査中であるから」という理由で対応をやめることがあってはけっしていけません。加害者（被害者）には被害の重篤さや深刻さを伝えながらも，ていねいかつ粘り強く対応していくしかありません。

　この過程で，加害者（もしくは保護者）から，心理的な負担の強さを訴えられ，「本人も家庭も壊れそうだ」と悲痛な叫びを受けることもあります。加害者（保護者）から被害者（保護者）に，「話せば潔白を理解してもらえるはずだから，直接，子どもと話をさせてほしい」

と要求されることもあります。しかし，軽々に被害者と加害者が対面・対峙する機会を設けることは，被害者に重篤な二次被害を与えて，取り返しのつかないことにもなりかねないことに留意してください。こうした状況下では，加害者（保護者）に対する聞きとりは一旦，中止するかどうも判断をしなければならないでしょう。児童生徒や保護者の間で「うわさ」が広がらないよう，事情を知っている児童生徒，保護者の範囲を把握して，加害者・被害者がともに苦しんでいる状況を伝えたうえで周囲に伝えることは差し控えるよう協力をお願いしなければならないこともありえます。

第3節
組織内での性暴力を未然に防止できなかったときは？

なぜ，結果を未然に防止できなかったのかと後悔にさいなまれるのか，性暴力の加害者が悪いのだと行為の卑劣さに怒り，これはどうしようもなかったことだと諦めるのか，性暴力被害を知る周囲の人々の間には，さまざまな反応・影響が起こりうるのだろうと思います。このときに，法律は，どのような枠組みで周囲の人々に義務づけをしているのでしょうか（責任法理の問題）。

性暴力を未然に防止しえたにもかかわらずにこれを怠ったときには，「過失」が認められ，違法なものとして責任を問われることになります。「過失」とは，結果回避義務の違反を言うものであり，かつ具体的な状況のもとにおいて適正な回避措置を期待しうる前提として，予見義務に裏づけられた「予見可能性」の存在を必要とします（東京地判昭和53年8月3日，スモン判決）。つまり，「具体的な危険を予見できたのか」が問題になります（図11-5）。

当該行為者が社会生活において属する集団の平均人が尽くすであろう注意を意味する（抽象的過失）。
当該行為者自身の具体的能力は標準とはならない（通説）。

図11-5　過失の構造理解

たとえば，名古屋地裁岡崎支部平成30（2018）年6月29日判決では，前任校で女子生徒との間で不適切な身体接触が疑われた教員の情報があった場合において，「前件問題について，前件女子生徒の接触を禁止する措置をしたにとどまり，ほかの女子生徒も含めて接触を禁止するなどの適切な指導監督を継続的に行うことができていないのであるから，前件問題後に，当該教諭の上記危険性が解消されたと認めることもできない。これらのことからすれば，本件市教委としては，当該教諭が本件小学校に赴任する際に，当該教諭が女子生徒又は

女子児童と二人きりになって性的な行為に及ぶおそれがあることを具体的に予見することができたといわざるを得ない」と判断されています。

まとめ
性暴力の根絶をめざして

　性暴力が，「魂の殺人」といわれるほどに深刻かつ重篤な「個の尊厳」に対する攻撃であることはすでに触れました。被害者の心身に長期にわたって重大な影響を及ぼすものであることから，その根絶をめざさなければなりません。令和 2（2020）年 4 月から，内閣府，警察庁，法務省，文部科学省及び厚生労働省の局長級を構成員とする「性犯罪・性暴力対策強化のための関係府省会議」が開催され，「性犯罪・性暴力対策の強化の方針」（以下「方針」）が決定されています。この方針においては，令和 2（2020）年度から 4（2022）年度までの 3 年間を，性暴力対策の「集中強化期間」として，刑事法の在り方の検討，被害者支援の充実，加害者対策とともに，教育・啓発の強化に取り組むとされています。そして，文部科学省では，子どもが性暴力の加害者や被害者，傍観者のいずれにもならないよう，教育・啓発内容の充実，相談を受ける体制の強化，わいせつ行為を行った教員等の厳正な処分，社会全体への啓発について，今後取組を強化していくとされました（令和 2 年 6 月 12 日，性犯罪・性暴力対策の強化の方針の決定について（通知）参照）。

　ところが，令和 3（2021）年 6 月 4 日，「教職員等による児童生徒性暴力等の防止に関する法律」（教育相談体制の整備，懲戒処分等の厳正な処分，免許状の再授与審査が定められる）が公布され，一部の規定を除き，令和 4（2022）年 4 月 1 日から施行されてはいますが，「教育・啓発の強化」の道すじはみえてきません。文部科学省が「生命（いのち）の安全教育」を推進するものとして，教材の開発・提供をしても（文部科学省，2021），文部科学省が「積極的な活用をお願いします」と呼びかけるにとどまり，「児童生徒の発達の段階や学校の状況を踏まえ，各学校の判断により」と学校任せとなっていては効果も出ないでしょう。教育現場の感覚としても，狭義の「性に関する指導（性教育）」（二次性徴の発現や生殖機能成熟，受精，妊娠，月経，射精，性行動，性感染症など，直接「性」に関連する事柄を内容とするもの）に意識がいき，広義の「性に関する指導（性教育）」（生命尊重や性行動に関する危険（リスク）を認識し，回避する態度や望ましい人間関係を築く能力の育成など，それらの基礎となる養育を含めたもの）は，ほとんど知られていないように思われます。広義の「性に関する指導（性教育）」には，発達心理学などの人間行動科学の視点がなければなりませんから，専門的な人材育成・研修も欠かせないでしょう。「教育・啓蒙」には，それを適切に行える教員の「育成・研修」も併せて考える必要があると思います。

コラム 12

子どもも大人も，被害者にも加害者にもしないために
——子どものころ性暴力被害にあった当事者として

柳谷和美

1) はじめに

わたしが性暴力被害にあったのは，5歳のとき，隣に住んでいた3姉妹の父親から。そして，小学校1年生のとき，当時16歳だった従兄からです。さらに，18歳から21歳までの約3年間，デートDVにもあい，19歳で2回の人工妊娠中絶をしています。その後も，2003年に今の夫と出会うまで，さまざまな性暴力にあい続けました。

2010年7月，関西テレビの特集で，幼少期の性暴力被害当事者（以下，当事者）として取材を受け，放送されたことをきっかけに，顔と名前を公表して当事者としての活動を始めました。被害体験や，その後の生きづらさ，どのようにしてトラウマと「共に生きる」ことができるようになったのかなどを語る講演，メディア取材への対応，子どもも大人も自分を大切にするための「親子で性教育」の自主開催などを行っています。

2) 子ども時代の性被害を思い出す

2006年，当時，夫が働いていた会社が新規事業として認可外保育園を立ち上げることになりました。事務作業を手伝うだけのはずが，人材不足のため，保育士でもないのに施設長としての園長を引き受けなければならなくなりました。わたしの子どもは3人とも息子なので，そこで初めて，女児のオムツ替えをしたのです。

0歳女児のオムツを開けたとたん，突然フラッシュバックが起こりました。心臓が口から出てきそうなほどバクバクして，からだが震え

だし，手早くオムツを変えたあと，トイレに駆け込みました。その後，会社が保育事業撤退するまでの3年間，女児のオムツ替えにあたらないよう，なんとか避けながらやり過ごしました。

フラッシュバックを起こして以来，自分の被害について，いろいろと思い出すことが多くなりました。加えて，ニュースや映画，ドラマなどで性暴力に関することを目にすると，突然スイッチが入って，自傷するようになりました。「死にたい！ 消えたい！ 自分気持ち悪い！」などと叫びながら，自分のからだを真っ黒な痣ができるほど殴りつけたり，壁に頭を打ちつけて流血したりして暴れるのです。スイッチが入ると，自分でとめることができず，そのたびに夫が必死でとめてくれ，わたしが落ち着くまで何時間もつきあってくれました。

そんなことを繰り返してしまうことも申し訳なく，さらに落ち込むという悪循環でした。

3) 性的感覚の混乱

この状態をなんとかしたいと，「性被害　子ども」などのキーワードでネット検索して出会った著書が，森田ゆり先生の『沈黙をやぶって』（1992）と『癒しのエンパワメント』（2002）でした。そのなかに，わたしが被害にあってからだれにも言えなかった一番の苦しみ，とくに，5歳の被害時，からだに快感を覚えたことについて，こう書かれていました。

そのことで自分を責めている人もいます。（中略）あなたの身体が快感を感じたとしても，それはあなたの心と理性が加害行為を受

け入れたわけではありません。あなたは自分の望まない行為を強制されたのです。たとえ身体的快感があったとしても，心は快感を感じたのではなく，その暴力によって深く傷つけられたのです。子どものあなたをそのような深刻な性的感覚の混乱に落とし入れた加害者に対して，あなたは怒りをいだいていいのです。(森田, 2002)

「性的感覚の混乱」――この言葉が胸に刺さりました。自分が人間としておかしいわけではなかったと認めてもらえたようで，涙がとまりませんでした。最初の被害から，30年以上が経っていました。

それから約10年後，森田ゆり先生の『トラウマと共に生きる』(2021) に寄稿させていただくことになるとは，このときのわたしは夢にも思っていませんでした。

4) 性被害体験を伝えていく

40年以上前のことを，なぜ覚えているのかというと，5歳の被害直後から，「あの行為は，いったいなんだったのだろう？」と，ずっと考え続けていたからです。目隠しされて仰向けの体勢で被害にあったので，被害後，寝るときに仰向けになるたびに，被害時の「からだの感覚」を思い出し続けていたのです。

フラッシュバックを起こしてから，次第に，自分と同じように，子どものころに被害にあって，長い間，苦しみ続ける子どもをなくしたいと思うようになりました。とはいえ，どこから手をつけてよいのかわかりません。またまた困ったときのネット検索。当事者として活動されている方とつながることができ，その方が主催されたイベントに，ボランティアスタッフとして参加することになりました。

そのイベントにメディアが入るとのことで，スタッフに取材を受けられるか，問い合わせがありました。子どものころの被害後，一見，明るく元気そうにふるまっていても，そのこころの内側に，恨み，憎しみ，殺意，自責，恥，悔しさ，悲しみ……真っ黒な自己をひとりでかかえなければいけなかった孤独。助けを求めることすら知らず，被害後，深刻な生きづらさをかかえてきたこと。そんな当事者の声を伝えたい，知ってもらいたいと思いました。

一方で，伝えることへの恐怖も，とても大きかったです。わたしの子どもたちへの影響や，わたしに対する周囲の偏見に対する恐怖，今の平穏な暮らしを失ってしまうのではないかという不安……。夫に相談したところ，「世界中が敵になっても，俺は和美ちゃん（わたし）の味方やで」と背中を押してくれ（涙），取材を受ける決意をしました。

放送後，たまたま視聴していた某市教育委員会の方から，「当事者として講演で話してほしい」との依頼があり，そこから現在の当事者活動に至ります。

5) 「なかったこと」にされた被害

当事者として活動を始める前の1998年（30歳）のことです。匿名で新聞社に性暴力被害のことを投稿した原稿を母に勝手に見つけられたのをきっかけに（母は境界線がわからない人です），被害の話をしました。

「覚えてたん？」と驚いた様子の母を見て，わたしは「知ってたん？」と驚きました。帰宅したわたしの様子がおかしいと感じた母は，隣家で何をしていたかわたしに尋ねたそうです。そして，被害にあったとわかると，父に伝え，警察に被害届を出しに行ったというのです。その後，父はことあるごとに隣家に向かって怒鳴り散らすようになり，相手方はほどなく引っ越していったそうです。母は，5歳のころのことだし，すっかり忘れていると思っていたと言いました。

きっと親としての願望もあったのだと思います。当時の両親は，性暴力被害を受けた子ども

がケアを必要としていることを知らず、親自身の「忘れてほしい」という願いから、わたしの性被害は「なかったこと」にされてきたのです。母は、「あんたは、いつも明るくて元気やったから、まさか、その体験をずっと思い出し続けていたなんて想像もしなかった」と言いました。

6) どうして親に言えなかったか

　7歳のときの被害は、当時16歳の母の甥（従兄）からのものでした。家出をして補導された従兄が帰宅をいやがったため、しばらくわが家にいることになったのです。家で、従兄とわたしの二人だけになったとき、「和美、ちょっとおいで〜」と優しく誘われ、被害にあいました。口に性器を挿入することを強要されたわたしは、行為に対しての嫌悪感と恐怖で混乱しつつも、「いやだ」と言ってよいことを知らず、従うことしかできませんでした。

　最初に被害にあった夜、わたしが両親に何も訴えなかったことを彼は確認していたのでしょう。翌日から行為はエスカレートし、膣への性器挿入までされ、それは従兄が自宅に戻るまでの約2週間、家で二人になるたびに毎日続きました。その2年後、彼はバイクの自損事故で他界。母に被害を打ち明けたあと、従兄の家族とは絶縁しています。

　当時をふり返って、なぜ、すぐに両親に被害を訴えられなかったか、なぜ従兄から逃げられなかったのかを考えてみました。その理由は、「安心して、なんでも話せる環境がなかったから」というのに尽きます。

　父は機嫌がよいときは冗談を言ったりして楽しい人でしたが、父の望む「よい子」でいなければ、怒鳴られ、殴られました。子どもながらに、「楽しい父」を求めていたわたしは、「友だちが『お父さんカッコイイね』って言ってた」など、言われてもいないうそをよくついていました。母は、父のいないところでは「あんたはお父さんの子。わたしは産んだだけ」と言い、

わたしが父に殴られていてもとめもせず、まったく関わってきませんでした。

　40歳を前にカウンセリングやセラピーを受けたことで、当時のわたしは「自分が無い」状態で、いつも「つくられた自分」だったことに気づきました。小学校高学年ごろから、自分の身に起こったできごとや行為の「意味」がわかりはじめると、夜な夜な、加害者をどうやって見つけ出して殺そうかなどと考えるようになりました。さらに、自分のからだは汚らしくて、いやらしくて、女性としての価値がない、生きる価値もない、どうやって死のうか……と、そんなことばかり空想するようになりました。

　わたしは性暴力被害を受けただけではありません。ネガティブな部分ももちあわせたありのままの「わたし」を認めることができない両親によって、「子どもらしい、健康的な子ども時代」を奪われたのです。性暴力は、被害の瞬間だけでなく、その後何十年も、被害者は苦しみ続けるのです。

7) 想像してほしいこと

　子どもが性暴力被害にあうなんて考えたくもない人や、自分の周囲では起こっていないという人もいます。なぜ、当事者の存在が浮かび上がってこないのでしょうか。

　それを理解してもらうために、警察を含む、犯罪被害者支援の方を対象にした講演会で、こんなワークをしています。2人1組で、1分ずつ自己紹介をしてもらい、趣味などの話で盛り上がってもらったあと、「打ち解けた隣の人に、最近セックスした話をしてください。相手はだれで、どんな関係性で、セックスをした日時、場所、服は脱いだか、手順はどうしたか、勃起していたか、膣、肛門、口腔への挿入があったか」と、早口気味に伝えると、会場は凍りつきます。数秒したあと「話さないでいいですよ」と言い、次のようにまとめます。「いかがですか？　どんなに打ち解けても、自分が関わった

性に関する話はしにくいですよね。性暴力被害者は自分が望んでもない性的接触について訴えるために，その詳細を伝えなければなりません。どうして多くの人が性暴力被害を訴えられないのか，ご理解いただけたでしょうか」。

8) おわりに

　被害者も加害者もつくらない——わたし自身の体験から，めざしたいと思っていることです。そのためには，子どもの年齢に合わせた包括的性教育と，日頃から「いやだ」を言っていい，そして「いやだ」という子どもの思いを認めてもらう体験が大切だと感じています。ふだんから，大人が「怖くて厳しい」存在であるなら，子どもは緊急事態の際に大人に SOS を伝えることができないからです。

　つらい，困った，助けてほしい……こんなときこそ，なんでもない雑談を交わせる環境を，まず大人たちでつくっていきたい。泣き言こそ，伝えあえるような環境が望まれます。それをめざすことで，加害をする人も減らしていけるのではないか，平和な世の中になるのではないかと願いを込めて，これからも活動を続けていきます。

HP『虹をみつけて』　http://www.niji32.net/

おわりに

　本書は，わたしたちがこれまでに出会った子どもや，かつて子どもだった大人の方々の声や体験から生まれたものです。性暴力を受けることで，子どもの人生は大きく変わってしまいます。もちろん，すべてが台無しになるわけではありません。被害を受けたとしても，子どもは自分の力で回復し，なんとか生きていこうとするからです。でも，もし性暴力を受けるようなことがなければ，子ども自身が生来もっているその力を，もっと自分が望み，選び，挑みたいことに向けて発揮していけたでしょう。性暴力は，子どものそんな力を消耗させ，ときに破壊してしまうものだと感じています。

　本書の執筆者は全員，それぞれの現場で被害者支援に携わっています。それでも，わたしたちが出会えた被害者は，性暴力にさらされている子どものほんのわずかです。ほとんどの子どもが，今このときも，自分の身に起きたことをだれにも言えず，必要な支援を受けられずにいます。日々のつらさを耐え忍ぶのに，自分の力を使い果たしてしまった子ども，そんな自分を弱いと恥じて自暴自棄になる子ども，考えるのをやめて平気なふりをする子ども，でもどうにもできなくて薬物や暴力に頼らざるをえなくなる子ども……どの子どもも，自分ひとりでなんとかしようとしているのです。

　にもかかわらず，こうした子どもは，しばしば「問題児」「性非行」として扱われてしまいます。あるいは，本当の自分をみせないようにして「よい子」「いい人」として，周囲や相手に合わせながら生きていくこともあります。どちらも，自分の力を〈自分のために〉発揮することができないのです。

　そんなふうに子どもを「ひとり」にさせてしまったのは，わたしたち大人社会の責任です。性暴力に気づき声を上げていくことは，本来は被害者が担うべき役割ではなく，大人社会が取り組んでいくべきことです。性暴力を見過ごさず，被害を受けた子どもに「あなたはひとりじゃないよ」と伝え，寄り添うこと。それは大人の一人ひとりがやらなければならないことでしょう。

　2013年に出版された本書の初版がたくさんの方に読まれ，このたび改訂版の出版の機会に恵まれたことに感謝しています。10年を経て，子どもへの性暴力をめぐる社会の状況は大きく変わりました。性暴力の現実が顕在化されてきたことで，さまざまな課題が一層，明

確になってきたといえるでしょう。改訂版の作成にあたっては，編者2名がそれぞれ臨床現場をともにしたり，一緒にこの問題に取り組んできた方々に執筆を依頼し，前版よりも幅広い観点や多様なトピックスを含めることができました。子どもを支援する多くの方々に役立てることを願っています。

　最後に，誠信書房の楠本龍一さんをはじめ，編集部の皆さまにこころよりお礼申し上げます。細やかなサポートをいただき，編者にとって心強く，安心して進むことができました。

　今後も引き続き，性暴力被害を受けた子どもにとって役立つ支援，そして何よりも性暴力のない社会をめざして取り組んでいきたいと思います。たくさんの方と力を合わせていけることを望んでいます。

　　2023年6月

編者　野坂祐子

文　献

第 1 章

藤岡淳子・寺村堅志（2006）．非行少女の性虐待体験と支援方法について——施設での実態調査から．子どもの虐待とネグレクト，**8**（3），334-342．

警察庁（2022）．令和 4 年　警察白書．日経印刷．

小林美佳（2008）．性犯罪被害にあうということ．朝日新聞出版．

子どもの性の健康研究会（2009 ／ 2010）はなしてくれてありがとう——性暴力被害からの回復に向けて．子どもの性の健康研究会ウェブサイト　http://csh-lab.com/

森田ゆり編（1992）．沈黙をやぶって——子ども時代に性暴力を受けた女性たちの証言＋心を癒す教本（ヒーリングマニュアル）．築地書館．

日本性教育協会（編）（2019）．「若者の性」白書——第 8 回 青少年の性行動全国調査報告．小学館．

野坂祐子（2005）．児童・幼児期における性暴力被害．武蔵野大学心理臨床センター紀要，**5**，11-21．

野坂祐子（2011）．男子の性被害．セクシュアリティ，**53**，60-67．

野坂祐子・吉田博美・笹川真紀子・内海千種・角谷詩織（2005）．高校生の性暴力被害と精神健康との関連．トラウマティック・ストレス，**3**（1），67-75．

大藪順子（2007）．STAND——立ち上がる選択．いのちのことば社フォレストブックス．

R・B・ガートナー（著）宮地尚子・井筒　節・岩崎直子・堤　敦朗・村瀬健介（訳）（2005）．少年への性的虐待——男性被害者の心的外傷と精神分析治療．作品社．

Substance Abuse and Mental Health Services Administration. (2014). *SAMHSA's concept of trauma and guidance for a Trauma-Informed Approach*. HHS Publication No. (SMA) 14-4884. Rockville, MD: Substance Abuse and Mental Health Services Administration.　大阪教育大学学校危機メンタルサポートセンター・兵庫県こころのケアセンター（訳）（2018）．SAMHSA のトラウマ概念とトラウマインフォームドアプローチのための手引き．https://www.j-hits.org/_files/00107013/5samhsa.pdf（2022 年 4 月 1 日確認）

山本　潤（2017）．13 歳，「私」をなくした私——性暴力と生きることのリアル．朝日新聞出版．

第 2 章

亀岡智美（2022）．子どもの PTSD のアセスメント——UCLA 心的外傷後ストレス障害インデックスの手引き．誠信書房．

亀岡智美・飛鳥井望（編著）（2021）．子どものトラウマと PTSD の治療．誠信書房．

厚生労働省（2013）．平成 25 年 8 月改正　子ども虐待対応の手引き．

厚生労働省（2021）．令和 2 年度　児童相談所での虐待相談対応件数（速報値）．

高田紗英子・亀岡智美・大澤智子・加藤　寛（日本語版作成）（2020）．DSM-5 版 UCLA 心的外傷後ストレス障害インデックス（児童青年期用）．誠信書房．

第 3 章

浅野恭子・野坂祐子（2019）．子どもの性問題行動の理解と支援——アタッチメントとトラウマの観点から．笠原麻里・日本トラウマティック・ストレス学会編集委員会（編）．子どものトラウマ——アセスメント・診断・治療．金剛出版，pp. 145-157．

Bonner, B. L., Walker, C. E., & Berliner, L. (2005). *Treatment manual for cognitive-behavioral group therapy for children with sexual behavior problems*. Center on Child Abuse and Neglect. www.ncsby.org

Friedrich, W. N., Davies, W. H., Feher, E., & Wright, J. (2003). *Sexual behavior problems in preteen children: Developmental, ecological, and behavioral correlates*. Annals of the New York Academy of Science, **989**, 95-104.

Gil, E., & Johnson T. C. (1993). *Sexualized children: Assessment and treatment of sexualized children and children who molest*. Launch Press.

Johnson, T. C. (2009). *Understanding children's sexual behaviors: What's natural and healthy*. Safer Society Press.

Johnson, T. C. (2010). *Understanding children's sexual behaviors: What's natural and healthy*. Safer Society Press.

野坂祐子・浅野恭子（2016）．マイ ステップ——性被害を受けた子どもと支援者のための心理教育．

野坂祐子・浅野恭子（2022）．性をはぐくむ親子の対話——この子がおとなになるまでに．日本評論社

Silovsky, J. F. & Swisher, L. (2007). *Children with sexual behavior problems: Identification and treatment*. Center on Child Abuse and Neglect, OUHSC.

Silovsky, J. F. (2009). *Taking action: Support for families of children with sexual behavior Problems*. Safer Society Press.

ティモシー・J・カーン（著）．藤岡淳子（監訳）（2009a）．回復への道のり　親ガイド［性問題行動・性犯罪の治療教育1］──性問題行動のある子どもをもつ親のために．誠信書房．

ティモシー・J・カーン（著）．藤岡淳子（監訳）（2009b）．回復への道のり　パスウェイズ［性問題行動・性犯罪の治療教育2］──性問題行動のある思春期少年少女のために．誠信書房．

ティモシー・J・カーン（著）．藤岡淳子（監訳）（2009c）．回復への道のり　ロードマップ［性問題行動・性犯罪の治療教育3］──性問題行動のある児童および性問題行動のある知的障害をもつ少年少女のために．誠信書房．

第4章

Finkelhor, D. (2008). *Childhood victimization : Violence, crime, and abuse in the lives of young people*. Oxford University Press.　森田ゆり・金田ユリ子・定政由里子・森年恵（訳）（2010）．子ども被害者学のすすめ．岩波書店．

第5章

B・H・スタム（編）小西聖子・金子ユリ子（訳）（2003）．二次的外傷性ストレス──臨床家，研究者，教育者のためのセルフケアの問題．誠信書房．

Bloom, S. (2010). Trauma-organized systems and parallel process. N. Tehrani (Ed.). *Managing trauma in the workplace: Supporting workers and organisations*. 139-152.

Elaine Miller-Karas (2015). *Building resilience to trauma: The trauma and community resiliency models*. Routledge.

Figley, C. R. & Ludick, M. (2017). Secondary traumatization and compassion fatigue. In N. G. Steven, M. C. Joan & J. D. Constance (Eds.). *APA handbook of trauma psychology*, Vol. 1. American Psychological Association, pp. 573-593.

藤森和美・野坂祐子（編）（2013）．子どもへの性暴力──その理解と支援．誠信書房．

藤岡孝志（2020）．支援者支援養育論──子育て支援臨床の再構築．ミネルヴァ書房．

金子多喜子・森田展彰・伊藤まゆみ・関谷大輝（1997）．看護師版感情対処傾向尺度の開発──尺度の信頼性・妥当性の検討．ヒューマン・ケア研究，**18**（1），25-35.

小西聖子・上田鼓（編）（2016）．性暴力被害者への支援──臨床実践の現場から．誠信書房．

厚生労働省．知ることからはじめよう──みんなのメンタルヘルス．https://www.mhlw.go.jp/kokoro/know/disease_ptsd.html（2022年2月6日確認）

McCann, I. L., & Pearlman, L. A. (1990). Vicarious traumatization: A framework for understanding the psychological effects of working with victims. *Journal of Traumatic Stress*, **3**(1), 131–149.

森田展彰・金子多喜子（2019）．支援者の二次性トラウマ，燃え尽きの予防．　松本俊彦（編）「助けて」が言えない──SOSを出さない人に支援者は何ができるか．日本評論社，pp.145-158.

National Child Traumatic Stress Network (NCTSN) (2020). Child Welfare Trauma Training Tool Kit.

野坂祐子（2019a）．トラウマインフォームドケア──"問題行動"を捉えなおす援助の視点．日本評論社．

野坂祐子（2019b）．児童福祉におけるトラウマインフォームド・ケア──支援者の健康と安全からはじまる子どものケア．平成30年度厚生労働省子ども・子育て支援推進調査研究事業指定研究．http://csh-lab.com/3sc/wp/wp-content/themes/3sc/img/document/p_13.pdf

野坂祐子（2020）．わたしに何がおきているの　自分についてもっとわかるために──支援者用ガイド．厚生労働省子ども・子育て支援推進調査研究事業による指定研究「児童買春，児童ポルノ被害児童の保護施策の実施状況に関する研究調査」．http://csh-lab.com/3sc/wp/wp-content/themes/3sc/img/document/document200327_01.pdf

野坂祐子（2021）．こころのケガをトラウマのメガネで見てみよう──養護教諭のためのトラウマインフォームドケア．令和2年度科学研究費助成事業「子どもへの性暴力に対するトラウマインフォームド・ケア／システムの開発」．http://csh-lab.com/3sc/wp/wp-content/themes/3sc/img/document/document210303_01.pdf

大澤智子（2002）．二次受傷──臨床家の二次的外傷性ストレスとその影響．大阪大学教育学年報，**7**，143-154.

Sandra, L. Bloom, & Farragher, B. (2013). *Restoring sanctuary: A new operating system for trauma-informed systems of care*. Oxford University Press.

白井明美（2013）．支援者の性に関する意識と自己理解．藤森和美・野坂祐子（編）．子どもへの性暴力──その理解と支援．誠信書房，p.116.

白川美也子（2019）．トラウマのことがわかる本──生きづらさを軽くするためにできること．講談社．

白川美也子（2020）．子どものトラウマがよくわかる本──トラウマに気づき，回復のためにできること．講談社．

竹田伸也（2014）．対人援助職に役立つ認知行動療法．山口智子（編）働く人びとのこころとケア──介護職・対人援助職のための心理学．遠見書房．pp. 172-185

高橋昌（2021）．用語集 38　共感疲労（compassion fatigue）．トラウマティックストレス，**19**（1），78.

第 6 章

藤森和美（2005）．学校危機と心理的緊急支援．藤森和美（編）学校トラウマと子どもの心のケア　実践編——学校教員・養護教諭・スクールカウンセラーのために．誠信書房，pp. 1-23.

藤森和美（2007）．トラウマからの回復に必要なこと．児童心理，**61**（2），176-182.

河野通英（2005）．クライシス・レスポンス・チーム（CRT）の活動——山口県の試み．藤森和美（編）学校トラウマと子どもの心のケア　実践編——学校教員・養護教諭・スクールカウンセラーのために．誠信書房，pp. 136-157.

京都府教育委員会（2012）．第 7 回全国 CRT 連絡協議会発表資料.

警察庁（2022）．各都道府県警察の性犯罪被害相談電話につながる全国共通番号「＃8103（ハートさん）」．警察庁ホームページ．https://www.npa.go.jp/higaisya/seihanzai/seihanzai.html

内閣府（2011）．犯罪被害者白書　平成 23 年度版．佐伯印刷.

内閣府（2021a）．第 2 節　ストーカー行為，性犯罪，子供に対する性的暴力等．男女共同参画白書 令和 3 年版．https://www.gender.go.jp/about_danjo/whitepaper/r03/zentai/html/honpen/b1_s07_02.html

内閣府（2021b）．第 12 図　児童買春及び児童ポルノ事犯の検挙件数の推移．男女共同参画白書 令和 3 年版．https://www.gender.go.jp/about_danjo/whitepaper/r03/zentai/html/zuhyo/zuhyo01-07-12.html

野坂祐子（2005）．性暴力被害を受けた子どもの問題とケア．藤森和美（編）学校トラウマと子どもの心のケア　実践編——学校教員・養護教諭・スクールカウンセラーのために．誠信書房，pp. 96-111.

文部科学省（2021）．教育職員等による児童生徒性暴力等の防止等に関する法律の公布について（通知）．文部科学省ホームページ．https://www.mext.go.jp/content/210702-mxt_kyoikujinzai01-01584_1.pdf

W・ボーグ，R・フラゴー，D・L・アービン，R・ブロドリック，D・M・ケリー（著）藤川洋子・小澤真嗣（監訳）（2003）．子どもの面接ガイドブック——虐待を聞く技術．日本評論社.

全国 CRT 標準化委員会．学校危機サポートシステム——教育委員会はどう構築する．http://www.h7.dion.ne.jp/～crt/guidebook/SupportSystem.pdf

第 7 章

C・M・バイヤリー（著）宮地尚子（監訳）（2010）．子どもが性被害をうけたとき——お母さんと、支援者のための本．明石書店.

子どもの性の健康研究会（2010）．子どもをささえるためにできること——性暴力にあった子どもの回復のために．子どもの性の健康研究会ウェブサイト．http://csh-lab.com/

野坂祐子（2010）．子どもの性暴力への理解と支援——加害児・被害児の親へのサポート．ヒューマンライツ，**263**，38-44.

T・J・カーン（著）藤岡淳子（監訳）（2009）．親ガイド——性問題行動のある子どもをもつ親のために．誠信書房.

第 8 章

Alisic, E., Zalta, A. K., van Wesel, F., Larsen, S. E., Hafstad, G. S., Hassanpour, K., & Smid, G. E. (2014). Rates of post-traumatic stress disorder in trauma-exposed children and adolescents: meta-analysis. *Br J Psychiatry,* **204**, 335-340. doi:10.1192/bjp.bp.113.131227

American Psychiatric Association. (2013). *Diagnostic and statitical manual of mental disorders* Fifth Edition. Arlington VA, American Psychiatric Publishing.　日本精神神経学会（日本語版用語監修)(2014)．DSM-5 精神疾患の診断・統計マニュアル．医学書院.

飛鳥井望 . (2021). 複雑性 PTSD の臨床実践ガイド——トラウマ焦点化治療の活用と工夫．日本評論社.

Bolen, R. M., & Lamb, J. L. (2007). Parental support and outcome in sexually abused children. *Journal of Child Sexual Abuse,* **16**(2), 33-54.

Cohen, J. A., Mannarino, A. P., & Deblinger, E. (2017). *Treating trauma and traumatic grief in children and adolescents.* Second Edition. New York: Guilford Press.

Elliott, A. N., & Carnes, C. N. (2001). Reactions of nonoffending parents to the sexual abuse of their child: a review of the literature. *Child Maltreat,* **6**(4), 314-331. doi:10.1177/1077559501006004005

Forbes, D., Bisson, J., Monson, C., & Berliner, L. E. (2020). *Effective treatments for PTSD practice guidelines from the international society for traumatic stress studies,* Third edition. New York: Guilford Presss.　飛鳥井望（監訳）（2022）．PTSD 治療ガイドライン［第 3 版］．金剛出版.

Harris, M., & Fallot, R. D. (2001). *New directions for mental health services: Using trauma theory to design service systems.* San Francisco: Jossey-Bass.

Holmes, M. M., & Pillo, C. (2000). *A terrible thing happened.* Washington, DC, Magination Press.　飛鳥井望・亀岡智美（監訳）

（2015）．こわい目にあったアライグマくん．誠信書房．

Jessie. (1991). *Please tell: A child's story about sexual abuse*. Hazelden Foundation. 飛鳥井望・亀岡智美（監訳）（2015）．ねえ，話してみて！．誠信書房．

亀岡智美（2003）．性暴力被害児へのケア——トラウマケアの観点から．子ども虐待の予防とケア研究会（編著）（2020）．子ども虐待の予防とケアのすべて 第3巻，追録34号，3899の51-3899の63．第一法規．

亀岡智美（2014）．トラウマフォーカスト認知行動療法．そだちの科学．**22**，10-14．

亀岡智美（2020a）．精神科医療におけるトラウマインフォームドケア．精神神経学雑誌，**122**（2），160－166．

亀岡智美（2020b）．子ども虐待とトラウマケア——再トラウマを防ぐトラウマインフォームドケア．金剛出版．

亀岡智美（2021）．トラウマインフォームドケア．日本子ども虐待防止学会第27回学術集会かながわ大会，教育講演2．

亀岡智美・飛鳥井望（編）（2021）．子どものトラウマとPTSDの治療——エビデンスとさまざまな現場における実践．誠信書房．

亀岡智美・瀧野揚三・野坂祐子・岩切昌宏・中村有吾・加藤寛（2018）．トラウマインフォームドケア——その歴史的展望．精神神経学雑誌，**120**（3），173-185．

Kameoka, S., Tanaka, E., Yamamoto, S., Saito, A., Narisawa, T., Arai, Y., Nosaka, S., Ichikawa, K., & Asukai, N. (2020). Effectiveness of trauma-focused cognitive behavioral therapy for Japanese children and adolescents in community settings: a multisite randomized controlled trial. *European Journal of psychotraumatology*. doi:10.1080/20008198.2020.1767987

Lewin, L., & Bergin, C. (2001). Attachment behaviors, depression, and anxiety in nonoffending mothers of child sexual abuse victims. *Child Maltreat*, **6**(4), 365-375. doi:10.1177/1077559501006004009

Link, C., & Büchner, S. (2021). *Finnis Geheimnis: Kinder stark machen, NEIN zu sagen!*. Edel Kids Books. 亀岡智美（監訳）（2023）．キツネくんのひみつ　ゆうきをだしてはなそう．誠信書房．

Lovett, B. B. (2004). Child sexual abuse disclosure: Maternal response and other variables impacting the victim. *Child & Adolescent Social Work Journal,* **21**(4), 355-371.

Mannarino, A. P., Cohen, J. A., Deblinger, E., & Steer, R. (2007). Self-reported depression in mothers of children who have experienced sexual abuse. *Journal of Psychopathology and Behavioral Assessment,* **29**(3), 203-210.

Reece, R., Hanson, R., & Sargent, J. E. (2014). *Treatment of child abuse common ground for mental health, medical, amd legal practitioners* second edition. Baltimore, Maryland: Johns Hopkins University Press. 亀岡智美・郭　麗月・田中　究（監訳）（2019）．虐待された子どもへの治療——医療・心理・福祉・法的対応から支援まで 第2版．明石書店．

Regehr, C. (1990). Parental responses to extrafamilial child sexual assault. *Child Abuse Negl,* **14**(1), 113-120. doi:10.1016/0145-2134(90)90086-9

Spaccarelli, S., & Kim, S. (1995). Resilience criteria and factors associated with resilience in sexually abused girls. *Child Abuse Negl,* **19**(9), 1171-1182. doi:10.1016/0145-2134(95)00077-l

Substance Abuse and Mental Health Services Administration (2014). *SAMHSA's concept of trauma and guidance for a trauma-informed approach*. Rockville. 大阪教育大学学校危機メンタルサポートセンター・兵庫県こころのケアセンター（訳）（2018）．SAMHSAのトラウマ概念とトラウマインフォームドアプローチのための手引き．https://www.j-hits.org/document/child/page6.html）：HHS Publication No. (SMA)14-4884. Retrieved from http://www.j-hits.org/

第9章

中央教育審議会（2008）．子どもの心身の健康を守り，安全・安心を確保するために学校全体としての取組を進めるための方策について（答申）．文部科学省，14-15．

中央教育審議会（2015）．チームとしての学校の在り方と今後の改善方策について（答申）．文部科学省

家近早苗（2019）．学校づくりの援助．野島一彦・繁桝算男（監修）．公認心理師の基礎と実践18　教育・学校心理学．遠見書房，pp. 171-181．

家近早苗・石隈利紀（2003）．中学校における援助サービスのコーディネーション委員会に関する研究——A中学校の実践をとおして．教育心理学研究，**51**，230-238．

石隈利紀（2016）．コーディネーションとチーム援助の方法．日本学校心理学会（編）．学校心理学ハンドブック　第2版——「チーム」学校の充実をめざして．教育出版．pp.162-163．

石隈利紀（2019）．教育・学校心理学の意義．野島一彦・繁桝算男監修・石隈利紀（編）．　公認心理師の基礎と実践18　教育・学校心理学．遠見書房，pp.11-26．

石隈利紀・田村節子（2018）．新版石隈・田村式援助シートによるチーム援助入門．図書文化社．

河野通英（2006）．学校危機へのポストベンション——校内での自殺，生徒同士の殺人事件等への CRT 活動の紹介．http://www.mext.go.jp/b_menu/shingi/chousa/shotou/063_6/shiryo/attach/1369761.htm（2019年12月1日確認）

警察庁（2022）．なくそう子供の性被害．https://www.npa.go.jp/policy_area/no_cp/　（2022年4月17日確認）

子どもの性の健康研究会（2022）．リーフレットダウンロード．http://csh-lab.com/leaflet_download　（2022年5月11日確認）

教育相談等に関する調査研究協力者会議（2017）．児童生徒の教育相談の充実について——学校の教育力を高める組織的な

教育相談体制づくり．初等中等教育局児童生徒課生徒指導室．

文部科学省（2017）．児童生徒の教育相談の充実について——学校の教育力を高める組織的な教育相談体制づくり（報告）．

内閣府（2017）．子どもの貧困対策会議　第4回．https://www8.cao.go.jp/kodomonohinkon/kaigi/index.html（2019年11月1日確認）

大岡由佳・岩切昌宏・瀧野揚三・浅井鈴子・毎原敏郎・木村有里（2020）．学校におけるトラウマインフォームドケアの実践（第Ⅱ報）——X市の教員全体を対象にした性被害・性加害研修の結果から．学校危機とメンタルケア，**9**，33-44．

田村節子・石隈利紀（2013）．スクールカウンセラーによるコア援助チームの実践——学校心理学の枠組みから．教育心理学年報，**42**，168-181．

田村節子・石隈利紀（2017）．石隈・田村式援助シートによる子ども参加型チーム援助——インフォームドコンセントを超えて．図書文化社．

山口豊一・石隈利紀（2007）．中学校における学校マネジメント委員会にどのような機能があるか——企画委員会を題材とした質的研究．筑波大学学校教育論集，**29**，51-62．

四日市市教育委員会（2005）．子どもの心を見つめて——不登校の子どもへの指導の手引き．http://www.yokkaichi.ed.jp/e-center/html/futoukou_tebiki/images/all.pdf（2023年9月26日確認）

第10章

内閣府（2018）．子どもの性被害防止対策に関する世論調査．

厚生労働省（2021）．福祉行政報告例　令和2年度．

政府統計の総合窓口e-Stat（2021）．学校保健統計調査　令和2年度．https://www.e-stat.go.jp/stat-search/files?page=1&layout=datalist&toukei=00400002&tstat=000001011648&cycle=0&tclass1=000001156246&tclass2=000001156248&stat_infid=000032108461&tclass3val=0（2022年1月7日確認）

子どもの性の健康研究会（2009/2010）．はなしてくれてありがとう——性暴力被害からの回復に向けて．http://csh-lab.com/wp/wp-content/uploads/2011/06/arigato.pdf（2022年1月7日確認）

文部科学省（2021）．生命（いのち）の安全教育．文部科学省ホームページ．https://www.mext.go.jp/a_menu/danjo/anzen/index.html（2022年1月7日確認）

第11章

検察庁 a.刑事事件の手続について．https://www.kensatsu.go.jp/gyoumu/keiji_jiken.htm（2023年1月17日確認）

検察庁 b.少年事件について．https://www.kensatsu.go.jp/gyoumu/shonen_jiken.htm（2023年1月17日確認）

熊本県教育委員会（2007）．スクール・セクシュアル・ハラスメント防止のためのガイドライン．https://www.hashima-gifu.ed.jp/kuwabara-g/news/pdf/s2949_1_20.pdf（2023年1月17日確認）

松本克美（2001）．キャンパス・セクシュアル・ハラスメントと大学の教育研究環境配慮義務．立命館言語文化研究，**13**（3），131-144．

文部科学省（2017）．いじめの重大事態に関するガイドライン．https://www.mext.go.jp/component/a_menu/education/detail/__icsFiles/afieldfile/2019/06/26/1400030_009.pdf（2023年1月17日確認）

文部科学省（2021）．生命（いのち）の安全教育．文部科学省ホームページ．https://www.mext.go.jp/a_menu/danjo/anzen/index.html（2023年6月14日確認）

長野県教育委員会（2008）．スクール・セクシュアル・ハラスメント防止ガイドライン——なくそう スクール・セクハラ！．https://www.pref.nagano.lg.jp/kyoiku/kyoiku/documents/nakusou.pdf（2023年1月17日確認）

コラム1

文部科学省（2021）．性犯罪・性暴力対策の強化の方針．https://www.mext.go.jp/a_menu/danjo/anzen/index.html（2023年3月14日確認）

ピート・ワリス，タリア・ワリス（著）上田勢子（訳）（2021）．考えたことある？性的同意——知らないってダメかも．子どもの未来社．

Planned Parenthood. Sexual Consent. https://www.plannedparenthood.org/learn/relationships/sexual-consent

レイチェル・ブライアン（著）中井はるの（訳）（2020）．子どもを守る言葉「同意」って何？——YES、NOは自分が決める！．集英社

UNESCO (2018). International technical guidance on sexuality education: An evidence-informed approach. https://www.unfpa.org/sites/default/files/pub-pdf/ITGSE.pdf

コラム 2

Felitti, V. J., Anda, R. F., Nordenberg, D., Williamson, D. F., Spitz, A. M., Edwards, V., Koss, M. P., & Marks, J. S. (1998). Relationship of childhood abuse and household dysfunction to many of the leading causes of death in adults: The adverse childhood experiences (ACE) study. *American Journal of Preventive Medicine*, **14**(4), 245-258.

藤原武男・水木理恵（2012）．子ども時代の逆境的体験は精神障害を引き起こすか？．日本社会精神医学会雑誌，**21**(4), 526-534

野坂祐子（2019）．トラウマインフォームドケア――"問題行動"を捉えなおす援助の視点　日本評論社.

野坂祐子・菊池美奈子（2022）．保健室から始めるトラウマインフォームドケア――子どもの性の課題と支援．東山書房.

Substance Abuse and Mental Health Services Administration. (2014). *SAMHSA's concept of trauma and guidance for a Trauma-Informed Approach*. HHS Publication No. (SMA) 14-4884. Rockville, MD: Substance Abuse and Mental Health Services Administration.　大阪教育大学学校危機メンタルサポートセンター・兵庫県こころのケアセンター（訳）（2018）．SAMHSA のトラウマ概念とトラウマインフォームドアプローチのための手引き．https://www.j-hits.org/_files/00107013/5samhsa.pdf（2022 年 12 月 28 日確認）

コラム 5

警察庁（2022）．令和 3 年における少年非行，児童虐待及び子供の性被害の状況．　https://www.npa.go.jp/bureau/safetylife/syonen/pdf-r3-syonenhikoujyokyo.pdf（2023 年 6 月 28 日確認）

政府広報オンライン（2019）．SNS 利用による性被害等から子供を守るには．https://www.gov-online.go.jp/useful/article/201508/1.html（2023 年 3 月 14 日確認）

コラム 6

Britton, P. & Dunlap, R. E. (2017). *Designing and leading a successful SAR a guide for sex therapists, sexuality educators, and sexologists*. Routledge.

UNESCO (2018). International technical guidance on sexuality education: An evidence-informed approach (jpn). https://unesdoc.unesco.org/ark:/48223/pf0000374167/（2023 年 3 月 11 日確認）　浅井春夫・艮　香織・田代美江子・福田和子・渡辺大輔（訳）（2020）．改訂版「国際セクシュアリティ教育ガイダンス」科学的根拠に基づいたアプローチ．明石書店.

吉田博美・渡邉美紀子・山本このみ・佐々木洋平・星野美也子・土岐祥子・小西聖子（2019a）．トラウマインフォームド・ケア実践のための教育プログラム――初学者・支援者双方の再トラウマを予防し，安心で安全なトラウマ臨床教育の工夫．武蔵野大学心理臨床センター紀要，19，69-82．http://id.nii.ac.jp/1419/00001182/（2023 年 3 月 11 日）

吉田博美・山本このみ・渡邉美紀子・小西聖子（2019b）．トラウマに対する態度を見直して安心して健全な支援を行うためのワークブック．https://www.musashino-u.ac.jp/rinsho/albums/abm.php?f=abm00015427.pdf&n=book_green.pdf（2023 年 3 月 11 日確認）

コラム 7

警察庁（2018）．平成 29 年度犯罪被害類型別調査結果報告書．https://www.npa.go.jp/hanzaihigai/kohyo/report/h29-1/index.html（2022 年 1 月 15 日確認）

文部科学省（2022）．公立学校教職員の人事行政の状況調査について．https://www.mext.go.jp/a_menu/shotou/jinji/1318889.htm（2023 年 1 月 20 日確認）

野坂祐子（2020）．対人暴力が及ぼす影響．藤岡淳子（編）．司法・犯罪心理学．有斐閣ブックス，pp.70-88.

コラム 9

ペーター・ヴォールレーベン（著）長谷川圭（訳）（2017）．樹木たちの知られざる生活　森林管理官が聴いた森の声．早川書房，p.31.

SAMHSA. Dealing with the Effects of Trauma:A Self-Help Guide. http://www.ncdsv.org/images/HHS_SelfHelpGuideEffectsOfTrauma_updated_11-02.pdf（2023 年 6 月 6 日確認）

Tedeschi, R. G. & Calhoun, L. G. (2004). Posttraumatic growth: Conceptual foundations and empirical evidence. *Psychological Inquiry*, **15**, 1-18.

ヴィクトール・フランクル（著）池田香代子（訳）（2002）．夜と霧．みすず書房.

コラム 10

日高庸晴（2020）．性的指向と性自認に係る国や自治体の取り組みと全国 LGBTs 調査が示す健康問題．保健師ジャーナル，**76**（7），508-514.

生島　嗣・野坂祐子・山口正純・三輪岳史・大槻知子・林　神奈・井上洋士・仲倉高広・大島　岳・藤田彩子・及川千夏・若林チヒロ・櫛井正義（編）（2017）．平成 29 年度厚生労働科学研究費補助金エイズ対策政策研究事業「LASH 調査」報告書．平成 29 年度厚生労働科学研究費補助金エイズ対策政策研究事業「地域において HIV 陽性者と薬物使用者を支援する研究班」分担研究「MSM の薬物使用・不使用に関わる要因の調査」
https://www.chiiki-shien.jp/image/pdf/LASH20180227.pdf（2022 年 1 月 1 日確認）

McKay, T., Lindquist, C. H., & Misra, S. (2019). Understanding (and acting on) 20 years of research on violence and LGBTQ + communities. *Trauma Violence Abuse,* **20**(5), 665-678.

Roberts, A. L., Rosario, M., Corliss, H. L., Koenen, K. C., & Austin, S. B.(2012）. Elevated risk of posttraumatic stress in sexual minority youths: Mediation by childhood abuse and gender nonconformity. *Am J Public Health,* **102**(8), 1587–1593.

コラム 11

本多隆司・伊庭千恵（2021a）．キックスタート，トラウマを理解する．本多隆司・伊庭千恵．心理教育教材「キックスタート，トラウマを理解する」活用ガイド——問題行動のある知的・発達障害児者を支援する．明石書店，pp.63-84

本多隆司・伊庭千恵（2021b）．子ども時代のつらかった体験（ACEs）質問表．本多隆司・伊庭千恵．心理教育教材「キックスタート，トラウマを理解する」活用ガイド——問題行動のある知的・発達障害児者を支援する．明石書店，pp. 86-89

コラム 12

森田ゆり（1992）．沈黙をやぶって——子ども時代に性暴力を受けた女性たちの証言＋心を癒す教本．築地書館.

森田ゆり（2002）．癒しのエンパワメント——性虐待からの回復ガイド．築地書館.

森田ゆり（2021）．トラウマと共に生きる——性暴力サバイバーと夫たち＋回復の最前線．築地書館.

■編者・執筆者紹介■

●編者●

藤森和美（ふじもり　かずみ）
大阪大学大学院人間科学研究科博士後期課程修了
現　在　武蔵野大学 名誉教授，博士（人間科学），公認心理師，臨床心理士
著訳書　『学校トラウマの実際と対応──児童・生徒への支援と理解』（編著）誠信書房 2020 年，『子どもへの
　　　　性暴力──その理解と支援』（共編）誠信書房 2013 年，『大災害と子どものストレス──子どものここ
　　　　ろのケアに向けて』（共編著）誠信書房 2011 年，『学校安全と子どもの心の危機管理──教師・保護者・
　　　　スクールカウンセラー・養護教諭・指導主事のために』（編著）誠信書房 2009 年，『保健室は震災救護
　　　　センター』（共著）少年写真新聞社 2009 年，『学校トラウマと子どもの心のケア──学校教員・養護教諭・
　　　　スクールカウンセラーのために 実践編』（編著）誠信書房 2005 年,『被害者のトラウマとその支援』（編）
　　　　誠信書房 2001 年，『こどものトラウマと心のケア』（編）誠信書房 1999 年，『悲嘆の処理』（分担執筆）
　　　　サイエンス社 1997 年，『心のケアと災害心理学──悲しみを癒すために』（共著）芸文社 1995 年　他

野坂祐子（のさか　さちこ）
お茶の水女子大学大学院人間文化研究科人間発達科学専攻博士課程単位取得退学
現　在　大阪大学大学院人間科学研究科 教授，博士（人間学），公認心理師，臨床心理士
著訳書　『性をはぐくむ親子の対話──この子がおとなになるまでに』（共著）日本評論社 2022 年，『保健室か
　　　　ら始めるトラウマインフォームドケア──子どもの性の課題と支援』（共著）東山書房 2022 年，『複雑
　　　　性 PTSD の理解と回復──子ども時代のトラウマを癒すコンパッションとセルフケア』（訳）金剛出版
　　　　2022 年，『越える・超える（シリーズ人間科学 6)』（分担執筆）大阪大学出版会 2021 年，『トラウマイ
　　　　ンフォームドケア──“問題行動”を捉えなおす援助の視点』日本評論社 2019 年，『マイステップ──
　　　　性被害を受けた子どもと支援者のための心理教育』（共著）誠信書房 2016 年，『アディクションと加害
　　　　者臨床──封印された感情と閉ざされた関係』（分担執筆）金剛出版 2016 年，『性加害行動のある少年
　　　　少女のためのグッドライフ・モデル』（共訳）誠信書房 2015 年，『あなたに伝えたいこと──性的虐待・
　　　　性被害からの回復のために』（共訳）誠信書房 2015 年,『子どもへの性暴力──その理解と支援』（共編）
　　　　誠信書房 2013 年　他

●執筆者●（執筆順）

藤森和美（ふじもり　かずみ）【はじめに，コラム 4，第 6 章】
〈編者紹介参照〉

野坂祐子（のさか　さちこ）【第 1 章，第 7 章，コラム 10，おわりに】
〈編者紹介参照〉

染矢明日香（そめや　あすか）【コラム 1】
慶應義塾大学大学院健康マネジメント研究科公衆衛生学専攻修了
現　在　NPO 法人ピルコン 理事長，公認心理師
著訳書　『10 代の不安・悩みにこたえる「性」の本──心と体を守るために知っておきたい』（監修）学研プラ
　　　　ス 2022 年,『マンガでわかるオトコの子の「性」──思春期男子へ 13 のレッスン』合同出版 2015 年
　　　　他

吉村拓美（よしむら　たくみ）【コラム 2】
大阪大学大学院人間科学研究科博士後期課程在籍
現　在　京都府宇治児童相談所京田辺支所　課長補佐

島　ゆみ（しま　ゆみ）【第 2 章】
京都大学教育学部卒業
現　在　大阪府東大阪子ども家庭センター　育成支援第二課長

森本志磨子（もりもと　しまこ）【コラム 3】
神戸大学法学部卒業
現　在　弁護士，NPO 法人子どもセンターぬっく　理事
著訳書　『子どもへの性暴力——その理解と支援』（分担執筆）誠信書房 2013 年

浅野恭子（あさの　やすこ）【第 3 章】
京都女子大学家政学研究科児童学専攻修士課程修了
現　在　甲南女子大学人間科学部　准教授
著訳書　『性をはぐくむ親子の対話——この子がおとなになるまでに』（共著）日本評論社 2022 年,『マイステッ
　　　　プ——性被害を受けた子どもと支援者のための心理教育』（共著）誠信書房 2016 年 他

小西聖子（こにし　たかこ）【第 4 章】
筑波大学医学研究科修了
現　在　武蔵野大学　副学長・教授
著訳書　『現代社会とメンタルヘルス——包摂と排除』（共編）星和書店 2020 年,『性暴力被害者への支援——
　　　　臨床実践の現場から』（共編）誠信書房 2016 年 他

小形美妃（おがた　みき）【コラム 5】
大阪大学大学院人間科学研究科博士後期課程在籍

小川恵美子（おがわ　えみこ）【第 5 章】
大阪大学大学院人間科学研究科博士後期課程在籍
現　在　日本学術振興会特別研究員 DC2，精神保健福祉士

吉田博美（よしだ　ひろみ）【コラム 6】
武蔵野大学大学院人間社会・文化研究科博士後期課程修了
現　在　駒澤大学学生支援センター　常勤カウンセラー，博士（学術），公認心理師，臨床心理士
著訳書　『司法・犯罪心理学』（分担執筆）有斐閣 2020 年,『カウンセリングテクニック入門——プロカウンセラー
　　　　の技法 30』（分担執筆）金剛出版 2018 年 他

今井由樹子（いまい　ゆきこ）【コラム 7】
大阪大学人間科学研究科後期博士課程単位取得退学
現　在　奈良大学社会学部心理学科　准教授
著訳書　『心理臨床とセラピストの人生——関わり合いのなかの事例研究』（分担執筆）創元社 2015 年

花房昌美（はなふさ　まさみ）【コラム 8】
自治医科大学卒業
現　在　大阪精神医療センター児童思春期診療部　主任部長
著訳書　『CPC-CBT 親子複合型認知行動療法セラピストガイド——身体的虐待リスクのある子どもと家族をエ
　　　　ンパワーする』（共監訳）金剛出版 2021 年

亀岡智美（かめおか　さとみ）【第8章】
和歌山県立医科大学卒業
現　在　兵庫県こころのケアセンター副センター長兼研究部長
著訳書　『子どものトラウマ治療のための絵本シリーズ』（共監訳）誠信書房 2015-2023 年，『実践トラウマイン
　　　　フォームドケア——さまざまな領域での展開』（編）日本評論社 2022 年　他

高田紗英子（たかだ　さえこ）【コラム9】
大阪大学大学院人間科学研究科博士後期課程在籍
著訳書　『これ，知ってる？子どものトラウマ，性教育，安全についての治療用カードゲーム［第2版］』（分担訳）
　　　　誠信書房 2021 年

松浦正一（まつうら　しょういち）【第9章】
東京成徳大学心理学研究科博士後期課程修了
現　在　帝京平成大学健康メディカル学部心理学科 教授
著訳書　『学校トラウマの実際と対応——児童・生徒への支援と理解』（分担執筆）誠信書房 2020 年，『子ども
　　　　への性暴力——その理解と支援』（分担執筆）誠信書房 2013 年　他

土岐祥子（とき　さちこ）【第10章】
武蔵野大学大学院人間社会研究科博士後期課程修了
現　在　横浜市教育委員会スクールカウンセラー
著訳書　『学校トラウマの実際と対応——児童・生徒への支援と理解』（分担執筆）誠信書房 2020 年

伊庭千惠（いば　ちえ）【コラム11】
大阪教育大学大学院教育学研究科健康科学専攻修士課程修了
現　在　ライフデザイン・カウンセリングルーム チーフカウンセラー
著訳書　『心理教育教材「キックスタート，トラウマを理解する」活用ガイド——問題行動のある知的・発達障
　　　　害児者を支援する』（共著）明石書店 2021 年，『性問題行動のある知的・発達障害児者の支援ガイド
　　　　——性暴力被害とわたしの被害者を理解するワークブック』（共著）明石書店 2016 年

笠原麻央（かさはら　まお）【第11章】
中央大学法科大学院修了
現　在　弁護士

柳谷和美（やなぎたに　かずみ）【コラム12】
福岡県立福岡工業高等学校建築科卒業
現　在　おやこひろば桜梅桃李 代表・心理カウンセラー
著訳書　『トラウマと共に生きる——性暴力サバイバーと夫たち＋回復の最前線』（分担執筆）築地書館 2021 年

子どもへの性暴力［第2版］──その理解と支援

2023 年 7 月 30 日　第 1 刷発行
2023 年 11 月 5 日　第 2 刷発行

編　者　　藤　森　和　美
　　　　　野　坂　祐　子
発行者　　柴　田　敏　樹
印刷者　　藤　森　英　夫

発行所　株式会社　誠 信 書 房
〒112-0012 東京都文京区大塚 3-20-6
電話 03（3946）5666
https://www.seishinshobo.co.jp/

印刷／製本：亜細亜印刷㈱

子どものトラウマ治療のための絵本シリーズ

キツネくんのひみつ
ゆうきをだしてはなそう

カロリーヌ・リンク 作
ザビーネ・ビュヒナー 絵
亀岡智美 監訳　宮崎直美 訳

キツネくんが性被害を相談できるまでのお話。性被害を受けて苦しむ子どものため、また、被害を受けていない子どもの予防教育のために。

専門家からの高い評価
──子どもの支援・予防教育に最適
性被害を受けた子どもの治療に長年携わる専門家に、子どもへの支援で使いたい絵本であると評価を受けた、待望の書。
・子どもを支える大人へのアドバイスや、日本国内における被害の相談窓口リストも収録し、子どもとその支援者に活用していただきやすい構成にしている。
・見過ごされやすい男の子の被害について扱った書。もちろん女の子にも有用。

A4変判上製　定価（本体1800円＋税）

学校トラウマの実際と対応
児童・生徒への支援と理解

藤森和美 編著

チーム学校の一員としてどのようにトラウマ支援を行うか、避けられないトラウマ状況に備えてどうチーム学校を作っていくかを解説。

目次
第1章　学校安全のありかた
第2章　トラウマに配慮した学校づくり
第3章　不登校のトラウマ
第4章　虐待のトラウマ
第5章　子どもの性暴力被害への対応
第6章　災害・事件・事故の危機介入
第7章　スクールソーシャルワーカーの仕事と連携──子ども応援団の一員として
第8章　児童相談所との連携
第9章　トラウマインフォームドケア──学校でのトラウマケアの理解
第10章　チーム学校の取り組み

A5判並製　定価（本体2400円＋税）